政府IT投资价值的控制与实现
——电子政务定量评价的理论、方法与技术

Control and Implementation of the Value of Government's IT Investments
——Theory, Methods and Techniques of Quantitative Evaluation of E-government

杨干生◎著

人民出版社

责任编辑:李椒元
装帧设计:肖　辉
责任校对:余　倩

图书在版编目(CIP)数据

政府 IT 投资价值的控制与实现:电子政务定量评价的理论、方法与技术/
杨干生著.-北京:人民出版社,2013.9
ISBN 978－7－01－012185－7

Ⅰ.①政…　Ⅱ.①杨…　Ⅲ.①IT 产业-政府投资-管理控制-研究-中国
Ⅳ.①F426.67②F832.48

中国版本图书馆 CIP 数据核字(2013)第 114138 号

政府 IT 投资价值的控制与实现

ZHENGFU IT TOUZI JIAZHI DE KONGZHI YU SHIXIAN

——电子政务定量评价的理论、方法与技术

杨干生　著

人民出版社 出版发行
(100706　北京市东城区隆福寺街 99 号)

北京世纪雨田印刷有限公司印刷　新华书店经销

2013 年 9 月第 1 版　2013 年 9 月北京第 1 次印刷
开本:710 毫米×1000 毫米 1/16　印张:22
字数:333 千字　印数:0,001－3,000 册

ISBN 978－7－01－012185－7　定价:42.00 元

邮购地址 100706　北京市东城区隆福寺街 99 号
人民东方图书销售中心　电话 (010)65250042　65289539

序

　　电子政务提高政府综合竞争力,促进经济发展和社会进步。电子政务建设是国民经济和社会信息化的重要内容,是实现高效率政府、阳光型政府与敏捷政府的必然选择。近几年对电子政务系统的投入呈指数级增长,大量系统投入是否达到效果? 是否提高政府的办事效率? 政府机构是否精简? 老百姓的满意度如何? 信息资源是否得到充分的利用? 政府 IT 投资价值如何实现? 等等,这些问题引起了国内外的关注。杨干生博士以政府 IT 投资价值的控制与实现为主题,对电子政务定量评价的理论、方法与技术进行研究,立题具有理论与现实意义。

　　杨干生博士投入大量的精力和心血,从我国政府 IT 投资控制的现状出发,找到政府 IT 投资缺乏控制的深层原因,研究政府 IT 投资价值控制的相关理论,对电子政务架构理论与实践进行了深入探讨,在深入分析美国联邦实体架构 FEA 的基础上构建了政府 IT 投资价值控制框架,包括过程控制模型和价值分析模型,并通过实证检验了政府 IT 投资价值控制框架的有效性。在此成果的基础上,完成了博士论文的撰写。

　　本书是以杨干生博士论文为基础,从电子政务投资价值的控制与实现的实际工作需要出发,通过后续研究(包括博士后研究),特别是对政府 IT 投资价值货币化理论与方法的探讨,对推动政府 IT 投资决策的科学性,实行精细、可横向和纵向比较的货币化价值评估与控制,具有实践的指导意义。

　　本书主题明确、结构严谨、观点新颖、论证充分,反映了作者扎实的理论功底和实证研究能力。本书不但提供了政府 IT 投资价值控制框架,包括过程控制模型和价值分析模型,而且对当今的定量研究方法,如模糊综合评判、灰色系统分析、条件价值评估(CVM)和数据包络分析(DEA)等大量系统分析与计量方法进行阐述,对政府公共品与服务领域的定量研究,具有借鉴意义。

可以说,本书提供的电子政务架构、政府 IT 投资价值控制(VPC)的框架、过程控制模型、价值分析模型、价值的货币化等研究成果,是具有我国特色的电子政务定量评价的理论、方法与技术的最新成果。本书的出版,无论对于各级政府部门继续加强电子政务建设,提高绩效,降低风险,还是对于电子政务人才的培养,都是一件好事。在此祝贺本书的出版,并祝愿会有越来越多的高质量电子政务理论和应用实践著作出现,以使我国在新一轮信息化浪潮中走在世界的前列。

胡克瑾

2013 年 3 月于同济大学

目　录

摘　要

政府 IT 投资具有公共物品的性质,其投资价值更多地表现为间接、无形的非财务收益。因此,与其他投资相比,政府 IT 投资具有更多的特殊性,为保证价值实现而进行的投资控制也更加困难。本书提出政府 IT 投资价值的过程控制(Value based Process Control, VPC),通过提高 VPC 成熟度来改善价值实现过程的效率,可以促使政府 IT 投资价值的实现。

首先,如果把服务型政府看成是一座摩天大楼,则电子政务架构就好比是这座大楼的设计蓝图,所有的政府 IT 投资项目都必须按这个设计蓝图来进行。在设计这个蓝图时,要对全国的电子政务建设进行系统设计,充分考虑各个政府部门的业务需要,同时还要充分考虑所有用户和利益相关者的需要。要让用户在享受政府服务时感觉不到政府部门的分工,就如同是一个整体的无缝政府在进行优质服务。本书对电子政务架构的理论基础——企业架构(EA),以及当今世界最先进、最成熟的电子政务架构——美国联邦企业架构(FEA)进行研究,并在此基础上对我国电子政务架构进行了有益的思考。

其次,提出对政府 IT 投资实行基于价值的过程控制(VPC),使过程控制与结果控制有机结合起来,把对结果(即价值)的预测、监控与评估贯穿于全生命周期的过程控制中。它统一了过程控制与价值实现,充分利用了过程控制与结果控制的综合优势。而现有文献的研究要么集中于 IT 投资价值管理(如 ABR、IPF 和 BRA 模型),或价值实现过程(如 Marshall 的 IT 投资价值实现模型),要么仅集中于政府 IT 投资的过程控制(如 GAO(美国总审计署)的 ITIM 成熟度模型),没有将二者融合起来,或缺乏对政府 IT 投资的针对性研究。本书通过分析 VPC 及其基本原理,构建了 VPC 框架及其基本模型(过程控制模型和价值分析模型),应用它能提高 VPC 成熟度,促使政府 IT 投资价值的实现。

再次,提出以价值分析为中心,由立项、实施和后评估构成的,覆盖政府 IT 投资全生命周期的控制闭环,以及由控制域(由立项、实施和后评估构成)、关键控制过程(是指能够最有效地推动 VPC 的建立和制度化,显著提高其成熟度的一系列条件与活动)及其控制指标(关键控制过程的具体要求)构成的 VPC 层次结构。现有文献的研究大多仅局限于实施阶段的控制,未能形成覆盖全生命周期的控制闭环,也未能形成完整的控制结构。本书提出在立项、实施和后评估的控制闭环中,以全生命周期的价值分析为导向,对政府 IT 投资进行过程控制,根据控制域、关键控制过程及其控制指标,不断建立、评估和完善 VPC 并提高其成熟度。闭环控制是 VPC 的基本原理,而控制域、关键控制过程及其控制指标是 VPC 的完整结构。

再次,进一步研究了政府 IT 投资价值货币化问题,提出了以成本效益分析为理论基础的价值货币化理论与方法,并通过引入条件价值评估(CVM)来评估具有非竞争性和非他性的公共产品或服务的非市场价值。主要内容包括:成本效益分析的内容、重点和难点,CVM 的基本原理(包括理论基础和经济学原理),CVM 的应用研究(包括 CVM 的研究步骤、CVM 问卷设计、主要偏差、有效性分析与可靠性检验、研究模式和方法学原则)。

最后,抽样分析的研究表明,无论是 VPC 总体成熟度,还是立项、实施和后评估各域的 VPC 成熟度,与价值实现过程的效率之间均存在显著的正相关性。因此,提高 VPC 成熟度是改善价值实现过程效率的有效途径,VPC 具有促使政府 IT 投资价值实现的实际作用。为了满足抽样分析中定量研究的需要,本书提出以模糊综合评判为基础的 VPC 成熟度定量评估法,以灰色系统分析为基础的政府 IT 投资综合价值定量评估法,和以 DEA(数据包络分析)的 C^2R 等模型为基础的价值实现过程的效率分析法。

关键词:政府 IT 投资价值,评价,控制,实现

ABSTRACT

Government's IT investment, from a way, is a kind of public commodity, whose value is always represented as indirect and invisible non-financial benefits. So compared with other investments, Government's IT investment is more particular, and is more difficult to control for ensuring realization of its value. As this dissertation, the Value based Process Control (VPC) improves the efficiency of value realization processes by improving VPC maturity, and ensures realization of value of government's IT investment.

First of all, if the service – oriented government as a skyscraper, e – government architecture like building blueprints, government IT investment projects have to be carried out according the design blueprint. Before designing the blueprint, must design systematically the construction of the country´s e – government system , give full consideration to the business needs of the various government departments, and the needs of all users and stakeholders. When the user access to government services, they can not feel the government departments and the division of labors, just like a seamless whole government to deliver quality services. In this book, we research on the theoretical basis of the e–government architecture–Enterprise Architecture (EA), and the world´s most advanced and most mature e–government architecture – United States Federal Enterprise Architecture (FEA) , and on this basis, we also think about China´s e–government architecture.

Secondly, it can be argued that VPC organically unifies process–oriented control and result–oriented control, embed the assessment, monitor and evaluation of result(value) in the process control of lifecycle. It unifies process control and value realization, therefore, takes synthetically advantage of process-oriented control and result-oriented control. Researches in existing literatures focuse either on value management (e.g., ABR, IPF and BRA Model, refer to 2.3.1 in this paper), or realization of IT investment (e.g., Marshall's IT Value Realization Model, refer to 3.1.2 in this paper), or on process control of IT investment (e.g., OMB's ITIM Maturity Model, refer to 2.2 in this paper), but none integrates both, or seldom aimed at government's IT investment. As this dissertation, by analyzing VPC and its principle, construct VPC Framework and its essential models (i.e., Process Model and Value Analysis Model), which can be used to improve VPC Maturity, and ensure realization of government's IT investment.

Thirdly, presenta closed-loop of control consisting of project proposal & confirmation, implementation and post-implementation review areas, which covering whole life-cycle and centering on value analysis through out each areas, and present the hierarchy structure of VPC, which makes of control areas (i.e., project proposal & confirmation, implementation and post - implementation review), crucial control processes (i.e., a sets of conditions and activities to promote most effectively creation and improvement of VPC and its maturity), and control indicators (i.e., requirements and assessment indicators of every crucial control processes). Most of the researches in existing literatures limit in implementation phrase, neither form a closed-loop of control covering whole life-cycle, nor form an integrated control structure. As this dissertation, in the closed - loop of control, promote process control to government's IT investment oriented to value analysis through out whole lifecycle, and consistently contruct, review and improve VPC to higher Maturity aligning with control areas, crucial control processes and its control indicators. Closed-loop control is the principle of VPC, and control areas, crucial control processes and their control indicators are VPC's integrated structure.

Again, furtherresearch the monetization of the government IT investment value, and present the theory and methods of the monetization of the value based on cost-benefit analysis, and introduce the Contingent Valuation Method (CVM) to assess the non-competitive and non-marketed value of public goods or services.

Include: the content, emphasis and difficulty of cost−benefit analysis, the basic principles of CVM (including the theoretical basis and principles of economics), CVM Applied Research (including CVM research steps, the CVM questionnaire design, the main deviation validity analysis reliability testing, research models and methodologies principle).

Finally, As a result of sampling, verify the prominent positive linear relationship between VPC maturity and the efficiency of value realization processes, either entire VPC maturity, nor the VPC maturity of project proposal & confirmation, implementation and post−implementation review. Therefore, increasing VPC maturity is an effective approach to improve the efficiency of value realization processes, and VPC has the actual effectiveness of ensuring realization of government's IT investment value. To meet the requirement of sampling in quantitive researches, put forward a quantitative evaluation method of VPC maturity based on fuzzy integrated estimation, a quantitive comprehensive value assessment method based on grey system analysis, and an analysis method to study the efficiency of value realization process based on C^2R, etc., Model of DEA (Data Envelopment Analysis).

Key Words: Government's IT investment value, evaluation, control, Implementation.

第1章　绪　论

第1节　选题背景与意义

上个世纪 IT 产业和互联网技术的迅猛发展,使得投资于 IT 成为一个毋庸置疑的方向。这股 IT 投资的热潮不仅席卷各国企业,也席卷了各国政府。但是,由于 IT 投资价值更多地表现为间接收益和无形收益,有人甚至认为是"无法度量、无法复制、无法让渡"的,这就使按照"市场交易价格"估计 IT 投资价值几乎是不可操作的。因此,与其他投资相比,有效控制并保证实现 IT 投资价值显得更加困难。美国学者 Henry C.Lucas 认为,并不是所有的 IT 投资都应该期望有一个可度量的回报;投资能给组织带来价值,即使没有极为明显的资金回报。除了竞争的需要之外,这已是一种"别无选择的选择"。与企业 IT 投资相比,政府 IT 投资具有更多的特殊性,其价值更难评估,要控制并实现其价值也更加困难。因此,研究如何有效控制并促使政府 IT 投资价值的实现,是非常必要的。

一、选题背景

(一)世界各国政府 IT 投资控制情况综述

1.美国的政府 IT 投资控制情况

美国是世界上最早进行政府信息化建设并取得较大成功的国家之一。为了更有效地利用信息技术降低政府行政的成本,提高行政的效率,美国政府和国会颁布了一系列有关信息管理的法律,如 1990 年的《首席财务官法案》(Chief Financial Officers Act (CFO) of 1990, Public Law 101-576)、1993 年的

《政府绩效与结果法案》(Government Performance and Result Act (GPRA) of 1993, Public Law 103-62)、1994 年的《联邦采购效率法案》(The Federal Acquisition Streamlining Act (FASA) of 1994, Public Law 103-355)、1995 年的《文书消减法案》(The Paperwork Reduction Act (PRA) of 1995, Public Law 104-13)和 1996 年的《克林格—科恩法案》(The Clinger-Cohen Act of 1996, Public Law 104-106)等十几个法律法规。2002 年 2 月,布什总统在向议会提交的预算中,提出了使政府更加关注于民众和结果的管理动议,这一动议包括建设电子政府或电子政务。电子政务凭借先进的基于因特网的技术,使公众和企业与政府易于互动,疏通公众与政府沟通的渠道。美国政府认为,为了以效率更高、效益更好的方式向公众提供公共服务,各联邦机构在信息技术上进行投资是非常重要的。每年近 400 亿美元的 IT 预算,代表了政府在通讯、网络、新的操作系统和软件、数据中心的投资以及对原有系统的运行维护和支持。这些投资直接影响了政府的行政效率、管理决策能力和政府使命的完成。在 2007 财政年度总统预算中,IT 投资达到 640 亿美元,比上一财政年度的 620 亿美元又增加了近 3%。OMB(美国白宫管理与预算办公室)主管电子政务与信息技术的官员 Karen Evans 指出:"投资力度的加强,表明了以信息技术为工具,改善政府对纳税人的服务的重要性。"

信息技术的获得被视为是一种投资行为,联邦政府因此规定了相应的投资控制办法。最初,IT 投资的结构性管理方法将投资控制定义为三个阶段:选择阶段、控制阶段和评估阶段。在选择阶段,在每个项目的成本和效益被独立评估的基础上,选择出最佳的投资组合;在控制阶段,选定的投资组合在实施的过程中被全程监督,如果需要,还要采取必要的纠偏行动;在评估阶段,对已实施的项目要进行投资评估,以确定是否达到了预期的效益,必要时还要对已完成的项目或系统进行适当的调整。

2. 日本政府 IT 投资控制情况

20 世纪 90 年代以来,随着泡沫经济的崩溃,日本经济陷入长达十年之久的萧条中,与美国"新经济"的高速增长形成了鲜明的对比。对此,日本各界普遍认为是由于日美两国在信息化方面的巨大差距所导致的。基于这一认识,日本政府提出了"建设高度信息化社会"的国家战略,并将政府信息化建设作为重点予以部署。1993 年 10 月,日本临时行政改革推进审议会将政府信息化作为行政改革的重要内容之一,要求制定政府信息化的推动计划。1994 年 8 月,日本政府成立了高度情报通讯社会推进总部,内阁总理大臣亲任总部部长。1994 年 12 月,内阁会议通过了关于政府信息化推进基本计划的决议。1997 年,日本将原来的《计算机白皮书》更名为《信息化白皮书》,政府信息化与产业信息化、家庭信息化一起,构成三个主要组成部分。进入 21 世纪以来,日本政府先后出台了《IT 国家战略》《e-Japan 战略》《高度信息网络社会形成基本法》等政府文件和法律法规,明确了日本政府信息化建设的基本方针,领导机构及基本内容。2003 年 7 月,以日本首相小泉纯一郎为部长的日本信息技术战略总部通过了《电子日本战略 2》,将日本信息化建设的重点从以宽带网等基础设施为重点的信息化建设转向推进信息技术在重点领域(特别是网络技术)内的应用。目前,日本已形成了明确的政府信息化目标:依据信息技术的发展成果及政府财政状况,在所有的行政领域上,积极导入信息技术,并使信息技术的利用成为行政机构活动所不可或缺的一环。通过政府内部的顺畅沟通、资源共享,使迅速有效的政策制定成为可能。在确保信息安全的前提下,实现从"纸张"之信息处理,转为通讯网络、资料电子化之信息处理。

3.中国政府 IT 投资控制情况

我国的政府信息化工作起步于 20 世纪 80 年代中后期。1984 年,国务院批准国家计委成立了信息管理办公室,负责推动国务院有关部委的信息系统建设工作。1986 年,国务院批准成立了国家经济信息系统领导管理部门和国家信息中心,负责国家经济信息系统的规划和建设。各个部委局和地方省市县相继成立了信息中心。90 年代以后,我国的政府信息化建设进入了蓬勃发展阶段。1993 年,国务院成立了国家经济信息化联席会议,开始实施金桥、金关、金卡、金税等重大信息化工程。1996 年,国务院成立了国务院信息化工作领导管理部门,加强了对全国信息化工作的统一领导,大大推动了政府信息化建设。1999 年我国正式启动政府上网工程,并将 1999 年定为政府上网年。

2003 年至 2008 年是中国政府信息化 IT 与业务整合的关键时期,政府 IT 投资将保持较高增长势头。这 5 年中国政府机构 IT 投入的复合增长率达到 15.2%。自 2003 年以来,随着各级政府向服务型政府的务实变革和推进,作为服务型政府重要特征的电子政务进入规划实施年。

计世资讯(CCW Research)研究表明,2005 年中国政府行业 IT 投入仍然保持了 16.9%的增长,总规模达到 477.5 亿元。在 2005 年政府行业 IT 投资中,地方财政的投入占到了政府整体 IT 投资的 85.80%,投入增长率达到 18.4%,远高于中央财政的 8.5%,投资总额高达 409.7 亿元。长三角、珠三角和京津地区的政府信息化投入增长明显,不仅省级和重点城市政府,地级市和部分经济发达的县级政府也在大大加强信息化投资。

我国政府 IT 投资规模的高速扩张,与 IT 投资控制薄弱、IT 投资价值实现难以保障形成了强烈的反差。如何学习国际先进理论和经验,建立和完善适合我国政府 IT 投资的、制度化的控制过程,不断提高控制成熟度,已经显得非常迫切。发达国家在政府信息化的理念和宗旨、政府信息资源管理、政府信息化进展的制度保障等方面都积累了一些成功的经验,这些经验对我国正在积极推进的政府信息化具有重要的借鉴价值。

(二)我国政府 IT 投资控制中存在的问题

可以看到,世界各国正在掀起政府信息化建设的热潮,加强政府 IT 投资是大势所趋。虽然 IT 投资能极大地改进政府机构的绩效,有可能创造出前所未有的价值,但是如果缺乏有效的控制,就必然产生投资效益低下、投资浪费重复、投资价值难以实现的局面。原国家行政学院教授杜钢建对目前中国电子政务建设状况的评估是:"浪费大于效益"。

目前,我国政府 IT 投资控制中存在的问题是多方面的,既有宏观层面的问题,也有微观层面的问题。

1.宏观层面的问题

从宏观层面上来讲,既有理念和认识方面的问题,也有制度方面的问题。从认识和理念方面的问题来看,主要是如何处理好管理与服务的关系。政府从单纯的管理型向管理、服务型转变,不仅涉及政府职能的重塑问题,也涉及观念转变的问题。政府机构要把服务理念放在突出的地位,否则,政府信息化就会失去目标,背离其宗旨。除此以外,还存在体制层面上的问题。一是计划经济时期高度集中管理体制的惯性问题。从发达国家政府信息化的经验来看,信息技术的应用只有与政府工作方式、管理模式的转型并进,才能取得预期的效果。二是"权力资本"问题。由于体制不健全和约束机制弱化,有些政府部门把行政权力作为"权力资本",借此来"设租"、"寻租",以满足自身对物质利益的要求。在信息非对称情况下,逆向选择和道德风险是随时可能发生的。政府信息化所涉及的不仅是用信息化手段对政府的工作进行改造,而且涉及政府管理模式的转型,甚至涉及政体的重塑。

2.微观层面的问题

以上分析的这些问题,又以不同的方式体现在微观层面上,主要表现为投资控制薄弱,不能保证 IT 投资价值的实现。图 1-1 描述了中国政府投资控制体系①,从中可以看出存在的诸多问题,主要表现在:

(1)缺乏系统的规划与控制机制

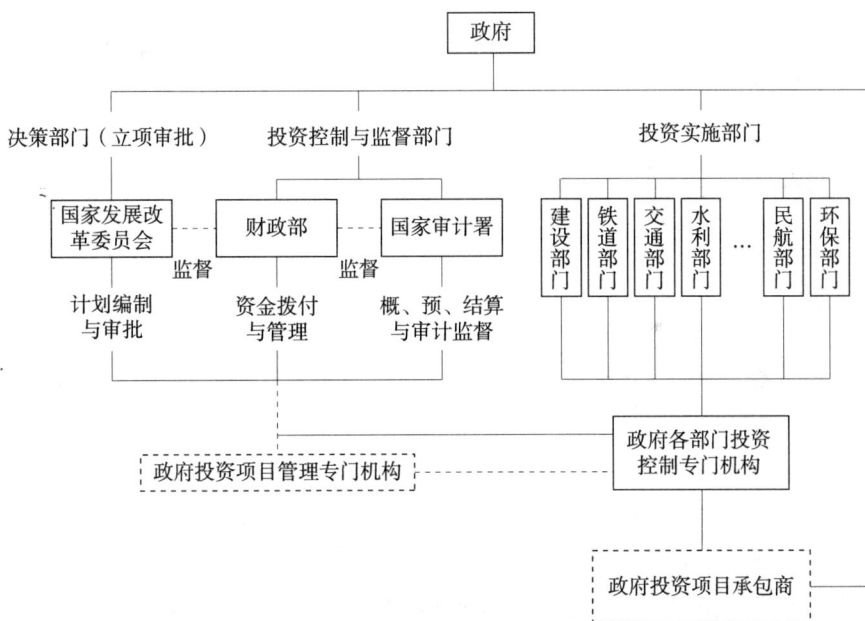

图 1-1 中国政府投资控制体系

对政府 IT 投资进行宏观、系统、整体的规划与控制,有利于实现 IT 资源与信息的共享。但由于政府机构的关系纵横交错,体制的惯性和局部或区位利益的冲突,在我国政府 IT 投资控制中普遍缺乏系统的规划与控制机制。这

---

① 参见尹贻林、闫孝砚主编:《政府投资项目管理模式研究》,南开大学出版社 2002 年版,第 9—20 页。

主要体现在两方面:一方面,对政府 IT 投资缺乏整体的系统规划与控制,政府机构从各自的业务需求出发,各自为政地规划和控制本单位的 IT 投资,各政府机构的 IT 投资不能相互协调和共享,甚至造成重复投资和数字鸿沟;另一方面,即使在政府机构内部,也没有实现整体的规划与协调,不能对整个政府机构的所有 IT 投资进行整体考虑,而往往表现为追求单个 IT 投资而不是投资组合的整体价值。

(2)缺乏全生命周期的过程控制

政府 IT 投资控制中的另一个问题是,缺乏全生命周期的过程控制。政府机构大都未建立完善的 IT 投资控制过程,只是对 IT 投资进行无异于其他投资的一般性管理,而且这种管理往往未制度化和程序化,带有一定的随机性和主观性,难以保持稳定的控制效果。不仅如此,即使这种一般性的投资管理,也往往集中于项目实施阶段,而在立项阶段的控制比较松散,在项目实施完毕后,一般仅由上级组织有关专家进行验收,缺乏全面、客观的实施后评估。由于控制未能覆盖 IT 投资的全生命周期,并且这种仅集中于项目实施阶段的一般性投资管理也缺乏制度性和程序化,因此无法保证政府 IT 投资价值的实现。

(3)忽视全生命周期的结果(即价值)控制

政府 IT 投资控制的最终目标,是改善价值实现过程的效率,保证实现政府 IT 投资价值。然而在现实中,政府机构却大都忽视全生命周期的结果(即价值)控制,缺乏贯穿过程控制始终的价值分析。在立项阶段,不重视 IT 项目和投资组合的价值预期,难以选择最具价值潜力的 IT 投资;在实施阶段,对影响投资价值的核心要素,如成本、收益、进度和风险等未进行全程监控,当这些要素已经或可能发生预期之外的重大偏离时,不能自动触发进程式价值分析,并根据价值分析结果采取必要的纠偏措施,甚至终止项目;在项目实施完毕后没有进行全面的后评估,此时 IT 投资价值已经完全实现或完全确定,本来可以全面、准确地分析和评估投资价值,但现实中往往是以项目验收取代后评估和价值分析,因此对投资控制的经验教训未进行总结和反馈,政府机构不能借此逐步提高 IT 投资控制的成熟度。

(4)监督机构重叠和缺乏独立性,内外部监督不到位。

我国存在多级重叠的政府投资监督机构,如国家发改委内设的重大项目稽查办,以国债项目中的重大项目稽查为重点开展重大建设项目的监督工作,国务院重大企业稽查办(业务受财政部指导)对现有国有大中型企业为项目法人的重大项目进行稽查,国家审计署基建项目审计司对基建项目进行审计,此外,财政部也对资金使用情况进行检查。政府投资项目的监管工作分散于国家发改委、重大企业稽查办、审计署和财政部等多个部门。这种多头监督体制不仅使监管力量分散和资源浪费,还给项目单位带来额外的多余负担。

国家发改委重大项目稽查办为发改委内部机构,这种体制结构下的项目稽察工作实际上属于投资管理部门的内部监管,单一的内部监管体制很难保证监管者不受本部门决策者的影响,无法保证监管工作的独立性和中立地位。与此同时,行业主管部门和财政部管理的政府投资却得不到专业监督机构的监督。

二、选题意义

我国政府 IT 投资规模日益扩大的趋势,与投资控制落后和缺失的现实,导致价值实现过程效率低下,价值实现难以保证,投资风险日益加大和失控,已经成为必须深入探讨和解决的紧迫问题。然而,关于政府 IT 投资过程控制和结果(价值)控制的研究,却远远不能满足解决现实问题所需要的深度。

长期以来,国内学者对投资的研究,更注重投资活动和物质生产紧密相连实物投资,而西方学者则更多关注投资者购买金融资产。尽管"IT 投资"(IT Investment)出现于众多的国内外文献中,但是研究者对 IT 投资及其控制的仍然缺乏系统成熟的研究。虽然在企业 IT 投资的研究上取得了一定的成果,但针对政府 IT 投资控制进行的研究还显得十分薄弱。和企业 IT 投资相比,政府 IT 投资具有本质上的不同,因此必须形成更加有效的控制机制,促使政府 IT 投资价值的实现。

首先,在于投资主体的不同。政府作为投资主体,决定了市场机制在投资控制中的作用有限,而这一点在企业作为投资主体时是不存在的。当一个生产者或消费者以不能直接在市场中反映出来的方式,影响其他人的生产或消费活动时,就出现了外在性。外在性导致市场无效率,因为它们阻止市场价格传递关于生产多少和购买多少的准确信号的能力。这就决定了政府 IT 投资的控制比企业 IT 投资更加困难,在企业 IT 投资时适用的理论和方法,在政府作为投资主体时就可能会不再适用。

其次,政府投资的 IT 项目,具有公共物品的两个基本特性:非竞争性和非排他性。如果一个商品在给定的生产水平下,向一个额外消费者提供商品的边际成本为零,则该商品是非竞争的。如果人们不能被排除在消费一种商品之外,这种商品就是非排他的。其结果是,很难或者不可能对人们使用非排他商品收费——这些商品能够在不直接付钱的情况下被享用。非竞争和非排他的公共物品以零边际成本向人们提供收益,而且没有人会被排除在享用它们之外。这使得政府 IT 投资的市场供给匮乏。

再次,政府 IT 资产含有较大不确定性和系统复杂性,要求必须建立风险识别和评估机制,运用资产投资理论做出正确的 IT 投资决策;在系统架构的设计之初就必须考虑所有利益相关者的观点,使得建成的系统必须要象一个整体那样协同工作。

最后也是最为重要的一点,政府 IT 投资价值更多地表现为间接无形的非财务收益,其投资价值更难评估,其价值实现过程的效率也更难保证。这就要求有特别的价值分析与评估方法,并且将价值分析贯穿于全生命周期的过程控制中,综合利用过程控制与结果控制的优势,形成更加有效的、不同于企业 IT 投资的控制机制。

政府 IT 投资控制的有效方法,是建立和维持一个资产程序化控制机制,它以有效的方式将政府的业务需求和 IT 资产联系起来。有效的资产程序化控制机制要求有长期的规划和制度化的决策过程,来管理资产组合以达到价值目标,做到风险最小、全生命周期成本最低、带来的业务价值最大。这个资产程序化控制机制应该将政府 IT 投资与价值计划、财务管理计划、信息资源管理计划、基于价值的获取管理方法,以及预算的规范化执行流程整合起来。政府 IT 投资的战略目标,应该是最终把政府转变为一个公民中心的、结果导向的,和以市场为基础的组织。

基本的控制方法无外乎两种,一种是通过好的过程来获得好的控制结果;另一种是直接控制结果来保证好的结果。本书认为:没有好的过程就不能保证有好的结果;仅仅注重过程而不注重在过程中对结果的预测、监控与评估,也不能保证通过好的过程来获得好的结果。因此,本书主张把过程控制与结果控制结合起来,提出对政府 IT 投资进行基于价值的过程控制(Value based Process Control, VPC),即把对价值的预测、监控与评估,贯穿于过程控制中。VPC 将结果控制融入过程控制中,利用了过程控制与结果控制的综合优势。提高 VPC 成熟度,可以改善政府 IT 投资价值实现过程的效率,为政府 IT 投资价值的实现提供保证。

因此,如果能以过程控制和结果(价值)控制等方面的理论为基础,构架一个科学合理的基于价值的过程控制的理论和方法体系,并在国际理论与成功实践的基础上结合我国国情,建立一个科学、规范的 VPC 框架,使政府 IT 投资控制的工作从模糊变为明确,从定性变为定量,并进而实现政府 IT 投资决策过程的制度化、规范化、程序化和自动化,通过成熟的过程控制来提高政府 IT 投资价值实现过程的效率,必将大大推动我国政府信息化建设沿正确的方向顺利开展。

第 2 节 相关概念、研究对象与基本假设

一、相关概念

(一)投资主体及范围

根据政府 IT 投资外延的大小,可以分为以政府和国企为投资主体的广义的政府 IT 投资,和以政府为投资主体的狭义的政府 IT 投资。按照现行的管理体制和已出台的管理办法,今后以国企为投资主体的经营性投资将以国有授权投资主体的管理方式进行,国企投资控制体制有别于政府财政性资金的投资控制体制,需要进行专门的研究。基于上述原因并考虑到本课题的实际,决定将研究范围选定为以政府为投资主体的狭义的政府 IT 投资,即不包括目前主要由国资委管理的以国企为投资主体的 IT 投资。

政府 IT 投资范围,包括政府在以下方面的投资:

(1)政府部门在数据或信息自动识别、存贮、操作、管理、移动、控制、演示、转换、交换、传递或接收过程中涉及的任何系统或子系统。其中也包括与政府部门直接签署了合同的并受政府部门直接行政领导的承包者所需使用的

系统。

（2）包括计算机软件、硬件、数据和相关的资源。

（3）不包括与政府偶然发生的契约的承包者所要求使用的系统。

（四）政府 IT 投资价值

价值概念有一定的复杂性、环境相关性和动态性，不同类型的组织从不同的角度、对价值有不同的理解。本书认为，政府 IT 投资价值来自于政府 IT 投资的最终结果，表现为以业务价值和 IT 效率度量的非财务价值，以及以财务指标度量的财务价值。业务价值衡量 IT 投资对业务战略和优先序列的影响，IT 效率衡量投资对现有基础设施和整体 IT 能力带来的影响，财务价值则呈现投资的财务价值的完整视图。

二、研究对象

本书的研究对象，是政府 IT 投资价值控制（Value based Process Control，VPC）。它是以立项、实施和后评估构成的控制闭环为核心，以贯穿全生命周期的价值分析为导向，通过提高 VPC 成熟度改善价值实现过程的效率，最终促使政府 IT 投资价值的实现。它将过程控制与结果控制结合起来，充分利用过程控制与结果控制的综合优势，以价值分析贯穿过程控制的始终，实现了过程控制与价值实现的统一。

与其他的 IT 投资价值管理模型相比，VPC 在政府 IT 投资控制上具有优势。它专门针对政府 IT 投资价值的特点，将过程控制和价值实现统一起来，通过建立和完善以价值分析为导向的过程控制系统，在过程控制中根据贯穿始终的价值分析来形成动态决策和反馈控制，融合了结果控制与过程控制的功能与优势，以改善价值实现过程的效率来保证价值的实现。而其他管理体系，如 Remenyi（1997）、Thorp（2001）等人提出的理论，虽然其目标也是优化 IT 投资价值实现过程，但只是源于对信息系统建设的一点或几点想法而构建起来 IT 投资价值管理模型，也没有专门针对政府 IT 投资的特点，不能充分利用过程控制与结果控制的优势，因此，对政府 IT 投资控制来说，缺乏系统性、针对性和可操作性。

三、基本假设、推论与因果链

本书的基本假设是：VPC 成熟度与政府 IT 投资价值实现过程效率间存在显著的正相关性。

相关性关系并不一定是因果关系，所以从基本假设不能直接推论出：提高 VPC 成熟度是改善价值实现过程效率的有效途径，但我们可以从机理分析推出这一结论。从机理分析来看，VPC 成熟度是一个评估值，决定其大小的只能是反映 VPC 完善程度的评估指标，因此只要不断建立和完善 VPC，就必然使其更多地满足评估指标的要求，从而提高 VPC 成熟度的评估值；但价值实现过程效率的改善却不可能直接导致 VPC 成熟度的提高，因为 VPC 成熟度的评估指标并不包括价值实现过程效率。由此看来，提高 VPC 成熟度是因，改善价值实现过程效率是果，只可能是 VPC 成熟度提高导致了价值实现过程效率的改善，而不是相反。因此，只要基本假设成立，即 VPC 成熟度与价值实现过程效率间存在显著的正相关性，则可以推出提高 VPC 成熟度是改善价值实现过程效率的有效途径。

如果基本假设和以上推论可以成立，则以下因果链也可以成立：

VPC 的不断建立和完善→VPC 成熟度的提高→价值实现过程效率的改善→政府 IT 投资价值的实现得以保证

由以上因果链就可以得出结论：VPC（框架）具有促使政府 IT 投资价值实现的实际作用。由此可见，基本假设的成立是本书立论的关键，而对基本假设的验证或检验，也是本书的重点。

第 3 节　研究方法、样本选取与研究思路

一、研究方法

本书采取理论研究与抽样分析相结合的研究方法。首先采用理论研究的方法，从前人的研究成果出发构建 VPC 的理论、框架与模型，并提出了相关的

定量研究方法;然后通过抽样分析对理论研究的结论进行检验。

在理论研究上,首先,从已经取得的有关理论成果和国内外成功实践出发,进行合乎逻辑的演绎推理和归纳总结,根据我国政府 IT 投资控制的实际,通过比较研究形成适合于我国政府 IT 投资控制的 VPC 理论、框架及相关模型。其次,探讨本书需要的定量研究方法,主要包括:以模糊综合评判为基础的 VPC 成熟度定量评估法、以灰色系统分析为基础的综合价值评估法、以数据包络分析为基础的价值实现过程的效率分析法。

在理论研究的基础上,通过抽样分析验证本书的基本假设,即 VPC 成熟度与价值实现过程效率间存在显著的正相关性,进而根据"VPC 的不断建立和完善→VPC 成熟度的提高→价值实现过程效率的改善→政府 IT 投资价值的实现得以保证"的因果链,检验本书的研究结论,即 VPC(框架)具有促使政府 IT 投资价值实现的实际作用。

二、样本选取

本书选取了某直辖市的某信息化先进区的 8 个政府机构共 22 个 IT 项目作为样本[1],每个政府机构都有两个或两个以上 IT 项目。

相对总体(全国各地各级政府机构)来说,所选样本只是一个小样本。但样本只是总体的"代表",其大小主要取决于总体内各个体的同一性程度,以及研究所需要的精确性程度[2](李怀祖,2004)。考虑到我国各地各级政府机构都是从原来单一的计划经济体制转轨而来,在目标、宏微观环境及运行机制等方面均具有较大的相似性,因此它们在 IT 投资控制及价值实现等方面也具有较强的同一性,因此选取小样本可以基本满足样本的代表性要求。同时,由于所研究的各个变量都是由一些模糊和信息不完备的指标得出,计算中也采用了模糊数学、灰色系统等定量算法,因此对各个变量的精确性程度没有很高的要求。这就允许研究中选取较小的样本,以节省时间和成本。另外,样本来自同一个区,可以减少与本研究无关的其他环境因素对研究结果的影响。

---

① 抽样分析受到上海市浦东新区科技基金资助,项目名称:浦东新区信息应用系统后评估指标体系研究,项目号:9312006R1213,查询报告号:200631C0000190。

② 李怀祖:《管理研究方法论》,西安交通大学出版社 2004 年版,第 123 页。

三、研究思路

因为本书研究的重点是政府 IT 投资价值控制,因此要在研究中紧紧围绕这个主题,而对于政府 IT 投资控制的其他重要方面,如政府 IT 架构的建立、政府业务流程的再造等问题,则留待在以后的进一步研究中继续深入探讨。

在明确研究对象、基本假设和研究方法之后,对国内外相关文献进行检索和研究,寻找相关领域研究的国际前沿,以此为基础继续展开研究。

有关政府 IT 投资价值及其实现过程的理论分析,为研究 VPC 及其基本原理奠定了理论基础。在此基础上,分析 VPC 框架的功能和特点,对 VPC 框架进行系统分析与建模,最后构建出 VPC 框架。

接着,根据 VPC 框架的要求,开始建立 VPC 框架的两个基本模型——过程控制模型和价值分析模型,提出 VPC 成熟度评估与价值分析的定量方法,并在抽样分析中加以应用。

在建立过程控制模型时,首先分析了 VPC 的层次结构,它由控制域、关键控制过程及其控制指标构成。控制域是指立项、实施和后评估三个域;关键控制过程是从 VPC 关键成功因素中提炼出来的,是 VPC 的基本控制单元,与三个控制域具有交叉对应关系;控制指标对每个关键控制过程提出了具体要求,可以为建立和完善 VPC 提供具体指导,并用于检查和评估 VPC 的成熟度。以价值分析为导向,在一个不断螺旋上升的控制闭环中,反复建立、评估和完善 VPC,使其不断满足可复用性、效率性和完整性的基本要求,不断提高政府机构的 VPC 成熟度。本书还论述了 VPC 成熟度评估模型、方案、步骤,及以模糊综合评判为基础的 VPC 成熟度定量评估方法,并应用这些方法对样本政府机构的 VPC 成熟度进行评估。

在建立价值分析模型时,首先指明了价值分析的内容、工具和收益量化方法,通过对价值分析相关理论的研究与总结,建立了价值分析模型,并论述了价值分析的重点和难点——成本与收益的量化。设计了价值评估的标准,提出了确定权重的方法。提出了以灰色系统分析为基础的价值定量评估法,并应用此方法对样本政府机构的 IT 投资价值进行评估。

为了对 VPC 框架的实用价值进行检验,本书还应用数据包络分析的 C^2R

等模型,以前述样本政府机构的 IT 投资价值的评估结果为基础,研究了样本政府机构价值实现过程的效率;以前述样本政府机构的 VPC 成熟度评估结果为基础,通过变量的相关性研究,验证了 VPC 成熟度与价值实现过程效率之间的正向关联,从而初步检验了 VPC 框架的实际应用价值。

第4节 结构与创新点

一、本书结构

本书的框架结构如图 1-2 所示。

第 1 章为绪论,主要阐述了选题背景与意义,界定了本书的研究对象与范围,确定了本书的研究方法,并说明本书的结构和创新点。

第 2 章为文献综述,主要对与本书有关的研究进行了系统阐述,包括投资控制、IT 投资控制、IT 投资价值管理和评估、VPC 的两种重要管理技术——投资组合管理和期权管理等等的相关文献。在文献综述的基础上,分别指出相关研究对本研究的指导意义。

第 3、4 两章论述了电子政务架构。其中第 3 章简要介绍了电子政务架构的理论基础——企业架构(EA),第 4 章详细介绍了当今世界最先进、最成熟的电子政务架构——美国的联邦企业架构(FEA),并指出其应用及对我国电子政务的启示,我国电子政务架构的目标——服务型政府,并对佛山市南海区的电子政务架构进行案例研究。

第 5 章构建了 VPC 框架。首先对 VPC 及其基本原理进行分析,论述 VPC 框架的功能和特点,对 VPC 框架进行系统分析及建模,在此基础上构建了 VPC 框架。

第 6、7 两章是本书的核心部分,分别对框架的两个模型展开详细论述。

第 6 章建立了过程控制模型。对 VPC 的层次结构进行了论述,它由控制域、关键控制过程及其控制指标构成。关键控制过程是 VPC 的基本控制单元,控制指标是关键控制过程的具体要求和评估指标。最后还详细讨论了 VPC 成熟度的评估方法,并评估了样本政府机构的 VPC 成熟度。

第 7 章建立了价值分析模型。论述了评估指标的设计原则和结构,并具体设计了评估指标,论述了确定权重的方法。接着对评估方案、评估步骤进行论述。最后论述了价值的灰色系统分析方法,并评估了样本政府机构的 IT 投资价值。

第 8 章进一步论述政府 IT 投资价值货币化的基本原理和具体的处理方法。

第 9 章根据本书第 4、5 章对样本政府机构的 VPC 成熟度、IT 投资价值的计算结果,运用 DEA 的 C^2R 等模型研究样本政府机构的 IT 投资价值实现过程效率,通过变量相关性研究验证了 VPC 成熟度与价值实现过程效率之间的正相关性,验证了本书的基本假设,从而初步检验了 VPC 框架的实际作用。

第 10 章对全文进行了总结和展望,总结了本书的主要研究成果,并指出了本书的不足和今后努力的方向。

二、创新点

本书的创新点主要体现在以下方面:

首先,提出对政府 IT 投资进行基于价值的过程控制(VPC),使过程控制与结果控制有机结合起来,把对结果(即价值)的预测、监控与评估贯穿于全生命周期的过程控制中。它统一了过程控制与价值实现,充分利用了过程控制与结果控制的综合优势。现有文献的研究要么集中于 IT 投资价值管理或价值实现过程,要么仅集中于 IT 投资的过程控制,没有将二者融合起来,且缺乏对政府 IT 投资的针对性研究。

其次,提出以价值分析为中心,由立项、实施和后评估构成的,覆盖政府 IT 投资全生命周期的控制闭环,以及由控制域、关键控制过程及其控制指标构成的 VPC 层次结构,它们是 VPC 的基本原理。控制域由立项、实施和后评估构成,关键控制过程是指能够最有效地推动 VPC 的建立和制度化,显著提高其成熟度的一系列条件与活动,而控制指标是关键控制过程的具体要求和评估指标。现有文献的研究大多局限于实施阶段的控制,未能形成覆盖全生命周期的控制闭环,也未能形成完整的控制结构。

最后,抽样分析的研究表明,无论是 VPC 总体成熟度,还是立项、实施和

```
┌─────────────────────────┐
│      第1章 绪论           │
└─────────────────────────┘
             │
┌──────────────────────────────────────┐
│ 第2章 政府IT投资价值控制的相关理论      │
└──────────────────────────────────────┘
             │
┌─────────────────────────┐
│      电子政务架构         │
└─────────────────────────┘
        │            │
┌──────────────┐  ┌──────────────┐
│  第3章 EA     │  │  第4章 FEA    │
└──────────────┘  └──────────────┘
             │
┌─────────────────────────┐
│    第5章 VPC框架          │
└─────────────────────────┘
        │            │
┌──────────────┐  ┌──────────────────┐
│第6章 过程控制模型│  │第7章 价值分析模型  │
└──────────────┘  └──────────────────┘
        │            │
┌──────────────────┐  ┌──────────────────┐
│第9章 VPC框架的检验 │  │第8章 价值的货币化  │
└──────────────────┘  └──────────────────┘
        │
┌──────────────────┐
│ 第10章 结论与展望  │
└──────────────────┘
```

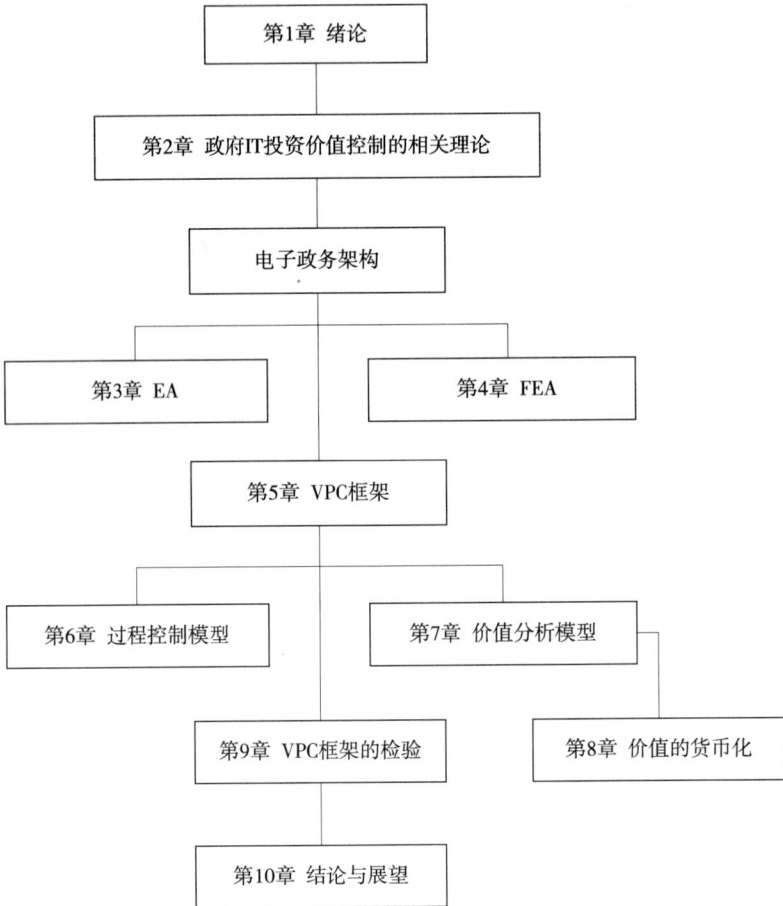

图 1-2   本书的结构

后评估各域的 VPC 成熟度,与价值实现过程的效率之间均存在显著的正线性相关关系。因此,提高 VPC 成熟度是改善价值实现过程效率的有效途径,VPC 具有促使政府 IT 投资价值实现的实际作用。为了满足抽样分析中定量研究的需要,本书提出以模糊综合评判为基础的 VPC 成熟度定量评估法,以灰色系统分析为基础的政府 IT 投资综合价值定量评估法,和以 DEA(数据包络分析)的 C^2R 等模型为基础的价值实现过程的效率分析法。

本章小结

本章对选题背景和意义,相关概念、研究对象与基本假设,研究方法、样本选取与研究思路、本书结构与创新点等进行了论述。政府 IT 投资规模不断扩大的趋势,与我国因缺乏投资控制而导致政府 IT 投资价值难以实现的现实,突显出本研究的必要性和紧迫性。本书的研究对象是"政府 IT 投资价值控制(VPC)",即以立项、实施和后评估构成的控制闭环为核心,以贯穿全生命周期的价值分析为导向,通过提高 VPC 成熟度改善价值实现过程的效率,最终促使政府 IT 投资价值的实现。只要能验证基本假设(即 VPC 成熟度与价值实现过程效率间存在显著的正相关性),则根据"VPC 的不断建立和完善→VPC 成熟度的提高→价值实现过程效率的改善→政府 IT 投资价值的实现得以保证"这一因果链,就可以检验 VPC(框架)促使政府 IT 投资价值实现的实际作用。本书采取理论研究与抽样分析相结合的研究方法,主要内容包括构建 VPC 框架及其模型,提出 VPC 成熟度、政府 IT 投资价值的定量评估方法,及价值实现过程效率的定量分析方法,通过相关分析验证基本假设并检验VPC 框架的实际应用价值。

第2章　IT投资价值控制与实现的相关理论

在研究之始,检索和研读了大量相关文献,主要包括投资控制、IT投资控制、IT投资价值管理及评估、IT投资组合管理与期权管理等方面的相关文献。对这些文献的研读和总结,可以把握研究的正确方向,使研究建立在前人成果的基础上,有利于把握本领域研究的最新动向,避免重复研究。

政府IT投资价值控制是一个新的研究领域,到目前为止尚缺乏关于IT投资控制的明确定义,能检索到的专门针对政府IT投资过程控制和结果控制(或价值管理)等方面的研究文献更是稀少,现对相关或类似的研究文献作一个简单综述。

第1节　投资控制

一、投资论

投资实践者和学者们一致认为:投资回报是非常难以预测的。Markovitz(1952)和Sharpe(1964)对投资决策的静态进行了开创性的研究,此后,Samuelson(1969)和Merton(1971)对恒定或确定的参数进行了动态设置,开始了动态投资决策理论的研究。Merton(1973)进一步引入时间变量,为动态投资决策计划的价值函数建立了偏微分方程。Merton的理论解决了投资组合的分布问题。但是,Merton的方法存在几个困难:首先,这个选择模型仅仅是对现实的一种近似模拟。由于模型的局限性,使投资决策规则的健壮性受到影响,而在套利和近似套利的投资环境下,投资决策规则的健壮性是非常重要的。另一个困难在于,投资者必须从一大堆模型中选择一个预测模型,所以投资者必须借助于专家的专门知识。第三个困难在于,在许多情况下,Merton 的偏微分方程难以求解。

投资决策的一般方法包括:

①折现现金流方法,是目前投资决策中的主要方法,不仅记入资金的时间价值,而且考察了整个寿命周期内收入与支出的全部数据。

②实物期权方法,是金融期权定价理论在实物投资中的应用。传统的净现值法忽略了投资项目中的期权价值,因而应当对净现值法进行修正,从而避免了许多投资机会的丧失。当得到更进一步的信息时,管理者具有改变决策的灵活性。当条件更有利时,项目可以利用条件进一步扩张;条件不利时,项目可以缩减或者取消。

二、控制论

控制论是研究包括人在内的生物系统和包括工程在内的非生物系统以及与二者有关的社会经济系统内部通讯、控制、组织、平衡、稳定、计算及其与周围环境相互反馈作用的科学方法论。1948 年著名数学家诺伯特·维纳的《控制论——关于在动物或机器中控制和通讯的科学》一书问世。随后,一系列有关控制论定义的著作相继出现,他们的研究工作和著作以及前人的工作,奠定了经典控制理论的基础,到 20 世纪 50 年代趋于成熟。经典控制理论的特点是以传递函数为数学工具,采用频率域方法,研究"单输入—单输出"线性常控制系统的分析和设计,但存在一定的局限性,即对复杂多变量系统、时变和非线性系统显得无能为力。

20 世纪 50 年代末 60 年代初,由于数字计算机特别是微型机的迅速发展,为控制理论的发展提供了有力的工具,控制论发展到了现代控制理论阶段。现代控制理论的特点,是采用状态空间法(时域方法),研究"多输入—多输出"控制系统、时变和非线性系统的分析与设计。现在,随着技术革命和大规模复杂系统的发展,已促使控制理论开始向第 3 个发展阶段即第 3 代控制理论——大系统理论和智能控制理论发展。

（一）控制的原理与原则

1.控制的原理

控制的一般原理包括反馈控制原理、最优控制原理。反馈控制原理是建立在控制论反馈理论的基础上的，其主要内容就是通过对输出信号的反馈补偿偏差，从而促使给定的对象改进其功能和发展，达到控制的目的。最优控制从广义上讲，是为一个既定或设计的系统尽可能有效地完善和发展其功能而做出的努力与过程；从狭义上讲，它是一种特殊的方法、技术与过程，即在可能选择的方案中获取一个实现系统目标的最好途径和方法。从根本上讲，在系统工程中普遍运用最优化控制原理，就能争取最佳的实际效果和最好的经济利益。

要使控制工作发挥有效的作用，在建立控制系统时必须遵循一些基本的工作原理，包括反映计划要求、机构适宜性、控制关键点和例外原理。

①反映计划要求原理：控制是实现计划的保证，控制的目的是为了实现计划，因此，计划越是明确、全面、完整，所设计的控制系统越是能反映这样的计划，则控制工作也就越有效。

②机构适宜性原理：控制必须反映组织结构的类型。组织结构既然是对机构内各个成员担任什么职务的一种规定，因而它也就成为明确执行计划和纠正偏差职责的依据。因此机构适宜性原理可表述为：若一个组织机构的设计越是明确、完整和完善，所设计的控制系统越是符合组织机构中的职责和职务的要求，就越有助于纠正脱离计划的偏差。

③控制关键点原理：为了进行有效的控制，需要特别注意根据各种计划来衡量工作成效时有关键意义的那些因素。控制了关键点，也就控制了全局。

控制工作效率的要求，则从另一方面强调了控制关键点原理的重要性。所谓控制工作效率是指控制方法如果能够从最低的费用或代价来探查和阐明实际偏离或可能偏离计划的偏差及其原因，那么它就是有效的。对控制效率的要求既然是控制系统的一个限定因素，自然就在很大程度上决定了主管人员只能在他们认为是重要的问题上选择一些关键因素来进行控制。

④例外原理：主管人员越是只注意一些重要的例外偏差，也就是说，越是把控制的主要注意力集中于那些超出一般情况的特别好或者特别坏的情况，控制工作的效能和效率就越高。

2.控制的原则

控制的原则包括目标确认原则、控制效率原则和重点控制原则。

①目标确认原则:控制目的是为了实现目标,目标是控制活动的出发点与归宿点,因此确认目标是控制活动的首要前提。社会经济运动是一个关系极为复杂的综合体,因而控制的目标常常都可以从纵向上做阶段性分解,从横向上作层次性的分解,从重要性上做主次性的分解,从时间上做远近期的分解。所以,要以控制脱离计划发展的偏差作为控制的具体目标。同时,为了使目标的达成与否易于衡量,也应跟随目标达成的确认而提出可供考核的、定量或定性的标准与尺度。

②控制效率原则:追求控制效率是为了保证控制活动取得良好的成果,这是控制活动的核心;否则,就有可能导致经济事态的进一步恶化,带来预想不到的后果。由于经济活动是极为复杂的,受多种因素制约,且常有许多潜在的因素未显露,因而其发展势态也常难以确切估料。因此,为使控制有高的效率和好的成果,往往需要进行多种方案、多种手段和多种途径的比较和选择。

③重点控制原则:由于管理活动受多种内外因素的影响与干扰,即使发生偏离与错误,也是有其错综复杂的原因。因此,当在管理工作中运用控制活动进行纠偏和校正时,就必须善于捕捉最具有影响和起干扰作用最大、最急需解决又最能取得成效的因素,有重点地进行控制,这样控制才能强劲有力,起控制一点而制全局的功效;否则,不分巨细、轻重地将控制对象分散化,就难以奏效。

(二)管理控制论

管理控制基本方式包括计划控制和目标控制。计划控制又称程序控制,是管理控制的基本方式之一。计划中系统的输入,是预先编制好的计划。受控系统按计划运行,以保证系统不偏离计划轨道。目标控制又称跟踪控制,也是管理活动中最基本的控制方式。目标控制中系统的输入是系统所要达到的目标。它是用受控系统运行时的目标状态,相对于输入目标的偏差,来指导或纠正系统未来的行为。在目标控制系统中,存在两种反馈调节,即自我反馈调节和外部反馈调节。自我反馈调节是指受控系统自行比较实际输出状态和输入目标状态,发现偏差后,自行调整行动方案,使其恢复到正常的目标状态上来。外部反馈调节是指受控系统按目标计划期运行完毕后,将其最终的结果反馈到施控系统,施控系统在下一轮计划中对目标计划实行调整。

为实施管理控制而设计的互相有关的和互相沟通的机构和机制则称为管理控制系统。管理控制的任务就是调节、沟通和合作使个别的分散的行动整合起来追求企业短期的或长期的整体目标。管理控制的主要功能,是对被控制对象进行调查或测定,求出该对象所表示的状态和输出的管理特征值,并与预期目标相互比较;通过比较找出差距,进行分析判断,采取适当的行为予以调节和控制,以求得企业经营活动的最优效果。

随着财务审计向管理审计的发展,审计人员相应地将评估重点从会计审计转向了管理控制。20 世纪 70 年代以来,绩效审计、管理审计、经营审计以及经济、效率和效果审计逐渐占领了审计舞台,而这些审计形成中,无不要求在关注会计审计的基础上,主要评估管理控制。

目标控制在政府 IT 投资控制中具有很大的方法论指导意义,VPC 层次结构的控制域、关键控制过程及其控制指标都有各自明确的控制目标,形成了层次展开的控制目标体系。

(三)大系统控制论

控制论原本是关于机器、生物中的控制和通信的科学,后来突破了工程技术与生物科学之间的传统界限,跨越了两大领域之间的"鸿沟",从中分化出许多其他的学科分支,将控制论的思想、观点、方法应用于经济和社会各方面。

由于现代社会日趋信息化、系统化、网络化,在工程技术、社会经济、生态环境等各领域出现了许多复杂的大系统,具有规模庞大、结构复杂、功能综合、因素众多等特点,如何对大系统进行控制和管理是现代科学技术面临的重大课题。然而,由于大系统的复杂性,传统的控制理论难以满足复杂大系统的要求。所以,关于大系统控制的理论和方法已经成为人们实际的需求。

在 20 世纪 80 年代,国内外学术界开始探讨复杂大系统的新方法、新途径。1985 年,在北京科技大学,大系统理论专家涂序彦教授基于"人工智能"和"大系统理论"相结合,提出和开展了"大系统控制论"的研究。"大系统控制论"是控制论向广度发展的分支,研究各种不同领域(包括工程技术、社会经济、生态环境等)复杂大系统的控制机理和信息过程的共同规律与相互渗透,是研究复杂大系统"广义控制"(包括控制、管理、调度和指挥等)与大型、复杂、广义控制系统的建模、分析与设计的理论、方法和技术的新学科。

由于系统的复杂性,要研究政府 IT 投资控制的系统结构和原理,需要有一种全新的系统建模方法。大系统控制论的广义模型化、大系统分析和综合理论,为建立政府投资过程控制的系统模型提供了一种可行的方法。

(四)政府预算控制

预算控制是内部控制理论在政府管理中的应用。预算控制就是以预算目标制定的费用预算为依据,对各项费用支出和成本费用,进行有效的检查和监督,并通过对预算计划目标与预算执行结果进行比较,及时发现和纠正偏差,确保预算目标的实现。预算控制方法可以分为事前控制、事中控制和事后控制三种方式。事前控制又称预先控制或预防性控制,它是利用前馈信息实行控制的方式,其重点放在事前决策和计划上,即行动之前根据各种预测和环境资料等前馈信息,拟订出不同的可行方案,从中进行优选,然后编制计划和预算。事中控制又称为计划执行过程中的控制,它是对机构活动及其过程的某一事物的现场控制方式,重点放在对发生的行动效果(或称为被控结果)及其形成过程的经常监督和调整上,即通过作业核算和现场观测获得信息,及时把被控对象的输出变量与控制标准进行比较,提出纠正偏差的行为措施,不断消除行动效果偏离既定标准的现象,确保关键控制过程的实现。事后控制又称为检测性控制,它是利用反馈信息来实行调节控制的一种控制方式,其重点放在对发生的行动效果(或称为被控结果)的经常监督和调整上,以通过核算和分析获得信息,并与控制标准进行比较,提出纠正偏差的行为措施,确保控制目标的实现。

当代西方政府预算管理理论是在 19 世纪到 20 世纪 30 年代初的自由市场经济时期预算管理理论,以及从 20 世纪 30 年代到 60 年代初的政府预算的经济功能理论的基础上发展和完善而来的,主要包括零基预算和绩效预算。

零基预算是从总体上控制政府财政支出的一种预算机构形式,20 世纪 50 年代起源于美国。1952 年,美国学者维恩·刘易斯在其《预算编制理论新解》中提出了一个预算编制中的新论点,即在编制公共支出预算时,根据什么标准或方法来确定资金数额并分配给相应的部门,以及如何测定这种分配后的结果。他认为只有通过"非传统的编制方法"才能解决这一问题,而这种"非传统的编制方法"就是后来形成的零基预算编制法。一九七七年,卡特总统正式下令联邦政府所有部门与机构正式采用零基预算,此后,各州及地方政府也纷纷效尤,至此零基预算为民间企业及政府机关普遍采用。近年来,我国先后在河南、河北、安徽、云南、湖南、湖北、海南、深圳等部分省、市试行了零基预算。2000 年中央部门预算开始改革,全面采用零基预算编制法,并取得了一定成效。

正如零基预算的名字所暗示的,零基预算意味着在编制预算时,一切从"零"开始,对本部门所有的计划项目和行动重新进行系统评估和审查,由此测定所需的经费开支,而不仅仅是修改上年预算或审查新增部分,其核心概念就是根据公共项目的重要性确定预算安排的优先性。零基预算在众多资源分配方案中寻求最佳方式以提高资源分配的效率,它要求全盘考虑所有的预算支出项目并按其重要性排序,从而提高预算决策的效果。

绩效预算(Performance Budgeting,PB)是 20 世纪 50 年代初美国联邦政府首先提出并应用于支出管理的一种预算编制模式。20 世纪 90 年代美国联邦政府放弃零基预算法,再次采用绩效预算法编制政府公共部门财政预算。在过去的十多年里,绩效预算特别是基于绩效预算的绩效管理越来越受到美国管理与预算办公室(Office of Management and Budget,OMB)的重视,并相继通过了一系列相关法案。从目前来看,绩效预算已经开始成为西方发达国家主要的预算模式,它在引导政府在市场经济中提高效率,发挥宏观调控作用等方面起到了重要的作用。

绩效预算是指要阐述和明确请求拨款所要达到的目标,为实现这些目标而拟定的计划需要花费多少钱,以及用哪些量化的指标来衡量其在实施每项计划的过程中取得的成绩和完成工作的情况,包括绩、预算、效三要素,绩是指业绩指标,表明申请财政拨款是为了达到某一具体目标或计划;预算是指达到这一业绩所需的拨款额;效是指业绩的考核及业绩与预算挂钩的方式。与传统预算编制方法相比,绩效预算具有独特的优势,它是一种"效益预算",实现了绩效与预算的匹配,实行绩效预算硬化了预算约束,可操作性强。

政府 IT 投资控制与政府预算控制有着密切的联系。政府 IT 投资的立项应该属于政府预算控制的一部分,政府 IT 投资的实施与后评估,同时也是对政府的 IT 投资预算进行有效的检查和监督,并通过对预算计划目标与预算执行结果进行比较,及时发现和纠正偏差,确保预算目标的实现。预算控制方法(事前控制、事中控制和事后控制)同样也可以为政府 IT 投资控制借鉴。

三、控制方法论

控制是选择一定的方法使系统的输出达到预定的目标的过程。要实施系统控制,需要确定明确的目标,了解受控系统及环境的信息,还要有适当的控制手段。所以,目标、信息、控制手段可以说是控制,从而也是政府 IT 投资控制的要素。通过对控制要素的分析,可以将控制方法分类(如表 2-1 所示)。在政府 IT 投资控制中,可以对这些控制方法加以灵活运用。

表 2-1　控制方法的分类

按目标分类	按信息条件分类	按信息结构分类	按控制手段的内含分类
正常标准控制	开环控制	集中控制	数量控制
临界值控制	闭环控制	分层控制	价格控制
程序控制		分析控制	
跟踪控制		分散控制	
自适应控制			
最优控制			

这里不打算对所有控制方法进行综述,仅讨论与政府 IT 投资控制密切相关的几种控制方法。

(一)临界值控制

如果某一常量为最终目标,或者不希望超过某一常量,那么这一常量称为临界值,而控制过程称为临界值控制。在政府 IT 投资的控制中,控制方式也极为普通,如当成本、收益、风险或进度等超过某一临界值时,就要求对投资进行审查,这种触发机制就是一种典型的临界值控制。

（二）闭环控制

如果控制系统需要根据受控系统的输出不断地修正输入的控制信息，则这种控制称为闭环控制

（如图 2-1 所示）。当受制系统偏离某种正常状态时，控制（者）系统就会把这种偏离变成一种控制作用，从而缩小这种偏离。

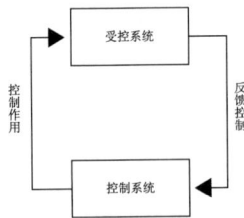

图 2-1　闭环控制

设有系统状态方程

$$x(k + 1) = Ax(k) + Bu(K + 1), x(0) = x \qquad (2.1)$$

其中 x 为 n 维状态向量，u 为 m 维控制向量，A 与 B 分别为 $n×n$ 与 $n×m$ 实矩阵。如果不加控制，$u(k) = 0$，则

$$x(k) = A^k x_0 \qquad (2.2)$$

当 A 的特征根的绝对值大于 1 而系统偏离初始状态时，系统是不稳定的。如果系统为可控的，则可施加控制作用使它镇定，特别是取线性反馈控制，即

$$u(k + 1) = Gx(k) \qquad (2.3)$$

其中 G 为状态反馈增益矩阵。在这种控制作用之下，

$$x(k + 1) = Ax(k) + BGx(k) = (A + BG)x(k) \qquad (2.4)$$

这时，系统是否趋近于 x_0，将取决于 $A+BG$ 的性质，而不是状态转移矩阵 A。

因此，当系统不稳定时，我们可以适当地选取矩阵 G，使原系统的运动特性改变。例如，选取 G，使 $A + BG$ 的绝对值等于预先指定的数，这被称为极点配置问题。

政府 IT 投资的立项、实施和后评估，构成了一个覆盖全生命周期的控制闭环，VPC 是以这一控制闭环为核心的，闭环控制是 VPC 的基本控制方法。

（三）分层控制

根据受控系统的特点，有时需要在控制系统中划分若干层次，使之形成某种递阶结构，图 2-2 给出了具有二阶控制器的系统。D^2 表示最高级的控制器，D_1^1 和 D_2^1 表示次一级的控制器。每一级控制器都有自己的控制目标和任务。但 D_1^1 和 D_2^1 要接受 D^2 的控制信息，而 D_1^1 和 D_2^1 的目标之间既有联系，又可能有冲突，所以 D^2 具有协调 D_1^1 和 D_2^1 的作用。

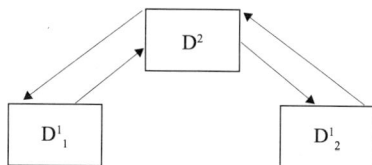

图 2-2　分层控制

分层控制的优点之一是减轻了控制中心的信息负担。由于各级控制器之间有不同的信息加工和控制任务，减免了信息的高度集中，因此比集中控制更有信息效率。另一优点是，由于不同级控制器有不同的控制目标和任务，所以每一级控制器之间多少都有点主动性和灵活性。

这一控制系统的工作原理是：D_1^1 和 D_2^1 分别控制着受控系统实现各自的目标，但是这些目标不一定意味着实现 D^2 的目标。D^2 为保证总体目标的实现，需要利用控制参数控制和协调 D_1^1 和 D_2^1 的行为，这种控制参数可以是价格参数，也可以是数量指标。

政府机构是典型的分层控制组织结构，在 IT 投资控制过程中，成功地运用分层控制手段，就可以提高各级控制部门的工作积极性和主动性，同时提高信息效率。

第 2 节　政府 IT 投资控制

在 IT 投资控制尤其是政府 IT 投资控制领域，能检索到的文献较少，而且多数仅涉及 IT 投资控制，针对政府 IT 投资控制的研究文献很少，研究也不够深入，但这些为数不多的文献仍然为本研究提供了很大的帮助。尤其是美国总审计署(GAO)的 ITIM 成熟度框架,为本书构建过程控制模型奠定了基础。

2004 年 3 月,美国总审计署(GAO)发布了一个由 5 个渐进的成熟度等级构成的 ITIM(IT Investment Management)成熟度框架(如图 2-3 所示)。该框架是在 GAO 研究了大量领先的私人和公共机构的 IT 投资控制实践的基础上开发出来的。它可用于评估政府机构的 ITIM 过程的成熟度,并且是改善其 ITIM 过程的有效工具。GAO 已经成功地用该框架,在 2002 对劳工部(Department of Labor)、美国邮政管理局(United States Postal Service),2003 年对内政部土地管理局(Bureau of Land Management),2004 年对美国联邦航空局(FAA)等数个联邦政府机构进行了 ITIM 评估,并且有大量的政府机构已经在使用该框架进行内部评估。

评估政府机构的 ITIM 成熟度,是根据成熟度等级所要求的每个关键过程的完善程度,来评估政府机构处于 5 个成熟度等级中的哪一个等级。但是,应该指出,机构要达到更高的 ITIM 成熟度等级,必须将其优秀的控制实践和特征制度化,如战略规划、项目管理、企业架构(EA)管理、人力资本管理,以及软件和系统的获得管理。

ITIM 成熟度框架可用于分析政府机构的 ITIM 过程,决定其能力水平,是评估 ITIM 成熟度的主要工具,也可用于努力改善政府 IT 投资控制过程。它提供对投资管理过程进行内外评估的严格、标准化的工具;连续、综合性的评估结果报告机制;政府机构改善 IT 投资控制过程可以遵循的路线图。

ITIM 成熟度框架由 5 个成熟度等级构成,每个等级都是建立在较低等级的基础上。图 2-3 显示了这五个等级,并对每个等级做出了简单描述。

第 1 级:树立投资意识

第 1 等级的特点是仅有特别的、非结构化的、不可预测的 IT 投资控制过程。虽然大家都认识到控制过程很重要,但这种认识还仅限于独立团队之内;控制过程的知识没有得到广泛的共享或制度化。多数处于第 1 级成熟度的机构都有某些项目选择过程,它们是其年度预算活动的一部分。但是,这种选择过程往往还是初步的、缺少明文规定的、仅被非连续性地得到应用的。

第 2 级:奠定投资基础

第 2 级的一个中心是培养基本的项目选择能力。要增强基本的选择能力,就必须建立项目选择标准,包括政府机构选择资助项目时的收益和风险标

成熟度等级 ⟷ 关键过程

成熟度等级	关键过程
第5级：战略性地推进信息技术	13.利用信息技术推动战略性的业务转变 12.优化管理过程
第4级：改善控制过程	11.信息系统的"继承"管理 10.改善投资组合的绩效
第3级：开发完整的投资组合	9.后评估 8.评估投资组合 7.建立投资组合
第2级：奠定投资基础	6.制定投资组合标准 5.获取投资信息 4.监督投资 3.选择投资 2.满足业务需求
第1级：树立投资意识	1.设立投资管理部门

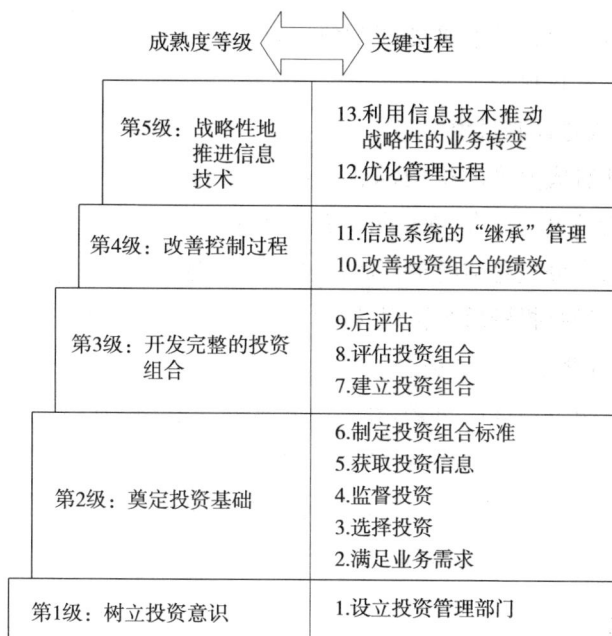

图 2-3 ITIM 成熟度框架

准及优先序列。在第 2 级上建立的基本选择过程,为第 3 级建立更成熟的选择能力奠定了基础。

试图达到第 2 级的机构应该着手建立基于 EA 的 IT 投资决策过程。制定 IT 项目选择标准,制定政策和程序,识别每项 IT 投资的业务需求和相关用户,确保每项投资都为机构带来一定的价值。形成项目级的、可重复运用的、成功的 IT 投资管理能力。首先,必须将投资控制在计划进度和预算范围内,增强投资结果的可预见性。另外,机构必须认清潜在的风险并制定减少风险的战略。

第 3 级:开发完整的投资组合

第 3 级依赖于第 2 级关键过程的成功完成。在第 2 级形成基于项目的成熟度的基础上,第 3 级成熟度的核心是形成基于投资组合的成熟度。机构需要在保持与其 EA 一致的前提下,根据一定的选择标准建立 IT 投资组合。

投资组合选择标准的开发和运用,使机构能够扩展其关注范围,从主要以项目为中心,转为更为广泛的投资组合视角。投资组合视角促使机构关注来自投资集合的协同利益,而不仅是来自单个投资的利益。在关键过程中,规定如何根据组合选择标准来建立 IT 投资组合。审查和评估各项投资,对实际结果与绩效预期进行比较。

第 4 级:改善控制过程

处于第 4 级成熟度的机构,能够运用评估技术来改善其 IT 投资控制过程。定期分析其投资组合,保持与最新 IT 架构的一致性。

按投资组合分类总结经验教训,这些分类信息可用于完善控制过程和调整投资组合。进行投资后续管理,剔除过时的、高风险的或低价值的 IT 投资。

第 5 级:战略性地推进信息技术

处于第 5 级成熟度的机构,在建立和实行选择、控制及评估过程的基础上,进一步追求 IT 投资的战略性结果。将 EA 作为重要的参考评估体系,保持与目标架构的一致性。不断提高信息技术的应用能力,以信息技术支持和改善业务绩效,使政府机构成为一个更加灵活敏捷的、符合其远景架构的组织。

总之,政府机构应该密切关注信息技术的重大突破,通过信息化实现重大意义的组织变革,改善其业务绩效,学习其他先进的政府机构,不断追求和保持领先地位。

第 3 节　IT 投资价值管理与评估

政府 IT 投资控制的目标是保证投资价值的实现,因此有必要对 IT 投资价值管理与评估等相关理论进行综述,从中得到借鉴与启示。

一、IT 投资价值管理及其主要模型

价值管理是指以价值创造和价值实现为中心对组织活动特别是决策活动进行管理的过程。它并不是一个新概念,早在 1890 年,Marchile 在《经济基础》一书中就提出了经济增加值的概念,经过实践和理论研究的长期积累,基于价值的管理已经形成一套完整的体系,并在具体实践中发挥了重要作用。

对 IT 投资价值管理进行过的系统研究有:Kemenyir 的 ABR (Active

Benefits Realization)模型、Chowdhury 的 IPF(Integrated Process Realization)模型、Thorp 的 BRA(Benefits Realization Approach)模型等,还有其他如全生命周期评价(Willcocks,1994)、Mckay 的效益管理理论、Meyerson 的 QantiMetrics (2000)也可以部分地归为此类研究。

(一)ABR 模型

ABR 模型是由 Kemenyir 和 Sherwood-Smith 在 1997 年提出的(如图 2-4 所示)。ABR 认为,IT 投资最主要的目的在于帮助组织实现既定的业务目标, ABR 模式以充分理解组织的业务目标为基础,关注并监控这些目标在 IT 投资过程中的实现程度。同时 ABR 认识到事物持续变化的本质,在项目进行的过程中,用户的需求、项目的目标、相关者的知识与能力等都会发生变化,因此 ABR 模式特别强调持续的、循环反复的动态管理方法,以应对项目建设过程中不断产生的变化。ABR 的应用使得 IT 投资过程更加开放和公开,IS(信息系统)不再是技术人员闭门造车的结果,而是各利益相关者协同工作的产物。 IS 专家、业务负责人、用户、财务人员、IT 人员等参与的持续性的评价,支撑着 IS 建设的整个过程。

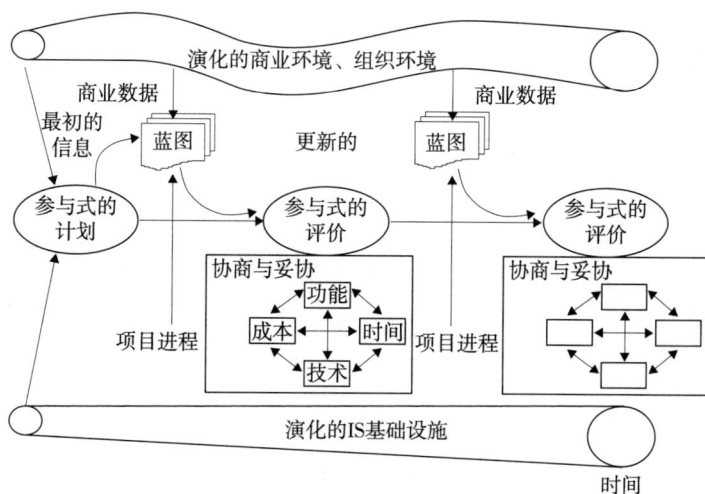

图 2-4　ABR 模型

总的来说,ABR 这一个闭环的活动流,是在参考 IT 投资的业务、财务和技术背景下,通过对 IT 投资进行持续的参与式的形成性评价来实现的。这一模式主要依赖于业务负责人和最终用户、财务人员、IT 人员这三类主要的相关者之间的协同工作,包括编制业务蓝图(Picture)、财务蓝图和项目蓝图,设定最初的解决方案;然后在项目进行过程中搜集材料,制作阶段性的变量差异报告,从自身利益出发发表观点,讨论协商和妥协,达成一致意见等评价活动内容。这些评价活动最后会有三个可能的结果:一是,在变化不大的情况下更新三大蓝图,循环开始新一轮的形成性评价;二是,在变化过于剧烈的情况下,通过启动下一版本的项目或项目维护来一次性解决项目中存在的问题;三是,在项目无法解决企业面临的问题时终止项目。

(二)IPF 模型

IPF 模型(如图 2-5 所示)是 Chowdhury 在 2001 年提出的,用于提高 IT 投资管理的效率。2002 年 Sherer 在此基础上又进行了进一步的分析,使得该模型更加完善。Chowdhury 认为,传统的 IT 投资管理之所以很难达到预期的目的,关键在于项目提出者和项目活动的执行者之间存在一个"责任差距(Responsibility Gap)",这个差距成为 IT 项目潜在利益实现过程中的障碍。因此,必须把执行活动的责任分配给整个价值链过程中那些有决策权限的人员。

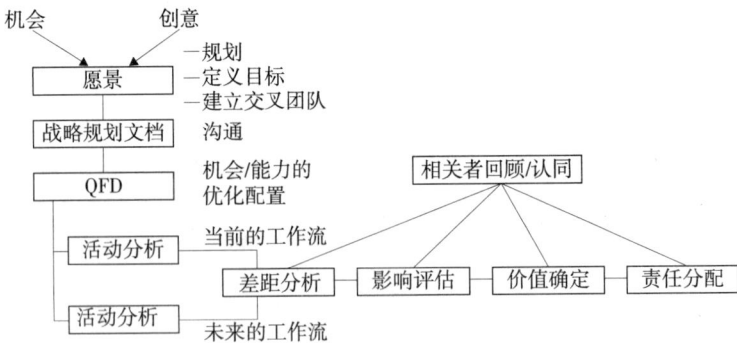

图 2-5 IPF 模型

要实现这种决策权限分工,就需要通过一定的补充性组织变化对价值实现过程进行弥补,更需要一个有效的规划和执行过程。

　　Chowdhury 对两个成功案例进行了长期的跟踪研究。他在总结这两个案例 IT 投资管理的关键成功要素的基础上,提出把战略规划、质量功能部署(QFD, Quality Function Deployment)、活动分析和责任分配这四个活动集成到 IT 投资管理流程中,形成 IT 投资管理的集成流程框架(IPF),协助 IT 主管对项目管理进行优化,确保有相应的责任人负责价值链各个活动的可靠性。

(三)BRA 模型

　　BRA 模型是由 DMR 咨询集团提出的,这一工具要解决的最主要问题是:如何选择正确的业务和技术投资,并将这些投资转化为可见的结果。其整体框架如图 2-6 所示。

　　BRA 的形成是基于对 IT 投资收益以下三个方面的理解:①收益不会碰巧产生,新技术应用后,收益不会自动出现,收益流只在当人们学习使用它后才会有所流动和进展;②收益很少是按预期那样的产生;③收益实现是一个持续的过程。基于这三方面的理解,BRA 认为要实现 IT 投资收益,IT 项目管理要实现三个转变:①从独立的 IT 项目管理到经营计划管理的转变;②从项目的自由竞争到受约束的组合管理的转变;③从传统项目管理周期到全周期管理的转变。同时要辅助以三方面的条件,包括参与者的责任心,以便确定其是投资计划的积极、持续拥有者;相关测度,以便解决利益实现过程中的计量问题;对变革的超前管理,以便在计划中赋予人员以所有者权益。有了 BRA,组织只要着手使 IT 能随着以下两方面的变化而变化即可:清楚描述产生利益结果的路径图和实现这些利益所需的能力。

　　BRA 的设计存在三大关键技术:结果链分析、价值评估和阶段门。组织要实现某一结果往往存在很多途径,而结果链分析为企业的计划提供一个路径图,揭示了期望结果和为得到此结果可选用的路径。结果链是产出、活动、贡献和假设之间建立的简单但严格的模型。结果链不是一种已经存在的文件,而是通过各相关者广泛的会谈和研讨会等方式建立起来的,建立结果链的过程与 ABR 中参与式评价一样,可以加强各相关者对 IT 投资价值实现过程的理解,对项目达成共识,帮助组织选择最优的途径。

　　价值评估的主要作用正在评价并选择最优的结果链。BRA 的价值评估主要是建立在四个"是否"之上的。根据实际经验,可以把这四个"是否"所关

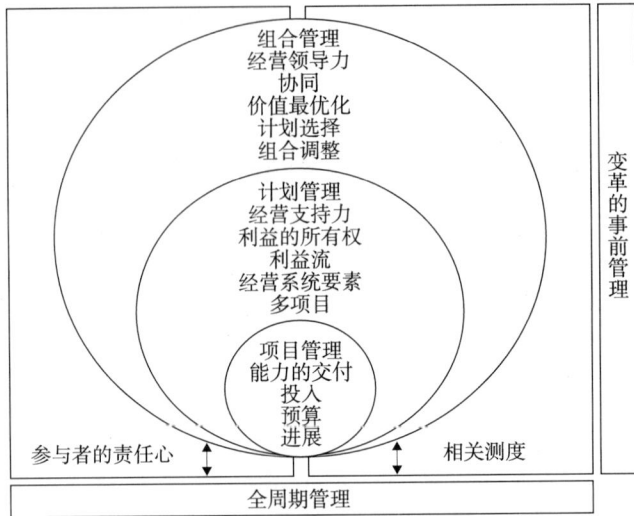

组合管理
经营领导力
协同
价值最优化
计划选择
组合调整

计划管理
经营支持力
利益的所有权
利益流
经营系统要素
多项目

项目管理
能力的交付
投入
预算
进展

变革的事前管理

参与者的责任心

相关测度

全周期管理

图 2-6   BRA 模型

注的重点转化为可具操作性的三个方面,分别是合作、财务价值和风险。

阶段门是指清楚地定义计划的继续、修改和放弃的决策点。BRA 把 IT 投资计划的全周期管理划分为计划初始门、计划交付门、计划委托门和计划完成门四个阶段门,在计划交付门和计划委托门中间又存在二级的项目阶段门,分别是项目概念、项目设计、项目执行、项目构建和项目实施五个阶段门。这些阶段门的存在把 IT 投资客观地分为不同的阶段,按阶段投入资源和考核 IT 投资价值的产生。当计划面临的经营环境发生变化时,可以在不同的阶段门寻求新的利益机会,用于风险的渐进管理。

通过以 ABR、IPF 和 BRA 为代表的 IT 投资价值管理模型的研究,可以发现一个共同点,即都是通过对 IT 投资价值实现过程的管理和控制,保证优化、控制和实现 IT 投资价值。但也不难发现这些模型的共同缺陷,即价值管理过于抽象、缺乏具体指导框架,因此构建更加完整的 IT 投资价值管理模型显得非常必要。具体说来,这些模型的共同的缺陷体现在:

首先,上述几个主要的价值管理模型都强调了 IT 投资价值实现的相关者参与性、多影响因素、持续动态性以及对评价控制的需要,但是,这些模型并没有对 IT 投资价值的实现过程及其影响因素作出系统而全面的分析。这些模型创造性地发现了过程及影响因素对于 IS 价值实现的重要作用,也相应地提出了一些解决的对策与方法。但是,对过程与影响因素分析的非系统性和非全面性,使得这些模型本身所提出的价值管理方法难以具有系统性,并进而也大削弱了其在实践中的可应用性。

其次,任何一种新的管理体系的提出都需要有可操作的方法论上的支持,但目前的 IT 投资价值管理模型,尽管设计时是一些活动的有序结合,但在具体执行过程中,还没有一条统一的主线或一个统一的手段把管理体系中所有活动都串起来,无法达到协同实现 IT 投资价值的目标。因此这些体系目前还不具备完整的支撑平台和手段,把价值管理这一理念贯穿到结构性组织流程中去。

通过研究与 IT 投资价值管理相关的大量文献,发现大多数研究者主张以 IT 投资价值为导向对投资控制过程进行管理。这与本书的观点不谋而合,本书就是要论述如何建立和完善以价值分析为导向的控制过程,通过改善价值实现过程的效率达到价值管理的目标。

二、IT 投资价值评估

(一)IT 投资价值的全生命周期评估

在 IT 投资的实际进程中,生命周期的时间框架是高度不确定的,并且会延长到理论生命周期以外(如,长期的经济政策影响)。这意味着传统系统绩效评价的时间范围有可能过小,对管理的指导就会出现偏差。因此,需要从中长期持续的角度将评价工作作为一个监控机制,这也意味着需要一个更适合的模型来评价生命周期以便于绩效管理。

很多学者对 IT 投资价值的全生命周期评估进行过阐述,如 Mooney 等(1995)提出了基于过程的框架,Ward 等(1996)初步考虑生命周期过程被识别、评价、实现的整个过程,Willcocks(1997)认为评价生命周期是防止生产力悖论的一个对策,能够将各种评价指标、管理方法、实践结合起来,并集成化给出优化方向。绩效评价不是一次性快照,而是多阶段的活动,贯穿企业运营的整个过程,应采取对全过程进行评价的方法,即生命周期的持续性评价。

根据投资价值评估的不同阶段可以分为事前评估、事中评估、事后评估,它们组成一个循环周期,其中事前评估最为重要,也是最难的部分,因为事前评估做得好坏直接影响我们的投资决策。

(二)IT 投资价值评估的主要观点

从相关文献中,可以发现对 IT 投资价值评估的各种不同观点,包括用户满意、系统收益、系统质量、系统应用等观点。

1.用户满意观点

用户满意度是用户期望值与最终获得值之间的匹配程度,它的出发点是从服务使用者的角度来对成功要素进行归纳,主要关注系统的反应速度、便捷性、可靠性、个性化服务等。不同研究对满意度的内涵有不同理解。Davis (1989)从易用性感受、有用性感受、用户的接受程度等方面对信息系统的应用效果进行了研究。Saarinen(1996)将信息系统成功归纳为个方面的满意:系统开发过程的满意度、系统使用的满意度、系统质量的满意度、信息系统对组织的影响。Delone 和 Mclean(1992)定义了个相互关联、相互依赖的组成要素,结合起来定义系统的成功(如图 2-7)。

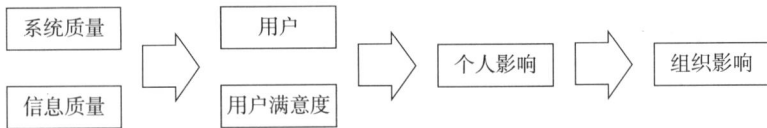

图 2-7　Delone 和 Mclean 信息系统成功模型图

Lubbe & Remeny(1999),Cohen(1995)认为组织使用了各种标准去评估,但成功的项目一定考虑对利益相关者的影响比如收益,客户表达出来的或暗示的需求决定了对项目的满意程度。Weber(1999)综合了 Davis(1989)、Delone 和 Mclean(1992)、Seddon(1997)等成果创建综合满意度评价模型。

2.系统收益观点

系统收益观点是把信息技术产品作为一种资本投入品进行选择,使其和组织业务流程紧密相连,既要考虑信息技术产品对业务的有用性,又要考虑信息技术使用的方便性,同时考虑成本和收益关系。收益度量研究很热,在很大程度上是因为收益定量研究一直没有可操作的成果,研究结果也不一致、甚至相互矛盾,尽管如此,人们从来没有放弃定量分析经济效益的研究,毕竟数据最能发现问题,也最具说服力。学者们从各个角度投资收益率、商业绩效、企业组织效率、生产率探讨信息技术给企业创造的价值。主要方法有财务方法、生产函数法、投入产出法等。

从财务的角度度量投资收益,有成本—收益分析(Cost-Benefit Analysis: Keen,1981)、投资回报率(ROI, Return On Investment: Cron & Soble, 1983; Barua, Kriebel & Mukhopadhdyay, 1995; Hitt & Brynjofsson, 1996)、权益回报率(ROE, Return On Equity: Hitt & Brynjolfsson, 1996; Strassman, 1990)、管理收益(ROM, Return On Management: Strassman, 1990)、成本控制(Cost Control)和增值(Value Added: Hitt & Brynjolfsson, 1996)。计算投资收益率沿用估算投资收益的传统方法,通过比较投资收益与成本来确定投资价值。

3.系统质量观点

系统质量观点认为质量能够反应信息系统的绩效,因此可以从质量管理的角度衡量信息系统的绩效。系统质量分为三类:目标质量,分析信息系统设计目标与组织目标的整合程度;过程质量,分析系统的开发、运行和维护的管理质量;结果质量,主要分析系统输出信息的质量、信息服务的质量和最终的决策支持质量。

Ortega 等人提出将系统质量方法与模型有机集成,将系统开发分为三个层次主要生命周期工程类、支持生命周期支持类、组织生命周期管理和组织类,这些周期之间的相互交织能够使得组织保证信息系统开发过程的质量,体现出系统价值。

Callaos 等提出系统质量矩阵,认为系统质量被看成是集成了过程和产品质量的一个全面质量系统,在客户以及用户的准则下,平衡效率和有效性。通过识别四种质量类型产品效率、产品有效性、过程效率、过程有效性。建立他们之间的关系,作为软件工程的基础。该模型的贡献在于它使系统质量的过程维和结果维之间能够平衡。

4.系统应用观点

系统应用观点认为信息系统已经成为了一种标准的基础框架,可以购买和模仿,但不能对组织核心竞争力产生影响。真正产生差别的不是信息系统本身,关键在于如何应用,因而应用价值是系统绩效的重要体现。Stratopoulos 和 Dehning(2000)认为怎样利用或管理比投资费用研究更重要。Weill(1992)首次基于组织层面考察投资失败的案例,提出"转化效果"的概念,在此基础上许多学者开始提出相关的理论过程理论与差异理论研究投资如何转化为诸如"生产效率增加、业务价值实现、组织绩效改善等"产出的路径。Jayanth（1997）探讨了信息基础设施和过程改进之间的相互关系，以及信息基础设施、过程改进它们之间的相互作用对于基于供应链的绩效产生的影响。Zeitaml 总结了衡量整个系统的有效性的关键绩效指标，包括集成性、服务质量、交付、效率、经济性、扩展性、影响、用途、适应性。

Soh 和 Markus（1995）系统地对比分析了 Lucas，Grabowski 和 Lee，Markus 和 Soh，Beath，Goodhuet 和 Ross 以及 Sambamurthy 和 Zmud 等人的模型，提出了关于 IT 投资如何、为什么以及什么时间转化为可观的组织绩效的过程模型。提出的过程理论包括三个分过程：竞争过程、使用过程、转化过程（如图 2-8）。

研究认为，IT 的应用水平和组织绩效成正相关，即那些能够正确应用产品的组织能够产生竞争优势；善于利用和管理的组织经常引进具有较好功能、更系统化和更高效的产品，因而保证它们的竞争地位，那些不善于应用产品的组织即使投入大量资金，也无法保证系统能够满足业务需求，很容易陷入"泥潭"。

图 2-8　IT 投资转换过程

（三）IT 投资价值的评估方法

1.财务评价

财务评价是将投资看做是典型的资本投资。Powel（1992）、Sassone（1998）、Shoval 和 Lugasi（1987）主要从成本的数量化、货币形式收益等角度进行评价，考虑货币的时间价值，以支持决策。该体系中最具代表性的是成本—收益分析、活动的成本核算。成本—收益分析法不同于传统的成本核算方法，它主张以活动量或事务量为基础来分配大多数间接成本，并识别成本驱动因素（Cost Drivers），它不仅可以提供正确的符合管理需要的成本信息，有助于提高成本管理水平,而月为组织进行战略分析提供了一个有力武器,并月可以支持、配合很多新的战略管理方法,如业务流程再造(BPR)、全面质量管理(TQM)、持续改良(KAIZAN)、敏捷制造(JIT)及精简生产(Lean Production)等。分析法可以采用建立在活动成本行为基础上更有意义的分摊方法来确定,因而对于企业评估类似应用这样的战略性决策,具有明显的优势。它在组织决策和战略管理中具有大的价值。

　　Bacon(1904)研究表明47%的组织在选用信息系统项目时使用了某种形式的折现现金流(Discounted Cash Flow,DCF),对于非 DCF 法,绝大多数使用了投资回收期(Payback,PBK)作为项目判断的财务准则,而不考虑它的隐形短期导向以及理论上的缺点。Pavonel(1983)提出了投资回报(ROI),也称资产报酬率,是一种完全基于成本和收益的量化评价方法。Kirwin(1986)提出了总体拥有成本(Total Cost Ownership,TCO),对拥有的所有成本进行计算,包括内容有购买、管理、安装、移动/增加/改变、技术支持、维护、内部支持以及其他隐含成本。

　　2.经济学的评价

　　近年来在 IT 投资价值的经济学评价方面的主要方法有:经济增加值(Economic Value Added,EVA)、总体经济影响(Total Economic Impact,TEI)、应用信息经济论(Applied Information Economics,AIE)、快速经济评价(Rapid Economic Justification,REJ)、投资组合管理(Portfolio Management,PM)、实物期权法(Real Option Approach,ROA)等。

　　(1) EVA 法

　　EVA 相当于净营业利润减去一定的资本费用,就是使用资本必须付费。通过估价资本的收费标准,方法促使经理们除了紧盯收入还要关注资产,并且强调二者之间的转化关系。以月份、季度和年度为周期,用 EVA 方法作为标尺衡量包括信息化部门在内的部门绩效,有助于新项目的决策。对所有经营活动而言,可以把那些相互冲突的或不明晰的目标,如收入增长、市场份额或现金流量等,转化为单一的财务指标。EVA 是衡量信息化对组织长远影响的好方法,这种方法关注的是信息化项目在提高企业竞争力、促进组织增长方面的作用。不过对多数信息化部门来说,很难直接把采购新的服务器和组织发展等重大问题联系起来,这需要更加细致的财务分析。

（2）TEI法

TEI模型（如图2-9所示）最早由Giga公司提出，该方法致力于测量风险和所谓的"柔性"，即考虑被直接的成本—收益方法排除在外的延迟收益或者潜在收益。在分析开支时，估算3个核心指标：成本、收益和柔性，并且确定各方面的风险。成本分析采用收益分析关注项目在信息化之外的业务价值和战略性贡献。TEI方法最适合分析两组截然不同的方案（如建造还是购买，选Oracle还是Sybase），特别是当两种选择包括基础设施或其他很难确定收益的项目时非常实用。TEI在传统的计算方法上加入了量化的风险评价。要求组织根据自己的业务环境、技术环境的变更、产品功能的满意度、设计的改动程度、项目实施的延期所造成的后果、业务人员流失等常见的信息系统的风险因素进行量化，并对所计算的信息系统成本收益计算结果进行调整。不过，一些评估专家认为TEI的风险评估过于主观。

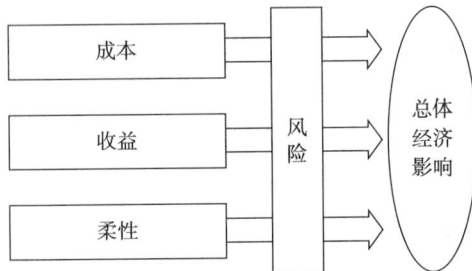

图2-9　EI模型

（3）AIE法

AIE理论由Douglas Hubbard提出，该理论把期权理论、传统的净现值（NPV）、投资回报率（ROI）和内部收益率（IRR）等财务评级方法集成起来，并运用大量的精算统计方法用于量化不确定的结果，并产生包含风险和回报的期望结果的曲线图。

（4）REJ法

REJ方法由微软公司提出，它与TEI方法类似，把开销与业务重点结合起来，使总体拥有成本（TCO）更加全面。REJ方法主要包含设立方法以识别项目的主要参与者、关键成功因素和关键绩效指标；与参与者一同识别技术如何影响成功因素测算成本—收益平衡；描绘潜在风险的概率及其影响；采用标准的财务计量方法。

（5）IE 法

IE 法是为了对多项目组合进行中立的评价，以使资源分配产生最大收益。该方法要求和业务经理对发展达成一致意见，并给出优先级别，就项目的战略性业务价值形成客观的结论。通过评价项目得出各项目的总体相对价值数，然后进行排序，从而确定哪些项目应该继续，哪些项目应该终止。信息经济法可以快速确定投资的重点，并且可以把和业务目标结合起来，分析相当细致。

（6）PM 法

PM 法是在其他评价方法都不适用的情况下，把 IT 人员和项目看做是资产而不是成本，这意味着们需要持续不断地监控现有投资，并从成本、收益和风险角度评价新项目。估算项目的技术风险并加以分散，如果组织不愿意改变管理流程以配合该方法提出新的资产体系，组合管理的作用不大。

（7）ROA 法

ROA 法试图为系统柔性给出一个量化价值，适用于不确定、保持柔性大有好处的经济环境中。一般作为大型评价计划的组成部分。Santos（1991）最早把实物期权的概念应用到 IT 投资项目，并利用 Margrabe 公式对投资项目进行了定价。Benaroch 和 Kaufman（2000）使用 Black-Scholes 近似算法对 Yan2kee 24 电子网络银行的系统项目进行了概念分析和估价。Panny 和 Trigerogis（1998）使用 Black-Scholes 公式对塞普路斯的州通信管理机构的基础设施项目进行了估价 Kumar（1996，1999）采用了 Margrabe 公式对一个决策支持系统的价值在商品交易和市场营销等几个决策情况下进行了定量计算。Taudes（1998）对 IT 投资中包含的增长期权进行了阐述，并详细叙述了计算实物期权的 Black-Scholes，Geske，Carr，Margrabe 和伪美式期权（Persudo-American Exchange Option）公式使用方法。Schwartz 和 Gorostiza（2000）对 IT 投资建立了两个基本的收益过程模型，以此建立了实物期权模型，并利用该模型对 Yan2kee 24 电子网络银行的 POS 系统项目进行了仿真计算。

第 4 节   IT 投资组合管理和期权管理

在政府 IT 投资价值控制（VPC）中,需要用到两种重要管理技术——IT 投资组合管理和期权管理。IT 投资组合管理是通过对风险可控的 IT 投资项目进行优化组合管理,充分考虑组合内项目之间的相互影响,追求组合收益最大化。应该从整个政府 IT 投资组合的整体高度来实现投资价值,而不能仅仅追求单个 IT 投资项目的价值,因此 IT 投资组合管理是 VPC 的一种重要管理技术。而 IT 投资期权管理是对风险未知、不可控的 IT 投资项目,先进行小规模初始投资,待风险明朗时再决定是扩大、缩小还是延迟投资。不仅要考虑政府 IT 投资的初始投资价值,还要考虑其期权价值,因此 IT 投资期权管理也是 VPC 的另一种重要管理技术。

一、IT 投资组合管理

投资组合管理是由识别、诊断、控制和增加整个 IT 投资回报等一系列工具组成的方法。应当对一项投资实施谨慎、前摄性的管理,从而使其价值最大化,并采用投资组合管理的方法实现对政府机构所有 IT 投资的全面管理。

投资组合管理在房地产或证券投资中应用较为广泛,但也能够应用于 IT 投资,因为他们的目标是相同的,都是使投资回报和业务一致性程度最大化。在 IT 的实施环境中,投资组合管理利用一套完整的业务流程、技术和工具,帮助高层决策者在投资组合的选择、执行及管理中,尽可能地降低机构面临的风险并提升其价值。正确实施 IT 投资组合管理,还能够帮助平衡项目资源(例如人员和资金)的供求关系,以消除冗余和巩固成效,并使投资组合保持与战略目标的一致性,从而带来更高的回报。

与股票或房地产等传统投资相比,处于数字化网络环境中的 IT 投资往往存在着更强的相互联系,因此 IT 投资组合管理可能产生显著和积极的组合效应。如果某种投资组合的灵活程度足以适应不断变化的业务需要及环境,那么 IT 投资的价值就能成倍提升。在对 IT 投资组合管理的早期实施者进行研究时,Kellogg 管理学院的 Mark Jeffery 发现这些实施者同时获得了有形和无形的收益,其中包括增强了与管理团队其他成员之间的信任度,明确了投资优先次序的决策依据,提高了对 IT 投资中关键差别的识别能力,以及降低不良投资的比例。

政府 IT 投资控制应该满足投资净收益率最大而投资风险最小的要求,但这一要求建立在投资组合整体收益率和风险的基础上。政府 IT 投资控制是以全局的观点对政府 IT 投资进行控制,注重项目对全局的影响和项目之间的相互影响,而不是孤立地管理某个项目。因此,政府 IT 投资控制更加注重项目的优化组合,追求投资组合的整体收益率最大化和风险最小化。

现设共考察 $n(n \geqslant 2)$ 种 IT 投资, ξ_i 和 W_i ($i = 1, 2, \cdots, n$)分别为资产 i 的收益率与投资比例:

$$W_1 + \cdots + W_n = 1, 即 I^T W = 1 \tag{2.5}$$

其中

$$W: = (W_1, \cdots, W_n)^T \in R^n \tag{2.6}$$

为投资比例向量,而 $I_n: = (1, \cdots, 1)^T \in R^n$ 为分量都为 1 的 n 维向量。又设收益率向量 $\xi: = (\xi_1, \cdots, \xi_n)^T \in R^n$ 的期望与方差分别已知为

$$E\xi = a \tag{2.7}$$

与

$$Var(\xi) = \Sigma \tag{2.8}$$

在上述假设下,当投资比例向量如(2.6)时,投资组合收益率 $\eta: = W^T \xi$ 的期望与方差分别为 $E\eta = W^T E\xi = W^T a$ 与 $Var(\eta) = W^T Var(\xi) W = W^T \Sigma W$ 。

下面详细讨论下述两个投资组合的优化问题。

问题(1):

$$Max \quad (W^T a)^2 / W^T \Sigma W$$

$$s.t. W^T I_n = 1$$

问题(2):

$$Min \quad W^T \Sigma W$$

$$s.t. W^T I_n = 1 \text{ 且 } W^T a = b$$

在讨论上述两个优化问题时,先不妨在(2.7)和(2.8)式中设收益率向量 ξ 的期望与方差分别为

$$E\xi = a \neq 0 \qquad\qquad (2.9)$$

$$Var(\xi) = \Sigma > 0 \qquad\qquad (2.10)$$

这是因为:若(2.9)式不成立,则上述优化问题是平凡的(期望收益 $E\xi$ 总是为零);若(2.10)式不成立,则有两种可能:(i)ξ 中存在方差为零的分量(也即该分量是常量),这就是所谓无风险投资,本书不详细讨论;(ii)否则就可以证明,ξ 中必有一些分量是其他分量的线性函数。当该线性函数中的常数项为零时,上述这些分量可用其他分量代替,使收益率的期望与方差不变,所以这时只要删去这些分量;而当该线性函数中的常数项非零时,对任意正数 b,都存在相应的满足(2.5)式的 W 使收益率的方法与期望分别为 $W^T \Sigma W = 0$ 与 $W^T a = b$。

在讨论上述优化问题(2)时,还要设有满秩

$$rank \begin{bmatrix} I_n & a \\ 1 & b \end{bmatrix} = 1,即\ a = bI_n \qquad\qquad (2.11)$$

时两个约束条件 $W^T I_n = 1$ 与 $W^T a = b$ 是等价的,也即其中一个约束条件是多余的,而当有满秩

$$rank \begin{bmatrix} I_n & a \\ 1 & b \end{bmatrix} = 2,即\ a \neq bI_n$$

时,优化问题(2)无可行解。

定理 1. 在已知条件(2.9)和(2.10)下,上述二次有理规划问题(1)的解为 $W = \Sigma^{-1} a / I_n^T \Sigma^{-1} a$

证: 　　令 　　　　　　　　$u_t = \Sigma^{-1/2} W$

则问题(1)的二次有理目标函数变为

$$\frac{(W^T a)^2}{W^T \Sigma W} = \frac{W^T a a^T W}{W^T \Sigma W} = \frac{u^T \Sigma^{-1/2} a a^T \Sigma^{-1/2} u}{u^T u} \qquad\qquad (2.12)$$

于是当且仅当 u 为 $u^T a a^T \Sigma^{-1/2}$ 的唯一最大特征根 $a^T \Sigma^{-1/2} a$(仅有这一个非零特征根)相应的特征向量

$$u = \lambda \Sigma^{-1/2} a,任给\ \lambda \in R(\lambda \neq 0) \qquad\qquad (2.13)$$

即 $W\Sigma^{-1/2} u = \lambda \Sigma^{-1} a$,任给 $\lambda \in R(\lambda \neq 0)$ 时目标函数(2.12)达到最大值 $a^T \Sigma^{-1} a$,

将 　(2.13)式代入约束条件(2.5)即可解得

$$\lambda = 1/I_n^T \Sigma^{-1} a$$

将此代入(2.13)式即得定理 1。

定理 2. 上述二次规划问题(2),在条件(2.10)与(2.11)下,有唯一的条件最小值点

$$W = \Sigma^{-1}(I_n, a)B^{-1}(1, b)^T \tag{2.14}$$

其中

$$B := (I_n, a) \cdots \sum (I_n, a) > 0 \tag{2.15}$$

证:　设 W 为上述二次规划问题(2)的解。则由 Lagrange 条件极值定理,因为(下述线性约束条件(2.16)中的系数阵)(I_n, a) 满秩,所以存在 Lagrange 乘子 λ 与 u,使 Lagrange 函数

$$L := W^T \sum W + 2(\lambda, u)(I_n, a)^T W$$

满足　$\dfrac{dL}{dW} = 0$

上式即为

$$\sum W + (I_n, a)(\lambda, u)^T = 0$$

将此与约束条件　　　　$W^T I_n = 1$ 且 $W^T a = b$　　　即

$$(I_n, a)R_i^T W = (1, b)^T \tag{2.16}$$

联立起来,即为

$$\begin{bmatrix} \Sigma & I_n & a \\ I_n^T & 0 & 0 \\ a^T & 0 & 0 \end{bmatrix} \begin{bmatrix} W \\ \lambda \\ b \end{bmatrix} = \begin{bmatrix} 0 \\ 1 \\ b \end{bmatrix}$$

由条件(2.10)与(2.11),即可推得(2.15)式(即 B 正定),进而推得上式系数阵可逆,从而有

$$\begin{bmatrix} W \\ \lambda \\ b \end{bmatrix} = \begin{bmatrix} \Sigma & I_n & a \\ I_n^T & 0 & 0 \\ a^T & 0 & 0 \end{bmatrix}^{-1} \begin{bmatrix} 0 \\ 1 \\ b \end{bmatrix}$$

注意上式中的逆阵

$$\begin{bmatrix} \Sigma & I_n & a \\ I_n^T & 0 & 0 \\ a^T & 0 & 0 \end{bmatrix}^{-1} = \begin{bmatrix} \Sigma^{-1} - \Sigma^{-1}(I_n,a)B^{-1}((I_n,a)^T\Sigma^{-1} & \Sigma^{-1}(I_n,a)B^{-1} \\ B^{-1}(I_n,a)^T\Sigma^{-1} & -B^{-1} \end{bmatrix}$$

将此逆阵代入上式,即可得(2.14)式。

再由于

$$\frac{d^2L}{dW^2} = 2\Sigma > 0$$

所以该解(2.14)是线性等式约束条件(2.16)下二次式 $WV_{21}V_{32}W$ 的最小值点。定理 2 证毕。

定理 1 给出的最优解的意义是:当要求投资组合的收益率最大而风险最小时,最优的投资组合比例。

定理 2 给出的最优解的意义是:当要求获取一定的投资组合收益率而风险最小时,最优的投资组合比例。

二、IT 投资期权管理

IT 投资组合管理是针对已经发生和正在进行的投资的管理技术,为了应用 VPC 对政府 IT 投资进行战略性管理,还需要进一步了解前摄性及预见性的管理技术,而投资期权管理就是这样一种管理技术。无论 IT 机构和战略家如何见多识广和富有智慧,它们都无法精确地预测未来。不过,通过大量小规模的相关 IT 投资应有可能获得成功,这些 IT 投资具有与金融期权非常相似的特性,就像期权一样,这些投资具有较低的初始成本,并允许推迟做出更大规模投资的决策,直到拥有更多关于何种投资将获得成功的信息。用 NPV (净现值)计算方法不能很好地处理不确定性或多个结果,因此不能很好地评估这些投资的价值,而期权方法正好弥补这方面的不足。

对于一个项目投资,可设需要投资支出为 C,获得的项目价值为 V。C 主要受生产要素市场影响,V 为项目经营带来的现金流(收益)的折现值之和,主要受产品市场影响。这类投资项目的差异只表现为值的不同,而运动规律是相同的。由于产品和生产要素市场及技术等方面的不确定性,在不同的投资时间,C 和 V 各不相同,可设它们的变化均服从几何布朗运动。

令一个产业中此类投资项目投资支出 C 之和为 c，各项目价值 V 之和为 v，则根据几何布朗运动方程可表示为

$$dc/c = aV_{31}\,dt + U_3 Y_1 dzY_3 \tag{2.17}$$

$$dv/v = aU_2 dt + Y_2 Y_1 = K_1(\cdot)(U_1 \oplus V_{21} \oplus V_{31})\,dzY_2 = K_2(\cdot)(U_2 \oplus V_{31}) \tag{2.18}$$

$$cov(dzY_3 = K_3(\cdot)U_3, dz(\cdot)) = (\cdot) \tag{2.19}$$

其中：$a(\cdot)$ 和 $a \oplus$ 为 c 和 v 的期望增长率，$U_2 = R_{21}(\cdot)Y_1 U_3 = R_{32}(\cdot)Y_2$ 和 $R_{21}(\cdot)R_{32}(\cdot)$ 为 c 和 v 的变动率的标准差，$dzV_{21} = r_{21}(\cdot)Y_2$ 和 $dzV_{31} = r_{31}(\cdot)Y_3$ 为维纳过程的增量，$V_{32} = r_{32}(\cdot)Y_3$ 为 c 和 v 的瞬间相关系数，假设为常数。

当 t = 0 时，初始投资支出 cr_{21} 和投资项目价值 vr_{31} 可确定为已知常数；当 t > 0 时，初始投资支出 c 和投资项目价值 v 为服从对数正态分布的随机变量，且方差随时间线性增加。

令 f（c，v，t）表示产业投资机会价值，将产业投资机会看成一个美式看涨期权，则 c 为其执行价，v 为标的资产价值。忽略从投资到建成所需的时间，项目投资的最大可推迟时间为 T，相当于产业投资期权的有效期。由期权定价模型，有

$$\frac{1}{2}\frac{\partial^2 f}{\partial v^2}\sigma_v^2 v^2 + \frac{\partial^2 f}{\partial f \partial c}vc\rho\sigma_v\sigma_c + \frac{1}{2}\frac{\partial^2 f}{\partial v^2}\sigma_c^2 c^2 + \alpha_v v\frac{\partial f}{\partial v} + a_c c\frac{\partial f}{\partial c} + \frac{\partial f}{\partial t} = rf$$

$$\tag{2.20}$$

投资决策应使产业投资机会得到最优使用，即产业投资机会价值 f（c，v，t）取得最优值。因而式（2.20）的边界条件为

$$r_{32}\,f/\partial v = 0 \tag{2.21}$$

$$Yf/UvU = 0 \tag{2.22}$$

$$f(cU_i, vV_i, t) = vV_0 - cV_c \tag{2.23}$$

其中 cY_i 和 vU_0 为 f（c，v，t）取得最优值时 c 和 v 相应的取值。

期权只是一种潜在价值，必须通过投资来完成。某一时刻的投资有可能导致更佳投资机会的失去，这种失去更佳投资机会价值称为机会成本。因

此，只有当投资的净现值为正且超过机会成本时才能进行投资。

由于式(2.20)不存在解析解，可用蒙特卡罗模拟法、二叉树法、有限差分法等进行求解，在化简后运用解析近似解的方法求解上述模型。

假定投资可延长时间为无穷大，因而式(2.20)中 $Y_0 f / U_c t$ 项可以忽略，$f(cY_c, vU_q, t)$ 变为 $f(cY, v^*)$，则式(2.20)可化简为

$$\frac{1}{2}\frac{\partial^2 f}{\partial v^2}\sigma_v^2 v^2 + \frac{\partial^2 f}{\partial f \partial c}vc\rho\sigma_v\sigma_c + \frac{1}{2}\frac{\partial^2 f}{\partial v^2}\sigma_c^2 c^2 + \alpha_v v\frac{\partial f}{\partial v} + a_c c\frac{\partial f}{\partial c} = rf \qquad (2.24)$$

式(2.24)存在解析解，其一种形式为

$$f = kv^a c^b \qquad (2.25)$$

结合条件可得

$$a + b = 1, \qquad a > 1, \qquad b < 0 \qquad (2.26)$$

$$a = \frac{1}{\sigma^2}\left[\alpha_c - \alpha_v + \frac{1}{2}\sigma^2 + \sqrt{\left(\alpha_c - \alpha_v + \frac{1}{2}\sigma^2\right)^2 + 2\sigma^2(r - \alpha_c)}\right] \qquad (2.27)$$

其中

$$\sigma^2 = \alpha_v^2 + \alpha_c^2 - 2\rho\sigma_v\sigma_c \qquad (2.28)$$

$$v^* = \frac{a}{a+1}c^* \qquad (2.29)$$

从而可得投资机会价值

$$f = (a-1)^{a-1}a^{-a}v^a c^{1-a} \qquad (2.30)$$

由式(2.21)和(2.25)知，当 $v \geqslant \dfrac{a}{a-1}c$ 时，应立即进行投资，即 $f = v - c$。

故投资机会价值为

$$f = \begin{cases} v - c, & v \geqslant \dfrac{a}{a-1}c \\[3mm] (a-1)^{a-1}a^{-a}v^a c^{1-a}, & v < \dfrac{a}{a-1}c \end{cases} \qquad (2.31)$$

考虑时间选择价值，则当

$$NPV = (v - c) - f \qquad (2.32)$$

为正时，可以进行投资。由式(2.23)知，当 $v \geqslant \dfrac{a}{a-1}c$ 时，就立即增加投

资,并且随着 c 的增加,v 的变化使 v 与 c 之间关系重新调整。当 $v < \dfrac{a}{a-1}c$ 时,在 $NPV = (v-c) - f \geq 0$ 的情况下,可以进行投资;在 $NPV = (v-c) - f < 0$ 的情况下,应在可延迟期内等等信息,根据情况变化采取投资、继续等待或放弃等行动。

本章小结

本章对相关文献进行了回顾,分别总结了与本研究相关的投资控制、政府 IT 投资控制、IT 投资价值管理和评估、IT 投资组合管理和期权管理等方面的研究成果,并分析了本研究可以从中得到借鉴的方面和进一步发展的方向。投资控制相关研究为政府 IT 投资控制提供了理论和方法的支持,IT 投资控制的相关研究为过程控制提供了直接的理论指导,而 IT 投资价值管理和评估的相关研究为价值分析提供了有益的参考,IT 投资组合管理和期权管理是政府 IT 投资价值控制(VPC)需要用到两种重要管理技术。

第3章　企业架构理论

第1节　建设电子政务需要架构

政府 IT 投资的目标,应该是推进电子政务,建设服务型政府。如果把服务型政府看成是一座摩天大楼,则电子政务架构就好比是这座大楼的设计蓝图,所有的政府 IT 投资项目都必须按这个设计蓝图来进行。在设计这个蓝图时,要对全国的电子政务建设进行系统设计,充分考虑各个政府部门的业务需要,同时还要充分考虑所有用户和利益相关者的需要。要让用户在享受政府服务时感觉不到政府部门的分工,就如同是一个整体的无缝政府在进行优质服务。

这里,需要着重强调一种错误的观点,那就是认为无缝政府就是搞大部制,减少分工,这样就能提高服务质量和效率的观点,是极其错误的,也不是电子政务所需要的。正如经济学和管理学的鼻祖们都相信的那样,有分工才是效率的不尽源泉,政府部门的分工是必须的,如果没有严格细致的分工,必然造成政府部门之间相互推卸,踢皮球。但是,随着分工的程度越来越高,在带来更高效率的同时,也引起了一个越来越严重的问题,那就是造成了整个业务流程的肢解。如果是由一个人提供一项完整的服务,当然业务流程是完整的,所有的流程都由他一个人完成。如果由一个政府部门来提供一项完整的服务,业务流程也可以是完整的,因为在现代管理下,可以使一个组织协作高效地运作,就如同一个人那样。但是如果由几个或许多政府部门共同提供一项完整的服务,而这些政府部门之间已经有了严格细致的分工,也就是说每个政府部门都只是完成这项服务流程的一个或几个环节,而客户并不需要关心也感觉不到分工的存在,要获得最大的客户满意度,需要这些政府部门充分协调才能做到。每个政府部门都好像自动化流水生产线上的一个工段,要做成一件完美的产品,就不能有一个地方被影响,否则整个流水线都要受到影响。

但是,我们既要得到分工带来的高效率,又想避免业务流程的肢解,有没有什么好办法?有,这就是电子政务。电子政务能充分利用信息技术的优势,克服了分工带来的时间、空间和人对业务流程的割裂,可以既有严格细致的分工,又有如臂使指的协作。当然,前提是对全国所有的政府业务流程进行细致的梳理,得到很多条业务线,每个政府部门就是这些业务线上的结点。在设计电子政务架构时,对全国所有的业务线进行系统考虑,以充分利用分工带来的高效,又避免其带来的业务流程割裂。如果没有这个蓝图就施工,由于缺乏系统整体的通盘考虑,各个政府部门为推进各自的电子政务而进行政府 IT 投资,自行其是,将导致投资重复浪费、效率低下,难以实现跨部门合作和资源共享,政府服务水平和效率不高。这并不是中国才面临的问题,在电子政府建设方面走在世界前列的国家,也曾被这一问题所困扰。

随着我国经济的快速发展,政府职能也面临着转换问题。在十七大报告中,明确提出"加快行政管理体制改革,建设服务型政府",并进一步提出"健全政府职责体系,完善公共服务体系,推行电子政务,强化社会管理和公共服务"。建设服务型政府,必须借助于现代信息技术,大力推行电子政务,提升政府运作效率和公众服务水平。党的十八大报告指出"创新行政管理方式,提高政府公信力和执行力",要"严格控制机构编制,减少领导职数,减低行政成本"。电子政务既是提高工作效率的一种方式,更是一场政府管理和服务方式的革命;它既可以推进政务公开、减少行政成本,也可以提高行政效能,提升服务质量,对十八报告中提到的建设服务型政府具有重要的意义。

由于党和国家对电子政务建设的高度重视,全国已经涌现了一批在推行电子政务方面先进的地方政府,广东省在推行电子政务方面始终走在全国的前列,如广东省佛山市南海区就曾荣膺全国电子政务先进县市。但是,不容忽视的是,在建设服务型政府、推行电子政务时,如果缺乏一个通用的政府电子政务架构,必然造成各自为政,政府机构之间缺乏沟通合作,形成信息自动化孤岛,从更高层面上来说,将无法在全国范围内建成一个统一的"大政府",从而造成政府电子政务投资的严重重复浪费,以及更大范围的全国服务型"大政府"的建设难以为继。

因此,开发一个面向整个政府的,跨部门的政府体系架构,从而在不同部门之间建起一个统一沟通的"桥梁",是建设服务型政府,推行电子政务的当务之急。

提出政府电子政务通用架构,有利于消除政府电子政务建设中各自为政,政府机构之间缺乏沟通合作,形成信息自动化孤岛等弊端,在全国范围内建成一个统一的"大政府",避免政府电子政务投资的严重重复浪费,为建设服务型"大政府"提供理论基础。

第 2 节　企业架构(EA)

EA(Enterprise Architecture)方法论正是在这一背景下产生,并得到迅猛发展的。EA 目前没有形成统一的中文翻译,主要的翻译有企业架构、体系架构和实体体系结构等。EA 是一个从整体层面定义企业发展的问题,并从业务、数据、应用和技术等层面上展现企业的内部结构和关系,从而使各利益相关者在如何构建无边界信息流能力上做出有效决策的一个纪律(discipline)。1987 年,Zachman 在系统架构层面上提出了第一个架构框架,即 Zachman 框架。Zachman 框架后来发展成为了 EA 的一个经典框架,Zachman 本人也被誉为 EA 之父。之后,EA 的框架和方法论不断地被提出。目前影响较大,使用比较广泛的 EA 框架和方法论主要有 TOGAF、FEA、Zachman 和 DoDAF。FEA(联邦企业架构)作为美国联邦政府的电子政务顶层架构,在美国电子政务集中统一管理中发挥着越来越重要的作用。FEA 已经形成了一个比较完善的方法论体系,已经成为一个值得各国政府部门和集团企业借鉴的重要顶层架构方法论。

对于 EA,国内尚未有统一叫法,有称为企业架构、企业总体架构、企业信息化总体架构、企业信息总体架构等。

EA 借助和应用了许多 IT 的概念和术语来定义和描述企业活动,其内涵是站在企业的顶层,以全局的视角,论述如何全面、系统的运用信息化手段来规划和设计企业的运作架构与运作流程,以达到支撑企业的发展战略、提高应对全球化激烈竞争能力的目的。"信息化"较好地诠释了企业业务战略和 IT

战略的融合过程,反映了 EA 的本质。因此,中广核集团将 EA 称为企业信息化架构。

全球著名厂商和机构对 EA 都有自己的定义,我们认为 TOGAF 的定义比较全面、清晰和具体。TOGAF 定义,企业架构是承接业务战略与 IT 战略之间的桥梁与标准接口,是信息化规划的核心。

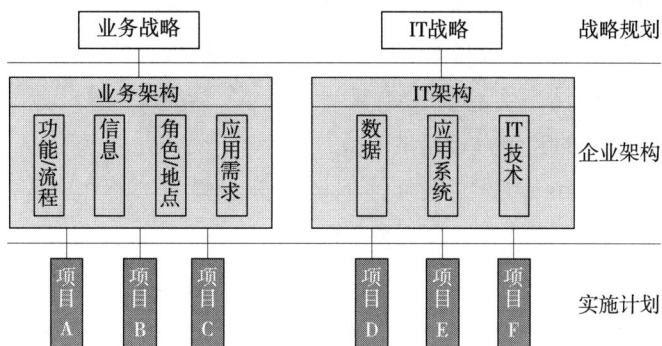

图 3-1　企业架构的定位

图 3-1 描述了企业架构的地位,包含与战略规划、项目实施计划之间的关系。该模型从战略规划、企业架构、实施计划三个层面,以及业务和 IT 两条线,描述了业务从战略规划、企业架构到实施计划的逻辑关系。

从模型中可以看出,战略、架构与项目实施是相互依托、相互支撑的,架构是核心。IT 战略匹配业务战略,明确信息化的远景目标;业务架构承接业务战略,IT 架构承接 IT 战略;IT 架构与业务流程、组织架构相匹配;IT 项目涉及每一个具体系统建设的目标、范围、方案、计划、实施及投资。而 IT 架构是连接 IT 战略与 IT 项目的桥梁。

第 3 节　Zachman 架构

企业架构(EA)框架像开放组织架构框架(TOGAF)和 Zachman 框架一样,提供了强有力的参照模型,通过此模型,企业可以创建基础架构,更好地对齐业务和 IT。显然,每一个组织对于架构有其自己的方法,达到目标有时候是一个相对的概念。但是这是否意味着企业架构是武断的呢?

　　JohnZachman 最近写了一篇文章,他似乎斥责大部分 IT 没有把 EA 当做足够严肃的学科来对待。Zachman 认为 EA 是相对的,但并不武断。这也正是祸害企业架构的原因,每一个计算机程序员、系统设计者、软件架构师、解决方案架构师、技术架构师、计算机操作员、PC 所有者、数据架构师、数据库架构师、网络架构师、业务分析师、系统分析师、企业架构师服务架构师、对象架构师、项目管理者、CIO 们呼吁人和我们想要的以及正在做的就是"架构"。这很混乱。难怪我们没有连贯的、集成的、灵活的、动态的、彼此协作的、可重用的、对齐的、精益的和正常运转的企业。

　　如果架构师和非 IT 工程师把他们自己的学科当做"武断的"来看待,Zachman 写到我们就没有摩天大楼和喷气客机。也许在现实世界中,EA 通常由通用框架、信息模型等等来支配,但情况并不都是这样。如果大型客机坠落,乘客死亡。如果在企业软件中有一个漏洞,金钱流失了,我们来打补丁。Zachman 梦想的完美世界,企业架构师都追随通用框架、改变业务需求、许可证成本、技能实用性、M&A、法人策略以及许多其他因素构成了这个世界。但是那是个遥远的愿景。

　　这并不是说许多企业不可以试图支持这些框架。开放组织最近发布的统计信息表示去年一年 2000 多个人获得 TOGAF 9 认证,已经下载了 83,000 份框架拷贝。在开放组织中,TOGAF 的进展已经到了版本 9,该版本关注于促使来自 IT 驱动尝试的 EA 变成业务共享。TOGAF 产品经理 Gary Doherty 表示我们更多地通过沟通来完成。Doherty 介绍:"通过改善企业架构的能力进行沟通,将有助于企业架构通过组织来运转的能力。"Doherty 表示 TOGAF 9 比该框架的其他版本彰显出更快的接受度。他补充道该框架在美国、英国、荷兰以及南美十分流行。

　　对于架构师来说更多的关注防御产业,有国防部架构框架(the Department of Defense Architecture Framework: DoDAF)以及政府防卫架构框架(Ministry of Defense Architecture Framework: MODAF)。这两者都是 No Magic 新的 DoDAF 和 MODAF(UPDM)培训的核心内容。UPDM 是这些以防御为中心的架构框架的模型标准。

　　回到 Zachman 所叙述的内容,的确是有大量行业标准以及 EA 共同框架似乎越来越流行。然而,这似乎是对企业的普遍做法,以这些框架作为参考材料而不是指编纂方法。所以,企业架构师应该按照自己所信仰的选择的框架,还是选择这些可能可行的未经雕琢的框架呢?

第 4 节　TOGAF 架构

任何企业发展壮大并成熟都会经历曲折,但万变不离其宗的就是当企业发展到一定规模,必然需要一种可以从全局角度对企业业务、信息系统、技术等进行规划和部署的机制,而企业架构正是解决这个问题的最佳答案。

和我们每个人一样,企业在激烈的市场竞争环境中要发展就需要不断地增强其能力,扩大业务影响力及范围。支持业务的可续发展就需要相应的人力、物力的支持,所以企业的规模需要相应不断变大。而随着企业的扩大,企业内部的业务相应变得越来越复杂,这就需要使用更多工具来帮助我们提高生产力,所以信息化系统被引入到各个企业当中。

伴随着信息化时代的到来,信息化系统在企业当中扮演了至关重要的作用。大多数企业的内部运作以及外部服务的发展也是从单纯人力转为了网络和信息系统,从而大大提高了生产效率,加速企业业务发展。但是我们发现,在企业规模化和信息化的发展趋势下,越来越多的企业盲目的投入到信息化建设,企业内部信息系统多而庞杂,部门和部门之间的系统无法良好的互通,造成“信息孤岛”,IT 开销大增;不仅如此,企业内部的业务流程复杂,效率低下,缺乏有效的业务目标并且无法快速应对市场变化,造成企业的市场占有率下降,失去市场竞争力乃至最终被淘汰的例子也屡见不鲜。企业在发展过程中大笔信息化投入却没有获得相应回报,让他们越来越“伤不起”了。那么要彻底解决规模化和信息化带来的问题,经住“两化”考验,就需要对企业进行“从头到脚”的审查,从源头开始进行企业全局的规划和部署,这就是——企业架构。

企业架构的必要性

企业架构实际上是从企业全局的角度出发,审视企业内部的业务、应用、数据和技术之间的关系,从企业战略愿景出发,来构建及规划整个企业的发展。企业架构主要解决的问题体现在以下两个方面：

1.解决企业内部信息系统错综复杂

2.解决 IT 和业务的严重脱节

企业的信息化建设是一个复杂的工程，不是一蹴而就的。企业架构为企业信息化建设提供了一幅蓝图，好比我们建一座大厦，有了图纸，工程师就知道如何系统地去构建整座楼而不是想当然乱搭乱建了。做什么事情都有良好的规划，企业发展成熟也是如此。

现今很多企业在做 IT 规划和设计的时候，往往在 IT 而言 IT，和业务严重脱节。往往出现 IT 系统上马后，业务部门抱怨没办法用，根本无法对业务有支持。相反，IT 部门很少和业务部门沟通，导致大家互相之间都在踢皮球，使企业内部的资源无法有效的利用，造成资源浪费，投入成本增加的困境。企业架构就像一个桥梁一样连接了 IT 与业务。从业务目标，业务驱动入手，从源头开始规划企业内部的业务架构，再由业务架构来定义具体的业务服务由哪些 IT 系统来实现，从而形成具体的 IT 系统和技术架构，这样 IT 与业务就建立起了相应的联系，不再脱节了。

所以企业在规模化和信息化发展道路上，企业架构扮演了至关重要的位置，是企业发展的必经之路。那么如何来规划和实施企业架构呢？我们需要一种通用的架构框架，这就是 TOGAF。

TOGAF(The Open Group Architecture Framework) 是一个架构框架，简而言之，是一种协助开发、验收、运行、使用和维护架构的工具。TOGAF 已被80% 的 Forbes 50(福布斯) 公司使用，并支持开放、标准的 SOA 参考架构。TO-GAF 是透过 300 多家开放群组架构论坛会员协同努力发展的，会员包含全球的领导 IT 客户及厂商，和代表了架构发展的最佳实践。使用 TOGAF 作为架构框架将允许被开发的架构是一致的，反映利益相关者的需要，使用最佳实践，和给予应有的目前需求和未来业务可能需要二者的考虑。

在国际上，TOGAF 已经被验证，可以灵活、高效地构建企业 IT 架构，并帮助企业节约成本，增加业务模式的灵活性，使之更加的个性化、随需应变，并提高信息系统应用水平，同时还可以对客户的业务模式创新起到推动作用，并已经得到 IBM、HP、SUN、SAP、NEC 等国际主流厂商的积极推动。引进 TOGAF，将对国内软件产业产生重要影响。在此之前，国内软件企业很少参与国际标准的制定,致使国内软件总体水平低,与国外软件存在较大差距。引进 TOGAF 后,将推动国内管理软件与国外先进技术架构保持同步。TOGAF 将帮助国内企业大大节约成本,增加业务模式的灵活性,更加的个性化、随需应变,并提高信息系统应用水平,同时还可以对客户的业务模式创新起到推动作用。同时,由于 TOGAF 不仅仅是一套标准,更是一种方法,能带来最佳管理实践,是每一个企业的 CIO、架构师都应该掌握的架构方法论。

本章小结

本章主要探讨了电子政务架构的理论基础——企业架构(EA)理论。建设电子政务需要架构如果缺乏一个通用的政府电子政务架构,必然造成各自为政,政府机构之间缺乏沟通合作,形成信息自动化孤岛,从更高层面上来说,将无法在全国范围内建成一个统一的"大政府",从而造成政府电子政务投资的严重重复浪费,以及更大范围的全国服务型"大政府"的建设难以为继。在电子政务架构的理论研究上,企业架构(EA)是影响最为深远的基础架构理论,而其中最为重要的是 Zachman 架构和 TOGAF 架构。本章对 EA 架构、Zachman 架构和 TOGAF 架构进行了简略的介绍,主要是为下一章介绍当今世界上最先进、最成功的电子政务架构,即美国的联邦企业架构(FEA)做一个理论上的铺垫与准备,也为我国制订和发展电子政务架构提供理论基础。由于篇幅限制,本章的介绍尽量做到简洁全面,如果需要深入学习和了解 EA 理论,需要进一步参考相关专业资料。

第4章　美国的电子政务架构——FEA

缺乏统一的联邦架构是美国电子政务实施的一个很重要的障碍。为此美国总统管理和预算办公室（Office of Management and Budget，OMB）专门启动一个项目以便开发一个面向整个联邦政府的，跨部门的政府架构，从而在不同部门之间建起一个统一沟通的"桥梁"，这就是著名的"联邦企业架构"（Federal Enterprise Architecture，FEA）。需要说明的是，在这里企业是表示一种具有统一目标的组织。它一方面是来源于构建此模型的方法 Zachman 框架，另一方面反映了政府在管理上向现代企业看齐的趋势。

FEA 模型是由 5 个参考模型构成，它提供了通用的业务、绩效和技术的定义和结构。该架构的主要特点是以业务和绩效为驱动；也就是说电子政务的"电子化"过程不是单纯的以技术为中心，而是以业务需求为中心，以绩效评估为导向。FEA 本身并不是一个具体的信息系统架构，它是一个用于沟通交流的基础，也是政府设计、实施各类电子政务项目的参考基础。它也是政府整体战略的最终体现，也就是说，完全按照这个架构构建的所有系统能够真正实现政府一体化的目标。

第 1 节　FEA 概览

一、背景

美国是最早实施电子政务的国家，也是最早面对与之相关的各种问题的国家。长期以来，重复建设、信息孤岛、效益低下等问题一直苦恼着美国政府信息化建设。为此，美国政府一直在寻求破解之道。早在上个世纪 90 年代，美国联邦政府 CIO 委员会就开始着手研究,并在 1999 年提出了"联邦政府组织架构框架(Federal Enterprise Architecture Framework,FEAF)"的研究报告。进入 21 世纪以来,随着美国电子政务战略以及《总统管理议程》中的 24 个总统优先项目的实施,共享联邦政府 IT 投资、实现政府信息资源的互联互通就显得尤其紧迫。因此,预算管理办公室(OMB)根据"联邦政府组织架构框架"的基本精神,于 2002 年提出了"Federal Enterprise Architecture,FEA",并为此成立了"FEA 项目管理办公室(FEAPMO)"。

从内容上来看,FEA 和 FEAF 之间存在着很大的差异。FEAF 主要是基于 IBM 公司在上个世纪 80 年代发展起来的、用于分析复杂的信息管理系统工程的基本思路和方法,特别是 Zachman 模型。但是,FEA 则更多的是从联邦政府行政管理本身的规律和特点出发,因而更具有可操作性。实际上,FEA 已经用于美国联邦政府 2006 和 2007 财政年度的预算编制。FEA 正在成为联邦政府行政管理的日常工作内容与操作工具。

FEA 表明美国联邦政府的电子政务政策发生了重大的转变,由原先的注重具体项目、业务与资金配给的特别管理转向通过引入绩效管理、制定业务规范、明确技术标准而将电子政务纳入制度化运行轨道的例行管理。这表明,美国的电子政务正在趋于成熟,其思路与方法很值得我们学习和借鉴。

二、FEA 及其框架研究

基于企业架构的政府信息化顶层设计起源于美国。1987 年,美国初步形成联邦企业架构理论 FEA(Federal Enterprise Architecture,联邦企业架构)。这一理论横向针对数据(What)、功能(How)、网络(Where)、人(Who)、时间(When)、动机(Why)六大要素,纵向考虑计划方(即各级领导)、拥有方(即业务专家或人员)、设计方、建设方和子承包方五类人员的观点,勾画了矩阵式的信息系统架构轮廓,以业务模型(BRM)为中心,规定了数据模型(DRM),用来描述联邦政府的信息资源的分类、结构、标准化要求和交换要求,以实现跨部门整合资源,对政府进行整体改进,以期形成一体化电子政府的实体框架。

在该理论推动下,外国政府及其军队的架构理论和方法发展迅猛。1997

年,美军围绕作战、系统和技术三大视图,发布了涵盖 27 项产品的 C4ISR 架
构;1999 年至今,美国政府基本建成了以评测、业务、数据、服务构件和技术五
个参考模型为核心的联邦企业架构;2000 年至今,美国财政部围绕信息、功
能、组织和基础设施四个视图,基本建成了财政部企业架构;2003 年挪威国防
部提出了基于"目标、信息、过程、技术和组织"5 个要素的架构观点,澳大利亚
提出了基于"构想和作战、业务流程、功能和应用、基础设施"的企业架构的架
构观点;英国在电子政府企业架构中还规定了电子邮件的结构、数据元和代码
标准。

　　需要说明的是,在配套的法规、政策和机制的支撑上,上述各种架构的内
涵都是一致的。核心就是:自顶向下将实体业务(工作)与信息并行梳理和融
合,形成完整配套、互相关联、可持续发展的系列标准和相应的知识库,以夯实
国家(军队)信息化的基础。例如经过整合,美国电子政府的业务参考模型与
国家预算方法是一致的,不仅实现了政府办公透明,而且可以让公民监督政
府、可以将政府的失误降到最低点;美国财政部在遵循联邦企业架构的基础
上,参照美军 C4ISR 架构中的工作(业务)流程模型、信息词典、技术标准体
系、系统接口描述,网络节点链接描述、信息交换矩阵和未来工作理念描述等
产品(标准),形成了自己的架构框架。

　　1.主要研究内容

　　(1)研究并建立能够满足各级各地电子政务顶层设计要求、支持企业架
构(EA)开发环境形成的框架,包括面向"工作流程、信息流和关系、应用、数
据描述和关系、技术基础设施"描述的,完整配套的定义、方法、模型在内的各
级各地电子政务企业架构框架(EA),见表 4-1。

表 4-1　电子政务企业架构框架

当前研究焦点				今后关注焦点			
数据架构 [What]	应用架构 [How]	技术架构 [Where]	人(组织) [Who]	时间 [When]	动机 [Why]		
首长和领导	主要工作清单	主要工作过程清单	工作(岗位)分布清单	组织与业务关系模型	业务事件/周期序列	工作目标和战略	范围

续表

	当前研究焦点			今后关注焦点			
业务领导和专家	语义模型	工作过程模型	工作(岗位)部署系统	业务流程模型	业务事件模型	业务计划	实体模型
设计方	逻辑数据模型	应用架构	系统部署架构	人机接口架构	事件处理结构	业务规则模型	系统模型
建设方	物理数据模型	系统设计	技术架构	业务流程描述架构	事件控制结构	业务规则设计	技术模型
子承包方	数据定义	程序设计	网络架构	安全架构	时间规定	业务规则描述	详细规范
信息化实体	如:数据	如:功能	如:网络	如:组织	如:进度	如:战略	

注:"企业架构(EA)框架"是控制企业架构(EA)的开发、维护、决策的组织机制,该框架为组织实体资源、描述和控制企业架构(EA)提供了一个结构。

(2)研究并建立包括以下模型在内的各级各地电子政务企业架构(EA),见。

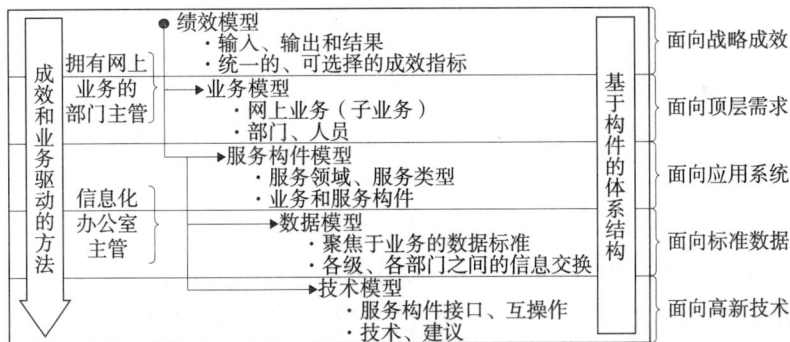

图 4-1　电子政务架构

业务架构是一个涉及政府使命和宗旨的、当前体系和目标架构的一个构件。主要包括:业务参考模型、面向业务领域和业务驱动的过程响应,还描述了政府业务过程、信息流和完成业务功能的信息。其中,业务参考模型,是一个功能驱动的框架,统一确定、界定、描述各部门、各级的实体在线业务。

服务(应用)架构是政府应用系统的基础,描述满足政府需求的系统、系统的各组成部分,以及系统互联的关系和它们的功能,主要包括:服务构件参考模型、流程模型、互操作模型。其中,服务构件参考模型,是业务和绩效驱动的功能框架,为相关业务和(或)绩效目标提供(各种)服务构件。

数据架构是业务和技术驱动的一个构件,包括数据本体及其属性和与其他数据本体的关系,用来定义支持业务的主要数据类型及其含义和格式。主要包括:数据参考模型和数据标准。其中,数据参考模型,汇总级的数据描述模型,其数据支持计划拟制和业务在线。

技术架构是对技术环境的物理描述,用来呈现节点和网络(线路)上的硬件和软件以及它们的系统软件,并包括操作系统和中间件;支持业务应用/数据和功能。主要包括:技术参考模型、技术模型和标准体系。其中,技术参考模型,是构件驱动的技术框架,用来确定标准、规范和技术,以支持服务构件和服务能力。

评估架构　主要由评估指南(引)、方法和参考模型组成。其中,评估参考模型,是一个标准的框架,由权威、全面、可扩展的系列评估指标组成,用来评估主要信息技术(IT)投资及其计划执行的成效,适用于跨部门和特殊部门的信息技术(IT)方案。

(3)研究并提出应用指南

企业架构规划、企业架构过程、投资计划与控制三者能够并行的实体生存周期管理理念;企业架构管理控制的组织模式;企业架构应用指南。

2.策略

(1)结合知识管理理论,研究建立能够基本解决电子政务中"What、How、Where、Who、When、Why"问题的,能够奠定"系统设计方案"开发环境基础的"企业架构(EA)框架";研究建立满足"上层建筑"要求的"企业架构(EA)"。

(2)以构建面向公众服务电子政务为重点,运用业务分解和分类描述方法,研究探索政府各类工作的边界和范围,界定、定义各类工作(业务),以形成统一的、满足各级各地电子政务总体要求的"业务参考模型"。

(3)在建立业务模型的同时,运用数据本体理论,采用国家标准 GB/T 18391(即 ISO/IEC 11179),围绕网上业务目标,立足数据分类、数据结构和数据交换,研究建立满足各级各地电子政务总体要求的"数据参考模型"。

(4)运用面向服务的架构方法,立足于满足在线业务需求,立足于优选(遴选)的技术、标准和规范,围绕市场化的成熟产品,研究建立涵盖各类服务功能(能力)的"服务构件参考模型"。

(5)在国家电子政务标准化指南与相关标准基础上,根据各级各地政府信息化的需要,借鉴国外先进信息技术(IT)标准框架,遴选最新的、市场化的、最低限度的各种技术(标准),对各级各地电子政务技术总体框架进行细化,形成能够支撑电子政务建设的"技术参考模型"。

(6)在全部过程中围绕在线业务,以"面向战略成效"为中心,同时兼顾业务工作粒度,研究建立能够支持政府监督控制电子政务建设的"评估参考模型"。

(7)以企业架构(EA)两者生存周期同步为核心,以一体化、标准化为主线,以"系统的系统"理论为基础,依托企业架构生存周期方法论,建立能够适应各级各地政府各级、各部门电子政务发展的"企业架构应用指南"。

3.研究成果

(1)各级各地政务信息资源调查与政府业务梳理研究报告

(2)形成政府指导文件《各级各地政府信息资源开发利用:企业架构框架》;

(3)形成政府指导文件《各级各地政府信息资源开发利用:业务参考模型框架》;

(4)形成政府指导文件《各级各地政府信息资源开发利用:数据参考模型框架》;

(5)形成政府指导文件《各级各地政府信息资源开发利用:技术参考模型框架》。

(6)形成政府指导文件《各级各地政府信息资源开发利用:服务考模型框架》;

(7)形成政府指导文件《各级各地政府信息资源开发利用:评估参考模型框架》;

(8)形成政府指导文件《各级各地政府信息资源开发利用:企业架构应用指南》。

电子政府架构文件框架如下表4-2所示。

表 4-2　EA 主要文件层次

1.1 相关法规		
政府指导性文件		
主要资产的计划,预算,获取和管理	信息资源管理	信息技术和电子政府
2002 年、2003 年、2004 年电子政府战略		首席信息主管(CIO)委员会指导者指南

·······

1.2(顶级)企业架构(EA)框架		
数据架构[What]	应用架构[How]	技术架构[Where]
计划方　业务目标清单	业务过程清单	业务分布清单
拥有方　语义模型	业务过程模型	业务部署系统
设计方　逻辑数据模型	应用架构	系统部署架构
建设方　物理数据模型	系统设计	技术体系设计
子承包方　数据词典	程序设计	网络架构

1.3 企业架构(EA)				
评估参考模型	业务参考模型	数据参考模型	服务构件参考模型	技术参考模型

1.4 企业架构(EA)应用指南					
启动	确定方法和过程	开发	使用	维护	控制和监督
企业架构(EA)评估指引			企业架构(EA)整合和评估指南		

1.5(二级)企业架构(EA)框架			
功能视图	信息视图	组织视图	基础设施视图
1. 使命和构想描述 2. 行为模型 3. 信息保证信任模型 4. 业务过程/系统功能矩阵 5. 事件跟踪图 6. 态势图 7. 系统功能描述	8. 信息词典 9. 信息交换矩阵(概念级) 9. 信息交换矩阵(逻辑级) 10. 逻辑数据模型 11. 数据"建读改删"矩阵 9. 信息交换矩阵(物理级) 10. 物理数据模型	12. 组织图 13. 节点连接描述(概念级) 13. 节点连接描述(逻辑级) 13. 节点连接描述(物理级)	14. 技术参考模型 15. 标准体系 16. 信息保证—风险评估 17. 系统接口描述(1级) 17. 系统接口描述(2、3级) 17. 系统接口描述(4级) 18. 系统评测参数矩阵

三、FEA 的基本结构

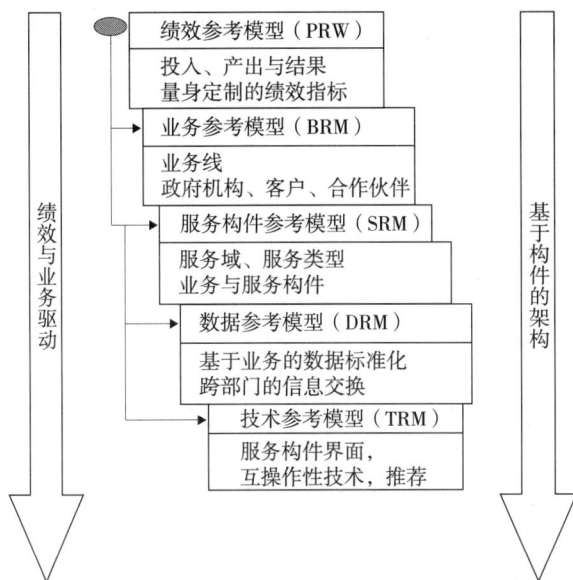

图 4-2 FEA 的结构

FEA 是一种基于业务与绩效的、用于某级政府的跨部门的绩效改进框架,它为 OMB 和联邦政府各机构提供了描述、分析联邦政府架构及其提高服务于民的能力的新方式,其目的就是确认那些能够简化流程、共用联邦 IT 投资及整合政府机构之间和联邦政府的业务线之内的工作的机会。FEA 由 5 个参考模型组成(如图 4-2),它们共同提供了联邦政府的业务、绩效与技术的通用定义和架构。如果政府机构要建立理想的组织架构,这些参考模型将可以作为系统分析政府的业务流程、服务能力、组织构件与所用技术的基础。这些模型也是专门用于帮助跨部门分析、发现政府的重复投资与能力差距、寻找联邦机构内部与联邦机构之间的协作机会。

1.绩效参考模型(PRM)

PRM 是为整个联邦政府提供一般结果与产出指标的绩效评估框架(如图 4-3)。它为政府机构提供了一种对照理想的 FEA 并缩短现实与理想之间差距的方法,与此同时,它也能够让政府机构从战略高度更好地管理政府业务。PRM 提供了政府机构用于实现其业务规划目标的通用的绩效结果与方法的集合。其模型解释了内部业务构件配置与业务成绩和以顾客为中心的结果之间的联系。最重要的是,它能够帮助政府机构根据那些使规划或组织结构有效地发挥作用的参照因素来做出资源配置的决策。

PRM 还可用于 OMB 整合与实施计划评估比较工具(PART)和通用指标。通过定义服务领域、服务类与服务构件的结果与产出,PRM 能够为联邦政府提供衡量跨部门的行动计划的各服务构件的效率所必须的工具。

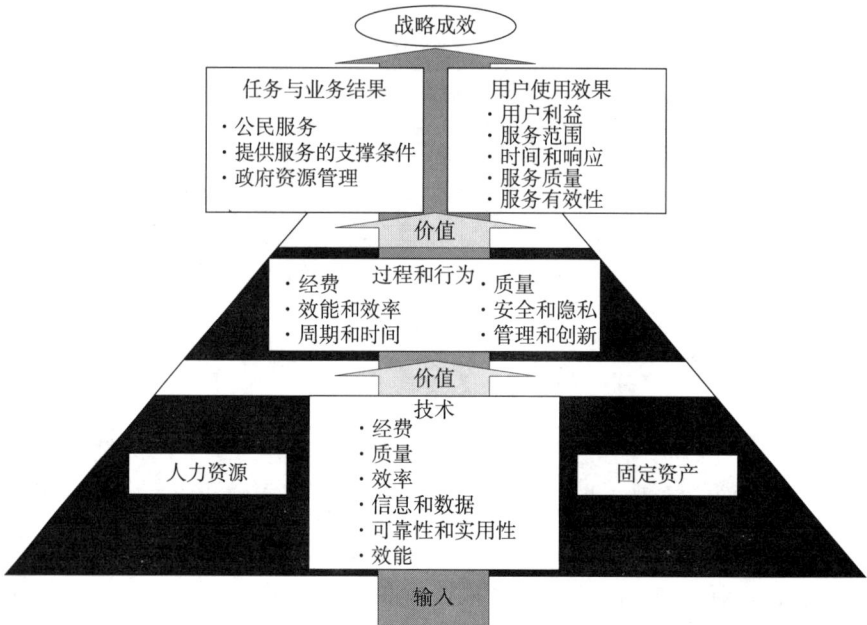

图 4-3　PRM 的结构

2.业务参考模型(BRM)

BRM 是描述联邦政府机构所实施的但与具体的政府机构无关的业务框架,它构成 FEA 的基础内容。该模型描述了联邦政府内部运行与对外向公民提供服务的业务流程,而这些业务流程与联邦政府的某个具体的委、办、局没有关系。因此,由于它抛开了政府部门的狭隘观念,它能够有效地促进政府机构之间的协作。

3.服务构件参考模型(SRM)

所谓构件就是一项可以自我控制的、事先已经进行功能设定的业务过程或服务,其功能可以通过业务或技术界面加以体现。SRM 是一种业务驱动的功能架构,它根据业务目标改进方式而对服务架构进行分类。SRM 基于横向的业务领域,与具体的部门业务职能无关,因此,它能够为实现业务重用、提高业务功能、优化业务构件及业务服务种类提供基础杠杆。SRM 由服务域、服务类和服务构件构成,三者之间的关系如图 4-4 所示。

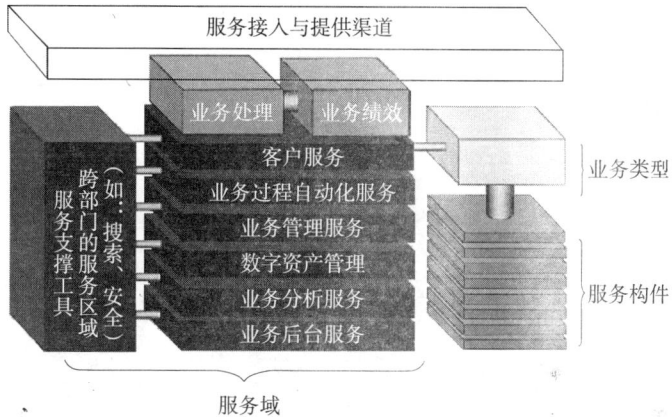

图 4-4 SRM 的内部关系

4.数据参考模型(DRM)

DRM 用来描述那些支持项目计划与业务流运行过程的数据与信息,描述那些发生在联邦政府与其各类客户、选民和业务伙伴之间的信息交换与相互作用的类型。它将政府信息划分为与 BRM 子功能相对应的通用内容区域,并将这些内容区域分解为更为详细的功能模块,特别是许多业务过程都通用的数据构件。DRM 按照大家都容易接受的方式对联邦信息加以分类,因而比较容易确定那些重复建设的数据资源,并由此实现政府机构之间的信息共享。一个通用的数据分类模型有助于实现与政府业务过程的无缝隙连接,无论这些业务过程是发生在联邦政府内部的政府机构之间还是发生在政府与其利益相关者之间的信息交换。

DRM 基于逐个的业务流程而不是基于单个部门的种种努力,这就使得人们能够认清与关注关键的业务改进区域,获得清晰地界定且可以测量的结果。联邦组织架构项目管理办公室将监督 DRM 方面的重点变化,以保证所有的适合整合的业务都能被发现。此外,它们还有助于鉴别那些支持业务流程或子功能的、可以重用的数据构件。这些数据构件的特征建立在 FEA 技术参考模型的基础之上,也与特定的业务构件相一致。

如图 4-5 所示,SRM 和其他的 FEA 参考模型提供了联邦政府的业务、绩效和技术的定义与架构。如果政府机构要建立其理想的组织架构,它们可以作为改进现有的业务流程、提高业务能力、优化服务构件技术与数据模型的基础。

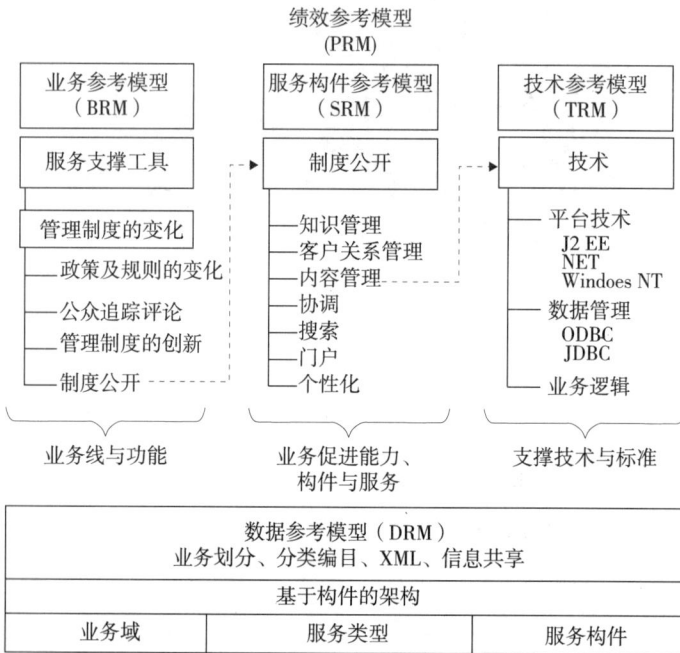

图 4-5   DRM 与其他四个参考模型的关系

5.技术参考模型(TRM)

TRM 是一种分级的技术架构(如图 4-6),用于描述传输服务构件与提高服务性能的技术支持方式。它规定了一套技术要素,用以采用与实施基于构件的参考模型以及确定联邦政府的工作项目(如 FirstGov、Pay.Gov 以及 24 个总统优先的电子政务计划)所采用的成熟的技术与工具。

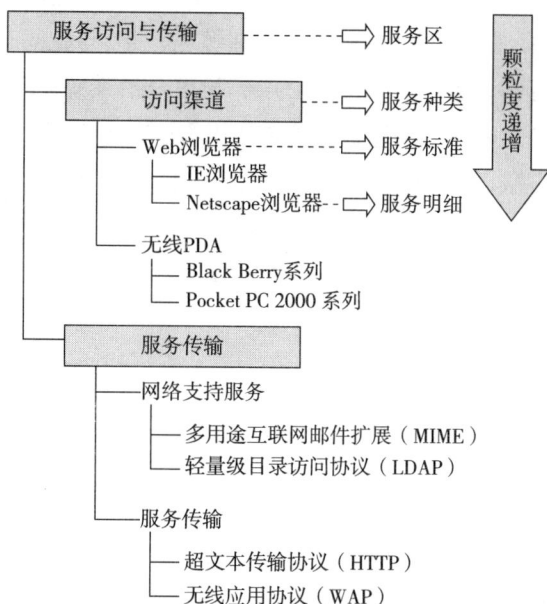

图 4-6　TRM 的结构

四、FEA 的基本特点

1.业务规划是核心。在 FEA 模型体系中,业务参考模型是其基础,决定后面的服务构件参考模型(SRM)、数据参考模型(DRM)、技术参考模型(TRM),以及绩效参考模型的具体评估内容。

2.注重流程整合,淡化部门概念,强调业务协调和统一。FEA 不是部门概念,它是大政府的概念。实际上,随着发展水平的提高,在信息化环境下,传统的部门割裂的做法是难以取得更好的绩效的,必须对流程进行整合。就 FEA 而言,流程整合的原则除了表现在业务规划方面外,也同样体现在数据参考模型、服务构件参考模型以及绩效参考模型中。特别绩效参考模型,通过定义服务领域、服务类与服务构件的结果与产出,该模型能够为联邦政府提供衡量跨部门的行动计划的各服务构件的效率所必需的工具。

3.系统关联性是其价值所在。在传统环境或是信息化的发展初期,业务本身就包含了绩效考核、数据管理以及技术实施方案等诸多内容,但是相互之间却缺乏科学合理的逻辑关系。然而,在 FEA 中,业务过程与绩效管理、数据中心、技术实现条件是相互分离的,不再纠缠在一起;与此同时,它们之间又通过服务构件相连接,构成一个相互关联、密不可分的系统。

4. 应用信息管理系统的理论思路与技术方法。不仅是在构建网络架构时采用信息系统方法,在对业务整合的过程中,同样应用科学合理的方法对其进行分离、梳理。例如,BRM 对业务区、业务线和子功能的划分,SRM 对服务域、服务类和服务构件的划分,应用 BSP 方法遴选联邦政府的共性业务内容与数据库建设项目,等等。

第 2 节　绩效参考模型

绩效参考模型(Perfermance Reference Model, PRM)是 FEA 的最大特色之一。它是一个绩效评测框架,为整个联邦政府提供一个统一的、通用的成果(outcomes)和输出(outputs)度量标准。PRM 是通过建立一个通用集合来实现各部门机构在战略层次管理政务,并提供朝向目标的标准化评测方法。这个通用集合是由"评测标准"和"评测方法"构成的。该模型详细说明了内部业务构件和业务成果之间的联结,以及以用户为中心的输出成果。最重要的是,它让决策者能够按照比较确定的信息进行资源分配决策,即哪个项目/组织更有效率和成效。政务绩效评估又可以分为两类。一类是针对"政府项目"的评估,大体上类似于对企业投资的评价;另一类是针对"政府行政"的评估,大体上类似于对企业日常经营管理的诊断。PRM 则是用标准化方法来评测政府信息化过程中的 IT 项目计划以及它们对政府项目的贡献。其中三个最主要的目的是:(1)产生放大的 IT 绩效信息以便改进战略和日常决策水平;(2)更明确地了解 IT 对业务输出和成果的贡献,这样就可以有目的地安排 IT 项目及其他任务以便达到满意的结果;(3)可以方便地辨识出跨传统组织结构和边界的绩效改进机会。

整个 PRM 是由"评估域"、"评估类"、"评估组"和"评估指标"构成的。(1)评估域(Measurement Areas):PRM 的高级(high-level)组织框架用于获取投入、产出、成果水平方面的绩效。PRM 包括六个评估域:任务(mission)和业务成果、客户成果、过程和活动、人力资本、技术以及其他固定资产。其中,人力资本和其他固定资产评估不在 FY2005 预算规划中使用。(2)评估类(Measurement Categories):在各个评估领域中按照描述被评估的属性和特征分组。例如,任务和业务成果评估领域包括三个评估类:公民服务,支持服务的交付和政府资源管理。(3)评估组(Measurement Groupings)是对每个评估类进一步细分的评估指标组。如任务与业务成果评估域中,评估组与 BRM 的子功能(Sub-functions)一致。(4)评估指标(Measurement Indicators):具体的评估指标,例如客户满意度,各机构可以依据自己的特定环境来进行"操作"。

一、评估域

1.任务与业务成果评估域

该评估域考察政府机构力图取得的成果。根据 GPRP(绩效与结果法案)而进行的政府预算与战略规划过程中,通常都会对政府预期取得的成果进行描述。应该使政府 IT 投资有助于取得其任务与业务成果,这就要求政府机构必须明确其绩效目标。

为确保政府机构的评估成果与实际一致,应该使该评估域与 BRM(业务参考模型)保持一致。特别需要说明的是,PRM 的评估类应该与 BRM 的"业务线(line of business, LoB)"一致。PRM 的评估组与 BRM 的子功能一致。如果说 BRM 是力图说明政府活动的目标,那么 PRM 则力图说明这些政府目标实现的程度。

任务与业务成果评估域由以下评估类构成:公众服务业务线、服务提交支持业务线、政府资源管理业务线。

2.客户成果评估域

该评估域反映政府机构对客户(一般来说是指公众)的服务质量。该评估域的指标涉及政府 IT 项目支持的绝大多数外部客户。但并非所有的客户成果对 IT 项目来说,都是有意义或显著的。

客户成果评估域由以下评估类构成:

(1)客户利益——由政府服务导致的客户满意度水平和其他有形的

影响。

（2）服务范围——对潜在或现有客户人群的服务程度。

（3）服务及时性——对客户要求的响应时间及提交服务的时间。

（4）服务质量——客户反映的服务质量及对客户要求响应的准确性。

（5）服务便捷性——客户获得服务的便捷性及自助和自动服务的广度。

PRM 的真正价值不在于其评估域，而在于直接反映了投资对取得政府绩效目标的影响。对照 EA（企业架构）分析投资对各评估域的影响，可以使政府机构明确每一项投资的绩效目标。要有效地使用 PRM，必须将目光从 IT 投资中转移到它所支持的过程和活动上（或者更广泛地讲，转移到它影响的客户成果、任务与业务成果上）。虽然 PRM 包括许多指标，但它的价值不仅仅在于它所包括的指标数量上。只有当用于决策支持时，它的价值才能被真正认识到。

3.过程与活动评估域

该评估域反映 IT 投资支持的活动所直接导致的结果，也反映需要监管和改善的过程或活动的关键领域。

几乎所有的 IT 项目都要求支持或改善一个或几个过程和活动。但是，除了 IT 项目外，还有许多其他因素也会影响活动的绩效，包括：业务过程的总体效率、其他过程的影响等。

过程或活动的预期成果会极大地影响到：（1）对于改善或支持的活动来说技术是否适用；（2）为了有助于取得预期的过程或活动成果，需要什么样的技术。

和任务与业务成果评估域一样，过程与活动评估域也应该与 BRM 一致。BRM 包括一个业务提交模式域，对取得预期目标的活动进行了深度剖析。该评估域的评估指标，应该是与 IT 项目一致的提交模式的扩展。例如，如果一项 IT 投资与 BRM 中的联邦财政资助模式一致，PRM 就能反映提供财政资助的质量。

该评估域由以下评估类构成：

（1）服务成本——直接和间接的服务总成本、单位成本、成本节约；

（2）服务能力——单位时间和资源消耗能完成的服务工作量；

（3）服务及时性——提供服务需要的时间；

（4）服务质量——服务出错率和客户抱怨数；

（5）安全与隐私保护——改善安全性和隐私保护的程度；

（6）管理与创新——管理制度与程序，与应用要求、风险规避能力、知识管理和持续改进一致。

4.技术评估域

该评估域反映与 IT 投资直接相关的绩效要素。一个 IT 项目包括支持业务过程或程序的应用程序、基础设施或服务等。这些方面从一定程度上反映了 IT 项目的绩效状况，虽然重要，但还不能真正全面评估一个 IT 项目的价值。只有当与其他的评估域综合使用时，技术评估域才能得到更准确的应用，也才能全面准确地评估 IT 项目的绩效。

与所有其他评估域一样，技术评估域的评估类和评估组也不存在终极的评估指标名单。政府机构可以也应该在其 IT 投资计划和投资控制（CPIC）以及系统开发生命周期中进行补充。

该评估域由以下评估类构成：

（1）技术成本——通过减少或消除 IT 冗余带来的技术成本节约；

（2）质量保证——技术满足功能或容量要求，并且符合标准的程度；

（3）效率——与响应时间、互用性、用户便捷性、技术容量或特点的改进相关的系统或应用程序绩效；

（4）信息和数据——数据或信息共享、标准化、可靠性和质量、存贮能力；

（5）可靠性与便捷性——信息或应用程序的处理能力、客户便捷性、出错率；

（6）效果——系统或应用程序的客户满意度，以及它对业务过程和客户绩效、或致错率的影响。

5.人力资本评估域

对法律要求和实践的审视，表明关注人力资本的绩效是迫在眉睫的。本版 PRM 未包括人力资本评估域的评估类、组和指标，但 FEA 计划管理办公室（FEA PMO）将敦促员工管理办公室和首席人力资本官协会（the Office of Personnel Management and the Chief Human Capital Officers Council）等协同工作，明确人力资本的核心要求，以及人力资本评估域的一系列评估指标。

6.其他固定资产评估域

与人力资本一样,关注其他固定资产(如车辆、设备和其他设施)的绩效也是迫在眉睫的。本版 PRM 也未包括该评估域的评估类、组和指标,但 FEA 计划管理办公室将敦促有关人员研究其他固定资产的管理,以扩展 PRM。

二、评估指标

1.任务与业务成果评估指标

(1)公众服务

如表 4-3 所示,政府机构可以用这些评估域、类、组来安排评估指标。

表 4-3　公众服务

评估类	评估组	指标
社区与社会服务——涵盖旨在创造、扩大或改善社区和社会发展、社会关系和社会服务的所有政府活动。包括所有赢利和非赢利的社区发展社会服务计划。	居民住房改善	
	社区和地区发展	
	社会服务	
	邮政服务	
国防与国家安全——当威慑失败,面临毁灭性打击威胁时,保护与促进国家利益。	战略性国家防御与反恐	
	常规性防御	
	战术性防御	
灾害管理——当面临自然或人为灾害时,防备、减轻、应对和修复灾害损失。	灾害监视与预报	
	灾害防备与计划	
	灾害修复与贮备	
	危急应对	
经济发展——促进商业、工业发展,规范金融业,调控经济和调节货币供给,保护知识产权和创新。	商业与工业发展	
	行业收入稳定	
	知识产权保护	
	金融业单监管	

评估类	评估组	指标
教育——向公众传播知识、解惑。包括正规学校教育和其他培训计划,以及推动公共教育的政府项目,其他各种赢利或非赢利教育项目。	小学、中学和职业教育	
	高等教育	
	文化与历史遗产保护	
	文化与历史展出	
能源——政府对能源的开采与管理采取的措施,包括能源生产、销售和分配,以及燃料的消耗管理。包括各种量产能源(如水电、核能、风能、太阳能及化石能源),以及私企的监管。	能源供应	
	能源保护与贮备	
	能源管理	
	能源生产	
环境管理——监测环境与气候,制订适当的环境标准,公布环境破坏与污染。	环境监视与预报	
	环境治理	
	污染防治与控制	
法律执行——保护公民人身、财产免受非法侵犯的活动,包括巡逻、暗访、紧急呼叫响应,以及逮捕、袭击和没收财产。	治安监控	
	公众保护	
	犯罪预防	
	领导保护	
	财产保护	
	物质控制	
诉讼与审判——有关审判管理的活动。	审判旁听	
	法律辩护	
	法庭调查	
	法律检查与诉讼	
	判决结果便利性	
罪犯监禁管教——有效监禁和管教罪犯。	罪犯监禁	
	罪犯管教	

评估类	评估组	指标
健康——为公众提供健康福利的政府项目与活动。包括直接提供健康检查服务与免疫接种,公众健康指标监控追踪,传染病趋势监视与确认,以及各种赢利与非赢利的健康医疗项目。	就医便利性	
	公众健康管理与消费安全	
	健康医疗服务	
	健康医疗管理	
	健康医疗研究与医生教育	
国家安全——反恐。包括威胁与情报分析、保卫边境、机场,保护重要基础设施,以及危急协同响应。	边境与交通安全	
	重要资产与基础设施保护	
	灾难防备	
收入保障——保证公民的基本生存条件,包括所有促进这一目标实现的赢利和非赢利项目。	退休与残疾人收入保障	
	失业补助	
	住房补助	
	食物与营养补助	
	基本生活补助	
情报工作——收集、分析信息,满足国家安全挑战的需要,包括处理国内外情报,为政府决策者、私人企业家、军队指挥官和其他需要的人员提供情报,以及采取措施贯彻政府目标。	情报计划	
	情报收集	
	情报处理	
	情报分析	
	情报提交	
国际政治与商业事务——在国外推行国家政策与保护国家海外利益的非军事政治与商业活动,包括冲突谈判、国外经济开发、外交,对核心国家(key nations)的人道主义、技术与其他发展的援助,全球贸易。	国外事务	
	国际开发与人道主义援助	
	全球贸易	
自然资源——包括保护规划、土地管理,以及国家公园、山区旅游等影响国家自然与再生资源的所有私人或政府活动。注意:应急资源包括在"危急管理业务线"中。	水资源管理	
	海洋与陆地保护与管理	
	再生资源管理与旅游	
	农业创新与服务	

评估类	评估组	指标
交通——针对货物与人员的安全运输的政府活动。	航空	
	陆运	
	水运	
	太空	
劳动力管理——通过改善劳动条件、增加工作机会、协调劳工谈判等提高劳动者福利的活动。	培训与就业	
	劳动者权利保护	
	劳动安全	
科技与创新——推动科技发展满足国家需要的政府活动,包括一般科研项目、空间开发活动,以及不易分类,不属于其他业务线或子功能的有多种目的的科研计划。	一般科研与创新	
	空间开发与创新	

(2)服务提交支持(如表4-4所示)

表 4-4 服务提交支持

评估类	评估组	指标
控制与监管——防止浪费、欺诈和滥用毒品的政府及其合作伙伴的合法活动。	治理行动	
	评估计划	
	监管计划	
管理与减轻内部风险——分析发现和适当应对风险。	偶发事件应对计划	
	偶发事件应对运作	
	服务恢复	
立法——通过政府立法部门发展、跟踪和完善公共法律。	立法跟踪	
	立法见证	
	发展建议	
	国会联络发展	

评估类	评估组	指标
规则制订——与制订规则、政策和实施细则相关的活动。	政策与实施细则制订	
	公众意见跟踪	
	规则形成	
	规则颁布	
计划与预算——把握战略方向,论证与制订规划,分配资源。	预算形成	
	财政开支计划	
	企业架构	
	战略规划	
	预算执行	
	劳动力计划	
	管理改进	
	预算与绩效的整合	
	税收与财政政策	
公共事务——在公众服务、公共政策和国家利益方面,政府、公众与利益相关者之间的信息交流与沟通。	客户服务	
	官方信息发布	
	产品推广	
	公共关系	
收入征集——政府收入征集。注意:在一般政府业务线中的税收管理子功能包含了税收征缴。	借款回收	
	用户资费收集	
	政府资产出售	
其他政府事务——前期政府成本,包括立法与执法,中央财政、人员和财产的提供,不能归类为其他业务线的服务提供。如果能归类为其他业务线或子功能的就归入其他业务线或子功能。这一业务线是作为中央政府一部分而保留,政府机构详细管理活动不包含在内。	中央财政运作	
	立法功能	
	中央政府财产管理	
	税收管理	
	中央政府档案与统计管理	

(3)政府资源管理(如表 4-5 所示)

表 4-5　政府资源管理

评估类	评估组	指标
社区与社会服务——涵盖旨在创造、扩大或改善社区和社会发展、社会关系和社会服务的所有政府活动。包括所有赢利和非赢利的社区发展社会服务计划。	居民住房改善	
	社区和地区发展	
	社会服务	
	邮政服务	
国防——当威慑失败,面临毁灭性打击威胁时,保护与促进国家利益。	战略性国家防御与反恐	
	常规性防御	
	战术性防御	
灾害管理——当面临自然或人为灾害时,防备、减轻、应对和修复灾害损失。	灾害监视与预报	
	灾害防备与计划	
	灾害修复与贮备	
	危急应对	
经济发展——促进商业、工业发展,规范金融业,调控经济和调节货币供给,保护知识产权和创新。	商业与工业发展	
	行业收入稳定	
	知识产权保护	
	金融业单监管	
教育——向公众传播知识、解惑。包括正规学校教育和其他培训计划,以及推动公共教育的政府项目,其他各种赢利或非赢利教育项目。	小学、中学和职业教育	
	高等教育	
	文化与历史遗产保护	
	文化与历史展出	
能源——政府对能源的开采与管理采取的措施,包括能源生产、销售和分配,以及燃料的消耗管理。包括各种量产能源(如水电、核能、风能、太阳能及化石能源),以及私企的监管。	能源供应	
	能源保护与贮备	
	能源管理	
	能源生产	
环境管理——监测环境与气候,制订适当的环境标准,公布环境破坏与污染。	环境监视与预报	
	环境治理	
	污染防治与控制	

评估类	评估组	指标
执法——保护公民人身、财产免受非法侵犯的活动,包括巡逻、暗访、紧急呼叫响应,以及逮捕、袭击和没收财产。	治安监控	
	公众保护	
	犯罪预防	
	领导保护	
	财产保护	
	物质控制	
诉讼与审判——有关审判管理的活动。	审判旁听	
	法律辩护	
	法庭调查	
	法律检查与诉讼	
	判决结果便利性	
罪犯监管——有效监禁和管教罪犯。	罪犯监禁	
	罪犯管教	
健康——为公众提供健康福利的政府项目与活动。包括直接提供健康检查服务与免疫接种,公众健康指标监控追踪,传染病趋势监视与确认,以及各种赢利与非赢利的健康医疗项目。	就医便利性	
	公众健康管理与消费安全	
	健康医疗服务	
	健康医疗管理	
	健康医疗研究与医生教育	
国家安全——反恐。包括威胁与情报分析、保卫边境、机场,保护重要基础设施,以及危急协同响应。	边境与交通安全	
	重要资产与基础设施保护	
	灾难防备	
收入保障——保证公民的基本生存条件,包括所有促进这一目标实现的赢利和非赢利项目。	退休与残疾人收入保障	
	失业补助	
	住房补助	
	食物与营养补助	
	基本生活补助	

续表

评估类	评估组	指标
情报工作——收集、分析信息,满足国家安全挑战的需要,包括处理国内外情报,为政府决策者、私人企业家、军队指挥官和其他需要的人员提供情报,以及采取措施贯彻政府目标。	情报计划	
	情报收集	
	情报处理	
	情报分析	
	情报提交	
国际政治与商业事务——在国外推行国家政策与保护国家海外利益的非军事政治与商业活动,包括冲突谈判、国外经济开发、外交,对核心国家(key nations)的人道主义、技术与其他发展的援助,全球贸易。	国外事务	
	国际开发与人道主义援助	
	全球贸易	
自然资源——包括保护规划、土地管理,以及国家公园、山区旅游等影响国家自然与再生资源的所有私人或政府活动。注意:应急资源包括在"危急管理业务线"中。	水资源管理	
	海洋与陆地保护与管理	
	再生资源管理与旅游	
	农业创新与服务	
交通——针对货物与人员的安全运输的政府活动。	航空	
	陆运	
	水运	
	太空	
劳动力管理——通过改善劳动条件、增加工作机会、协调劳工谈判等提高劳动者福利的活动。	培训与就业	
	劳动者权利保护	
	劳动安全	
科技与创新——推动科技发展满足国家需要的政府活动,包括一般科研项目、空间开发活动,以及不易分类,不属于其他业务线或子功能的有多种目的的科研计划。	一般科研与创新	
	空间开发与创新	

2.客户成果、过程和活动、人力资本、技术评估域

(1)客户成果

该域的评估类、组如图4-7和表4-6所示。

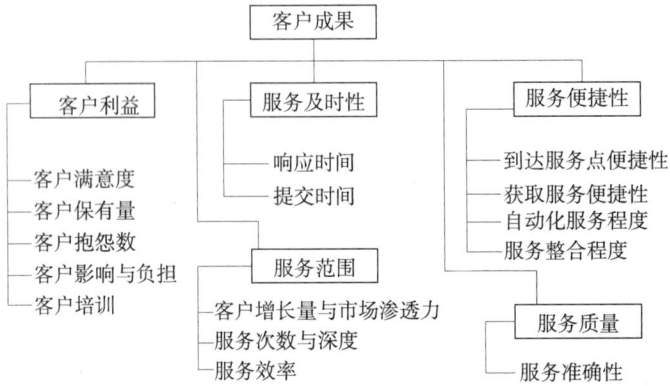

图 4-7　客户成果评估域

表 4-6　客户成果评估域

评估类	评估组	指标
客户利益——由政府服务导致的客户满意度水平和其他有形的影响。	客户满意度	
	客户保有量	
	客户抱怨数	
	客户影响与负担	
服务范围——对潜在或现有客户人群的服务程度。	客户增长量与市场渗透力	
	服务次数与深度	
	服务效率	
	应收账款回收	
服务及时性——对客户要求的响应时间及提交服务的时间。	响应时间	
	提交时间	
服务质量——客户反映的服务质量及对客户要求响应的准确性。	服务准确性	
服务便捷性——客户获得服务的便捷性及自助和自动服务的广度。	到达服务点便捷性	
	获取服务便捷性	
	自动化服务程度	
	服务整合程度	

（2）过程与活动（如表4-7所示）

表4-7　过程与活动评估域

评估类	评估组	指标
服务成本——直接和间接的服务总成本、单位成本、成本节约；	财务管理	
	成本	
	计划	
	成本节约	
服务能力——单位时间和资源消耗能完成的服务工作量；	服务数量	
	服务效率	
服务及时性——提供服务需要的时间；	服务周期	
	服务提交时间	
服务质量——服务出错率和客户抱怨数；	服务准确性	
安全与隐私保护——改善安全性和隐私保护的程度；	出错率	
	抱怨数	
管理与创新——管理制度与程序，与应用要求、风险规避能力、知识管理和持续改进一致。	参与	
	政策	
	合法性	
	风险	
	创新与完善	

（3）技术（如表4-8所示）

表4-8　技术评估域

评估类	评估组	指标
技术成本——通过减少或消除 IT 冗余带来的技术成本节约；	总成本	
	许可费成本	
	支持成本	
	运维成本	
	培训和用户成本	

续表

评估类	评估组	指标
质量保证——技术满足功能或容量要求,并且符合标准的程度;	功能性	
	IT 构成	
	标准统一与偏差	
效率——与响应时间、互用性、用户便捷性、技术容量或特点的改进相关的系统或应用程序绩效;	系统响应时间	
	互操作性	
	便捷性	
	下载能力	
	技术进步	
信息和数据——数据或信息共享、标准化、可靠性和质量、存贮能力;	外部数据共享	
	数据标准化与标记	
	内部数据共享	
	数据可靠性与质量	
	数据存储能力	
可靠性与便捷性——信息或应用程序的处理能力、客户便捷性、出错率;	可用性	
	可靠性	
效果——系统或应用程序的客户满意度,以及它对业务过程和客户绩效、或致错率的影响。	用户满意度	
	用户要求	
	IT 对业务过程、客户和任务的贡献度	

第 3 节　业务参考模型

在美国电子政务"攻坚组"(Task Force)关于电子政务战略的报告中,他们声称,按照他们的评估,"现行的(2001 年)联邦企业架构并不是一种真正的架构"。经过他们分析,每条业务线平均有 19 个执行部门,而每个部门大约涉及 17 条业务线。这种业务架构造成了大量的冗余和重复,包括雇员、信息系统和管理。而且这种业务架构也不能达到以用户为中心的战略。因此在 O

MB 开发的联邦企业架构(FEA)中,业务参考模型(Business ReferenceModel,BRM)是 FEA 的基础。它最大的特点是在描述政府业务时候,并没有按照惯例将政府业务按照部门机构的设置进行梳理,而是按照业务本身的需要进行梳理。也就是说,是以政府业务或具体的服务为中心,而并不涉及具体的执行业务的部门机构。这样做的好处是有利于部门之间建立合作关系,尤其是在实施信息化的时候,不同部门如果具有相同或相似业务服务的就可以彼此构建集成化的信息平台。这样既可以减少重复投资,也可以增加信息沟通的机会和能力,优化业务服务过程。

一、BRM 概览

如图 4-8 所示,整个业务模型分为三个层次,最上面是"业务域",它代表了政府业务运作的四个类别即:(1)公民服务,这个类别主要包括政府业务的目的。(2)交付模式,这个类别说明了政府为了达到业务目的所采用的机制,也就是说如何将政府为公民或企业提供的服务送达到用户那里。(3)支撑服务的交付,这个类别指政府为了完成必要的服务操作所必需的支撑功能。(4)政府资源管理,这个类别指政府为了完成上述所有业务而需要的所有资源(包括信息资源和物理资源)及其管理。

"业务域"是由"业务线"构成的。所谓"业务线(line of business,LoB)",一般的定义是指"特定的产品或商品"或"特定的商业企业"。所以在这里业务线就是指由政府提供的特定的活动和服务(也是一种产品),一条业务线不一定是由一个部门或机构来执行,但同一条业务线具有相同的信息定义和数据结构,从而便于信息交流和数据交换。业务线又分为外部业务线和内部业务线。2007 年 10 月发布的 FEA2.3 版中的 BRM,一共有 41 条业务线。其中,19 条是外部业务线,分布在公民服务域;22 条内部业务线,分布在其他业务域。每个"业务线"就是一个"子功能集"。子功能实际包含了一系列业务过程和功能单位。这个层次是业务具体执行和实现的层次。①

---

①　最新版的业务参考模型(BRM)3.0 于 2012 年 6 月 22 日发布,更新了服务(子功能)的定义,并增加了部分新服务。

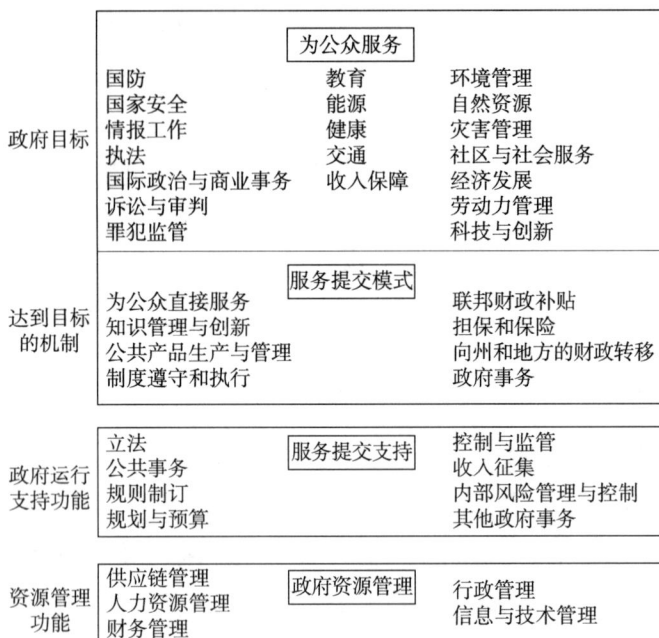

图 4-8　BRM

　　更通俗地理解上述结构,那就是政府在"以公民为中心,而不是以机构为中心"的战略指导下,将政府职能分为对外服务(公民服务),要完成这些服务的方式(模式),服务的支持,以及政府内部的管理等几个方面。然后在这个几个方面完全按照功能对政务业务进行分类,而不是局限于现有的政府职能部门。这里的关键点是"业务线"的概念。一条业务线可能跨越若干个部门。业务线没有组织边界,在同一条业务线内的政府部门可以很容易找到合作的机会。BRM 不是一个静态的模型,和一般的业务模型有点不同,它是在不断完善,不断修正的。它实际是随着政府改革和战略目标的改变而不断变化的。

二、BRM 的业务线

下面介绍每一个业务域包括的业务线。

(一)为公众服务(services for citizens)
包括的业务线有:国防(defense and national security),环境管理(environ-

mental management），国家安全（homeland security），自然资源（natural re-
sources），情报工作（Intelligence Operations），教育（education），灾害管理
（disaster management），执法（law enforcement），能源（resources），社区与社会
服务（community and social services），国际政治与商业事务（international
affaires and commerce），交通（transportation），经济发展（economic
development），诉讼与审判（litigation and judicial activities），健康（health），劳
动力管理（labor management），罪犯监管（correctional activities），收入保障（in-
come security），科技与创新（general science and innovation）。

（二）服务提交模式（mode of delivery）：

包括的业务线有：为公众直接服务（direct services for citizens），联邦财政
补贴（federal financial assistance，知识创新与管理（knowledge creation and man-
agement），担保和保险（credit and insurance），公共产品生产和管理（public
goods creation and management，对州和地方政府的财政转移（transfers to states
and local governments，制度遵守和执行（regulatory compliance and
enforcement），政府事务（governments）。

（三）服务提交支持（support delivery of services）：

包括的业务线有：立法（legislative relationship），控制与监管（control and
oversight），公共事务（public affairs），收入征集（revenue collection），规则制订
（regulatory development），内部风险管理与控制（internal risk management and
mitigation，规划与预算（planning and budgeting），其他政府事务（general govern-
ment）。

（四）政府资源管理（management of government resources）：

包括的业务线有：人力资源管理（human resources management），行政管理
（administrative management），供应链管理（supply chain management），财务管
理（financial management），信息与技术管理（information and technology manage-
ment）。

BRM 的子功能（Sub-functions）与绩效参考模型 PRM 的任务与业务成果

评估域中的评估组一致,详见表4-3、表4-4和表4-5。

第4节   服务构件参考模型

服务构件参考模型(Service ComponentsReference model, SRM)是一个以业务为驱动的功能性框架。它根据支持业务或绩效目标来划分服务构件。这里的"构件"是指"一个自包含的业务过程或服务;这个过程和服务具有预定的、可以通过一个业务或技术接口发挥作用的功能"。该模型按照三层递阶结构来描述服务构件模型,即"服务域"、"服务类"和"构件"。

一、SRM 概览

如表4-9所示,SRM 分为7个"服务域",它们从业务角度对服务能力和类别进行了分类。这7个服务域包括:(1)客户服务(Customer Services)域指的是那些直接与最终用户相关的、业务与用户之间的交互、或以用户驱动的活动或操作等能力的集合。(2)过程自动化服务(Process Automation Services)域指的是那些支持过程自动化,以及保证高效管理业务的管理活动的能力集合。(3)业务管理服务(Business Management Services)域指的是那些支持业务功能以及组织活动的管理和执行的能力集合。那些组织活动是为了在跨业务和价值链参与者中维持一种连续性。(4)数字资源服务(Digital Asset Services)域指的是支持知识产权和跨业务及扩展企业的电子媒体的产生、管理和分发的能力集合。(5)业务分析服务(Business Analytical Services)域指的是那些支持信息抽取、聚集和展示以促使决策分析和业务估评的能力集合。(6)内勤服务(Back Office Services)域指的是那些支持基于事务功能的企业规划管理的能力集合。(7)支持服务(Support Services)域指的是那些可以平衡互补相关服务域的目标和任务的跨功能能力的集合。

表 4-9　SRM 总览

服务域	服务类
客户服务	客户关系管理、客户偏好、客户主动协助
过程自动化服务	跟踪与工作流、路由与调度
业务管理服务	过程管理、组织管理、投资管理、供应链管理
数字资源服务	内容管理、文档管理、知识管理、档案管理
业务分析服务	分析与统计、可视化、知识发现、业务智能、报告
内勤服务	数据管理、人力资源、财务管理、资产/材料管理、开发与整合、人力资本/劳动力管理
支持服务	安全管理、合作、搜索、交流、系统管理、表格管理

"服务域"由"服务类"组成,这些服务类进一步对服务域所描述的功能进行分类和定义,服务类描述了面向业务的服务。7 个服务域包含 29 个服务类。"构件"是描述服务域的基本单元,它是一个业务或应用系统的逻辑"构建块"。构件实际是面向政府业务系统的基本构造单元。它与我们目前市场上所说的"构件"具有很大的不同。目前很多构件实际上一种软件中间件的概念。它可以快速搭建一个软件系统,是一种更粗粒度的软件代码。而这里的服务构件则是真正实现一个业务功能或过程,甚至完成复杂的业务流程。它是基于环境系统之上的业务系统。服务构件也可以分成不同的粒度。粒度越粗,所服务的业务流程越复杂。

二、SRM 的具体内容

(一)客户服务域

客户服务域评价与内外客户直接相关的,业务部门与客户互动,以及客户驱动的活动或功能的一系列能力。该域是指业务前端的那些能力或服务,以及面向客户的各种界面。

1.客户关系管理

如表 4-10 所示,该服务类评价计划、安排和控制客户与企业间的活动的能力,包括服务提供之前或之后。

表 4-10　客户关系管理

服务构件	能力定义
呼叫中心管理	处理终端客户的电话。
客户分析	对客户的分析,包括对第三方客户信息的评价。
营销	便于改善服务以及开发新业务。
产品管理	便于产品或服务的开发与维护。
品牌管理	支持产品或服务品牌的使用与广告。
客户/账户管理	支持面向用户的服务或产品的保留与提交。
联络与综合管理	综合评估所有客户互动,包括电话、电子邮件、响应与会议,还包括客户账户、业务与个人信息的维护。
合作伙伴关系管理	推动组织与业务合作伙伴,特别是分销链成员(如渠道与联盟伙伴、经销商、代理、经纪人和零售商),以及其他支持把产品或服务提交给客户的第三方的有效合作,包括必要时对合作伙伴的绩效评价。
客户反馈	收集、分析和处理来自客户的评论与反馈。
调查	收集来自客户的有用信息。

2.客户偏好

如表 4-11 所示,本服务类评价允许客户改变用户界面以及数据显示方式的能力。

表 4-11　客户偏好

服务构件	能力定义
个性化	改变用户界面与数据显示方式。
预定	允许客户加入论坛、群发或邮件通讯录。
警示与通知	允许客户知晓感兴趣的服务及其预定方式。
在线帮助	提供在线帮助的用户界面。
在线培训	提供客户教育与帮助的用户界面。
自助服务	允许客户申请自助服务。
预订/登记	允许服务的预订与确认。
多语言支持	支持多语言的数据与信息服务。
帮助请求	支持客户支持征集。

续表

服务构件	能力定义
计划安排	定义支持完成工作或服务以满足客户要求的计划的一系列能力。

(二)过程自动化服务域

该服务域衡量支持过程和管理自动化以有效管理业务的一系列能力。它能提高与跟踪、监视和维护整个业务周期联络的有关过程的自动化和便捷性。

1.跟踪与工作流

该服务类评价用户文档的自动监视与路由能力。

表 4-12　跟踪与工作流

服务构件	能力定义
过程跟踪	监视业务周期中的活动。
个案管理	管理某特定请求或调查的生命周期,包括个案的建立、路由、跟踪、分配和结束,以及个案处理中的协作。
冲突解决	支持业务周期中的争议或分歧的解决。

2.路由与调度

如表 4-13 所示,该服务类评价为某一特定行为或事件自动化引导、分配或时间安排能力。

表 4-13　路由与调度

服务构件	能力定义
进站响应管理	由外部发起的组织与其利益相关者的交流管理。
出站响应管理	由内部发起的组织与其利益相关者的交流管理。

(三)业务管理服务域

该服务域衡量支持业务功能管理和维护整个业务与价值链参与者的连续性一系列能力。它能评价成功管理业务运行中的项目、计划所必需的能力与服务。

1.过程管理

如表 4-14 所示,该服务类评价业务周期中的活动规范能力。

表 4-14　过程管理

服务构件	能力定义
变化管理	控制现有文档、软件或业务过程的更新或修改过程。
配置管理	控制组织的硬件和软件环境及文档。
请求管理	收集、分析和满足组织工作的需要和条件。
项目/计划管理	管理和控制组织的某一特定工作。
规定/政策管理	影响和决定组织的决策、行为、业务规则和其他规定。
质量管理	帮助评价产品或服务对某一需要的满足水平。
业务规则管理	管理支持组织及其政策的企业过程。
风险管理	支持任务、决策或长期目标的风险识别、危害的概率和机会,包括风险评估和风险减轻。

2.组织管理

如表 4-15 所示,该服务类评价组织中的合作与交流能力。

表 4-15　组织管理

服务构件	能力定义
工作组/群件	支持相关任务的多用户工作。
网络管理	监视和维护网络交流,以诊断问题、收集统计数据和提供一般使用。

3.投资管理

如表 4-16 所示,该服务类评价组织中的金融资产与资金的管理能力。

表 4-16　调查管理

服务构件	能力定义
战略规划与管理	支持确定长期目标及寻求取得该目标的最好方法。
投资组合管理	支持投资组合的管理。
绩效管理	评价组织金融资产和资金的投资效益。

4.供应链管理

如表 4-17 所示,该服务类评价计划、安排和控制供应链及组织与功能布置,以从制造商到批发商再到消费者来挖掘、制造或分配材料和产品的能力。

表 4-17 供应链管理

服务构件	能力定义
采购	支持产品或服务的预订与购买。
采购管理	支持产品或服务的供应、跟踪及成本分析。
库存管理	调整库存,平衡客户服务水平。
目录管理	支持组织能提供的产品或服务的目录管理。
预订/购买	处理对产品的申请处理。
单据/申请跟踪与批准	支持业务周期内运输或提交方式的确定。
前台/购物车	支持类似超市购物车功能,处理订单与商品。
仓库管理	提供仓储和运送,包括材料接收、订单清点、包装、贴标签和运输。
退货管理	收集、分析和处理产品退货或服务取消。
物流与运输	提供有效的交通运输管理。

(四)数字资源服务域

该服务域衡量通过业务或延伸企业来产生、管理和分配智力资本与电子媒体的一系列支持能力。

1.内容管理

如表 4-18 所示,该服务类评价系统或网站的文档和信息的存贮、维护和检索的管理能力。

表 4-18 内容管理

服务构件	能力定义
内容创作	允许教程、CBT 课件、网站、CD-ROMs 和其他互动节目的制作。
内容审查与批准	互动节目的批准。
标记与聚集	支持从大量文件中搜索某特定内容,以收集和总结信息。

服务构件	能力定义
内容发布与提交	互动项目的传播。
syndication 管理	控制和规制组织的品牌。

2.文档管理

如表 4-19 所示,该服务类评价文档或文件的收集和维护的管理能力。

表 4-19　文档管理

服务构件	能力定义
文档影像与 OCR	支持文档的扫描。
文档指引	支持相关内容的文档与信息的导航。
文档修订	支持文档内容编辑。
入馆/收藏	支持文档与数据的入库收藏与归档。
文档审查与批准	支持文档发布前的编辑与批准。
文档转换	支持文件格式的转换。
索引	支持通过数字索引快速检索文档。
分类	支持文档分类。

3.知识管理

如表 4-20 所示,该服务类评价识别、收集和转换文件、报告和其他资源以获得有用信息的能力。

表 4-20　知识管理

服务构件	能力定义
信息检索	支持数据与信息的获取,以便组织及其相关者使用。
信息地图/分类	支持数字条目、命名标准和分类之间关系的建立和维护。
信息共享	支持文档与数字在多用户环境下的使用,以便组织及其相关者使用。
分类	支持数据与信息的分类,以归入特定的层或类。
知识工程	支持知识从专家到专家系统知识库的转换。

服务构件	能力定义
知识获取	支持数据与信息的收集。
知识发布与提交	支持知识向终端用户的转移。
敏捷文档	支持信息与过程(业务逻辑)规则在不同文档用户间的互动。(如将将文档的逻辑和使用植入文档内,在文档参数中进行管理)

4.档案管理

如表 4-21 所示,该服务类评价文档或信息的存贮、保护、归档、分类和销毁的管理能力。

表 4-21　档案管理

服务构件	能力定义
档案链接/聚类	支持逻辑数据和信息间的关联。
文档分类	支持电子或物理文档或手工文件的归类。
文档销毁	支持对组织及其相关者使用的文档和手工文件的销毁或删除。
数字权利管理	支持知识产权申诉。

(五)业务分析服务域

该服务域衡量提炼、归纳和提供信息以便决策分析与业务评价的一系列能力。

1.分析与统计

如表 4-22 所示,该服务类评价检查业务中的问题并制定解决方案的能力。

表 4-22　分析与统计

服务构件	能力定义
数学分析	支持概率分析和统计推断。
结构化/Thermal	支持使用数据流和数据建模图,以应用数据系统分析。

服务构件	能力定义
无线电技术应用	支持使用无线电和 x 射线技术来分析和科学鉴定。
地图/地理空间/海拔/GPS	支持以海拔、经纬度等特征提供位置信息。
CAD	支持用计算机设计产品。

2.显示

如表4-23所示,该服务类评价将数据转换为图形图像格式的能力。

表4-23   显示

服务构件	能力定义
图表处理	支持以图表格式处理和提交信息。
图像制作	支持从图片或纸媒制作电影或电子影像。
多媒体制作	支持以文本、声音、动画和视频等多种形式提交信息。
法医鉴定	支持应用科学技术进行物理成分分析,以调查取证。

3.知识发现

如表4-24所示,该服务类评价从数据中识别有用信息的能力。

表4-24   知识发现

服务构件	能力定义
数据挖掘	支持从大量数据集中有效率地发现隐性的、有价值的模式与关系。
模型化	支持为了预测、模式侦测、探索或一般性数据组织等目的,描述并充分解释相关数据。
模拟	以模型模拟真实过程。

4.业务智能

如表4-25所示,该服务类评价提供关于组织的历史、现实与未来的信息的能力。

表 4-25　业务智能

服务构件	能力定义
需求预测管理	支持产品需求预测以充分满足产品或服务的销售。
平衡记分卡	支持决策的正面和负面影响的列出与分析。
决策支持与计划	支持信息分析并事先预测决策的未来影响。

4.报告

如表 4-26 所示,该服务类评价将数据组织成有用信息的能力。

表 4-26　报告

服务构件	能力定义
按需报告	支持根据需要动态报告信息。
标准化/罐装	支持预告设想或预先书写(pre-conceived and pre-written) 报告。
联机分析处理(OLAP)	支持将已归纳信息转换成多维和层次性信息的信息分析。

(六)后勤服务域

该服务域衡量支持企业计划和交易功能的一系列管理能力。

1.数据管理

如表 4-27 所示,该服务类评价对非结构化信息的使用、处理和一般性管理的能力。

表 4-27　数据管理

服务构件	能力定义
数据交换	支持多系统或多应用程序间的信息互换,包括对已接收到的原始数据的验证。
数据集市	支持组织内某一部门或职能的数据仓库子集。
数据仓库	支持大量数据的归档或存贮。
元数据管理	支持对描述数据的数据维护和管理。
数据清除	支持来自数据源的错误或无用数据的删除。
提取与转化	支持数据的操作和转换。

续表

服务构件	能力定义
下载与归档	支持外部数据源的使用。
数据恢复	支持数据集的恢复与稳定,以达到持续的理想状态。
数据分类	支持数据的分类。

2.人力资源

如表 4-28 所示,该服务类评价对人员的招聘与管理的能力。

表 4-28　人力资源

服务构件	能力定义
招聘	支持组织雇员的招聘。
简历管理	支持对人员的专业工作经验和认证的维护与管理。
职业生涯发展与保持	支持组组员工的绩效管理,以及专业成长、发展与保持。
工作时间报告	支持对员工工作时间的遵守、批准与调整的管理。
奖励管理	支持对组织雇员进步的认识。
效益管理	支持组织的补偿和效益项目的登记与参与。
退休管理	支持对退休人员的养老金支付。
行政管理	支持对组织雇员的机会分配,以及员工详尽信息的修改、补充和一般性维护。
教育培训	支持员工竞争力的形成,包括从专业发展到思想培养的一系列培训。
健康与安全	支持组织员工的安全与身体健康。
旅行管理	支持组织员工因业务需要而出国和旅行。

3.财务管理

如表 4-29 所示,该服务类评价对帐务、收入、资金和支出的处理能力。

表 4-29　财务管理

服务构件	能力定义
账务	支持组织账务的记载、整理与报告。
信用卡支付	支持信用卡使用或电子转账支付。

续表

服务构件	能力定义
费用管理	支持员工或组织支付成本的管理与报销。
工资表	支持对员工补偿的管理与决定。
支付	支持支付业务。
欠款回收	支持欠款回收工作。
收入管理	支持配置组织的净得信用或资金的再投入。
内部控制	支持组织采取措施保护其资产,报告准确的账务数据,有效率运转,并鼓励员工执行管理制度和任务要求。
审计	支持记录验证检查,保证其准确性。
活动管理	支持为某一给定目标而下达的特定的、详尽的、与财务相关的任务。
货币换算	支持不同货币汇率的账务换算。

4.资产/材料管理

如表 4-30 所示,该服务类评价对组织资产的购置、登记与跟踪能力。

表 4-30　资产/材料管理

服务构件	能力定义
财产管理	支持组织的实物资产和资源的鉴定、计划与分配。
资产分类/登记	支持可获得资产详情的登记。
资产转移、分配与维护	支持资产的转移、分派与更换。
设施管理	支持组织设施的建设、管理与维护。
计算机/自动化管理	支持服务器和个人电脑等硬件设备的鉴定、升级、分配和更新。
收入管理	支持配置组织的净得信用或资金的再投入。

5.开发与整合

如表 4-31 所示,该服务类评价硬件/软件与应用程序配置之间的整合能力。

表 4-31   开发与整合

服务构件	能力定义
遗留系统整合	支持新一代硬件/软件与原来的主流硬件/软件之间的整合。
企业应用集成	支持按共同的数据结构和标准来进行不同信息系统的重新设计。
数据整合	支持用中间件或应用集成将数据从独立数据源整合成唯一数据源,以及系统数据模型的修改,以在单一系统中获得新信息。
仪表与测试	支持对应用程序或系统容量和要求的验证。
软件开发	支持图形或过程处理应用程序或系统软件的开发。

6.人力资本/劳动力管理

如表 4-32 所示,该服务类评价对组织员工的规划与监督能力。

表 4-32   人力资本/劳动力管理

服务构件	能力定义
资源计划与分配	支持战略方向的确定、计划与过程的识别与建立,以及资源(资金与劳动力)的分配。
技能管理	支持提高员工在提供产品或服务中的专业水平。
劳动力管理	支持员工及其去向的登记。
团队/组织管理	支持组织中各部门员工的层次结构与识别。
持续劳动力管理	确定组织中的替补人选,支持组织业务运行的连续性。
劳动力优化配置	支持对组织中员工的聘用和调整。

(七)支持服务域

该服务域衡量支持独立的服务域目标和/或任务的一系列跨功能能力。

1.安全管理

如表 4-33 所示,该服务类评价保护组织的系统和信息系统的能力。

表4-33 安全管理

服务构件	能力定义
身份认证	支持出于安全目的而获得企图登录系统或应用程序者的信息,以及对用户的验证。
登录许可控制	支持登录许可管理,包括用户管理和权限管理。
密码管理	支持密码的使用和管理,包括加密和解密过程,以确保数据的保密和完整。
数字签名管理	使用和管理电子签名以支持认证和数据的完整,包括公共密钥基础设施(PKI)。
入侵防止	实施渗透检测及其他方法防止非法入侵政府信息系统。
入侵侦测	支持侦测非法入侵政府信息系统。
事故响应	对非法进入政府信息系统的安全事故提供积极响应和补救。
审计线索的搜寻与分析	支持对应用程序、系统或网络的识别与监测。
认证与认可	支持联邦信息系统的认证与认可(C&A),如同 NIST SP800-37 描述。
FISMA 管理与报告	支持对联邦信息系统安全管理法案(FISMA,2002)执行情况的管理与报告。
病毒保护	提供抗病毒服务,防止、侦测政府计算机资产的病毒感染以及感染后采取补救。

2.协作管理

如表4-34所示,该服务类评价组织中内容、日程、信息和思想的并发、同时交流与共享的能力。

表4-34 协作管理

服务构件	能力定义
Email	支持备忘录与信息的网络传播。
主题讨论	支持给定主题的评论与建议的运行日志。
文档保存	支持文件与记录在服务器中的分类保存。
共享日历	支持全团队及个人查看、补充和修改彼此的日程、会议与活动安排。
任务管理	支持对员工的详细工作与职能的分派。

3.搜索管理

如表 4-35 所示,该服务类评价从数据源中搜寻特定数据的能力。

表 4-35　搜索管理

服务构件	能力定义
咨询	支持满足具体咨询选择标准的记录恢复。
精确/重搜排序	支持排序记录的选择与恢复,以优化检索精确度,减少搜索次数。
分类	支持根据内容或文中共享特性而组织的记录的选择与恢复。
模式匹配	支持根据内容或上下文模式分析输入特点,从数据源中产生记录的恢复。

4.沟通管理

如表 4-36 所示,该服务类评价以多种格式或协议传输数据、消息和信息的能力。

表 4-36　沟通管理

服务构件	能力定义
实时/聊天	支持多用户在局域网或因特网开会的能力。
即时信息	支持多用户在局域网或因特网举行键盘会议。
语音会议	支持地理分散的用户进行语音交流。
事件/新闻管理	通过服务器、工作站和网络监视日常事件或非常事件。
网上社区管理	支持有共同利益的网上人群的管理。
电脑/电话整合	支持将服务器硬件、软件与电话设备连接成一个统一的逻辑系统。
语音交流	提供电话或其他语音交流。

5.系统管理

如表 4-37 所示,该服务类评价组织中由硬件、软件、许可和元件等构成的技术资产的管理和保存的能力。

表 4-37　系统管理

服务构件	能力定义
许可管理	支持系统软件和应用程序的购买、升级及合法使用合同的跟踪。
远程系统控制	支持应用程序和企业系统的远程监视、管理与使用。
系统资源监视	支持计算机及其应用程序的存贮、使用、磁盘空间和绩效的平衡与配置。
软件配置	支持计算机项目、应用程序和组件的传输、安装与升级。
问题跟踪	支持接收和跟踪 IT 系统用户报告的问题,包括帮助台呼叫。

6.表格管理

如表 4-38 所示,该服务类评价建立、修改和使用物理或电子文件,以收集业务周期中信息的能力。

表 4-38　表格管理

服务构件	能力定义
表格制作	支持设计、制作电子或物理表格与模板供组织及其相关者在业务周期中使用。
表格修改	支持应用程序和企业系统的远程监视、管理与使用。
系统资源监视	支持电子或物理表格、模板的维护。

第 5 节　技术参考模型

简单地说,FEA 中的技术参考模型(Technology Reference model, TRM)就是一个关注标准、规格和具体技术的框架。它给出了实现电子政务功能所需要的软硬件必须遵循的通用标准和规范。系统开发者可以依据这些标准和规范,并根据自己特定的技术开发出特定的服务构件产品或系统。TRM 包括 4 个核心的"服务域",对每个服务领域的支持就是一个"服务类别集"(参见图 4)。服务类别是用来对更底层的、与业务或技术功能有关的技术、标准和规范进行分类。每个服务类别都有一个或多个"服务标准"来支持,服务标准用来定义那些支持服务类别的标准和技术。最后一层是"服务规范"层,它详细说明了那些规范和服务标准规范的提供商。其中 4 个"服务域"包括:(1)服务访问和交付(Service Access andDelivery):指的是用来支持服务构件或能力(capabilities)的外部访问、交换、交付的标准和规范集。这个领域还包括控制和访问特定服务构件的立法和规章的要求。(2)服务平台 & 基础设施(Service Platform& Infrastructure):指的是用于支持服务构件或能力的构建、维护和实用性(availability)的交付和支持平台、基础设施能力及硬件要求。(3)构件框架(Component Framework):指的是根本的原理、技术、标准和规范。它们是服务构件依照基于构件的、分布式的、或面向服务的架构而建立、交换和部署的根本。(4)服务接口和集成(Service Interface andIntegration):指的是控制各机构和一个服务构件如何接口(包括内部的和外部的)的一些技术、方法、标准和规范的集合。这个领域同时还定义了构件与内勤(back of-fice)/遗留资产之间接口和集成的方式。TRM 并不会主动认可和提供具体的厂商的产品。而只是给出具体的技术规格和标准,或者特定的解决方案。

　　TRM 描述了标准,规范和技术,用来全面的支持安全的交付,数据交换,业务的结构和被用于基于组件的架构,或者以服务为导向的结构的应用系统组件(服务组件)。TRM 定义核心技术支持联邦政府信息技术向协同的电子政府解决方案转变。

　　TRM 由四个主要的服务领域组成的。服务领域描述了技术层,用来支持安全构造,交换和交付服务组件。每个服务领域又由细化的功能领域组成的。

　　l 服务获得和支付(service access and delivery):包括标准和规范,用来支持外部获得,交换和服务组件和能力的交付。这个域还包括对特殊服务组件的立法和法规需求。

　　l 服务平台和基础设施(service platform and infrastructure):包括交付和支撑平台,基础设施性能和需求硬件,用来支持服务组件或性能的构造,维护和有效性。

　　l 组件架构(component framework):包括基础设施,技术,标准和规范,作为通过基于组件的,分布式的,或者服务为导向的结构的服务组件的建立,交换和展开的基础。

l 服务界面和整合(service interface and integration):包括技术,方法,标准和规范,管理各政府部门间如何根据服务组件来分界。这个域还定义了组件的分界和与后台办公室/前期资产的整合的方法

服务域包括几个服务类,服务类再细分为服务标准,服务标准被详细说明。

一、TRM 概览

(一)定义

TRM 是由组件驱动的技术框架,用来识别可以支持服务组件和服务能力的交付的标准,详细说明和相关技术。

目的:TRM 列出技术元素,用来全面的支持基于组件的架构。模型提供通过规范作为跨政府部门间技术和服务组件的再利用的基础。以 TRM 这个通用,标准化的词典来校准政府部门的投资,完成政府部门内和政府部门间的发现,合作和互用。政府部门和联邦政府将通过识别再利用来支持业务功能,任务和目标框架的最佳解决方案和技术来获得可度量的经济利益。

(二)目的

l 建立一个覆盖整个政府的参考模型,统一 TRM 和现有的电子政务指南

l 关注包括互联网及相关使用方法的技术标准,详细说明和建议

l 关注服务组件和界面的构建和安全交付。

l 确定以组件为基础的架构的层次,及支持架构的技术和相关建议。

(三)重要概念和定义

1.技术——关于有详细说明的标准的实施。如:PL/SQL 是 Oracle 规范的 SQL 标准的实施;ISQL/W 是微软规范的 SQL 标准的实施;ODBC 是属于微软规范的数据获得标准的实施、JDBC 是属于 sun 规范的数据获得标准的实施。所有的都是开放标准的,每个开发商都有基于该标准的他们自己的可实施的产品。

2.遗产(legacy)——根据以前的技术产生的软件和硬件。从软件角度来

看,TRM 中的遗产是指不能连接互联网的并不基于组件的技术。

3.组件(component)——一个预先确定功能的独立的业务进程或服务。这种功能性是由业务或者技术界面而划分的。

4.基于组件的架构(component based architecture,CBA)——包括运行服务和控制结构以及应用基础设施的一个技术架构。CBA 包括组件模型以及围绕模型建立的服务架构。如图 4 所示,基于 CBA 的解决方案比传统的单一解决方案更动态,更有柔性和可持续。

5.服务域(service area)——是一个技术类用来支持安全架构,交换和业务和服务组件的交付。每个服务域以联邦政府中的基于组件的架构的需求来聚合成功能域。

6.服务类(service category)——是服务领域的一个子分类,按照他们提供的业务和技术功能划分为低层次的技术,标准和规范。

7.标准——被广泛接受和采用的,或被标准组织认同的硬件,软件或规范。主要分为以下:

Programming Language Standards 程序语言标准;

Character Code Standards 字符编码标准;

Hardware Interface Standards 硬件接口标准;

Storage Media Standards 储存媒介标准;

Operating System Standards 开放系统标准;

Communication and Networking Standards 通信和网络标准;

Machine Language Standards 机器语言标准;

File System Management Standards 文件管理系统标准;

Database Management System Standards 数据库管理系统标准;

Text Systems Standards 文本系统标准;

Graphic Systems Standards 图形系统标准;

Internet Standards 网络标准。

8. 规格(specification)——应用开发模型的正式的设计,用来开发基于组件的分布式架构。开发基于规范的组件,通过以标准,模型化的组件和提供这些组件一整套的服务为基础使实体应用简单化。在 TRM 中提出了倡议网上可得的基于组件的分布式架构的概念的 2 个规范:Microsoft. NET and Sun

Micro systems J2E。

（四）TRM 的发展

在 TRM 的发展中,FEA 项目管理委员会利用了如联邦实体框架等已有的联邦实体的成果来指导设计广泛的政府模型。FEA 项目管理委员会对工业和政府标准、规范和技术进行了广泛的调研,来进一步精练和加强这个模型。

这些信息包含在工业、政府应用提供的服务、能力和技术的全面的文档中。FEA 管理委员会使用这些信息来对标注、规范和技术来进行规范和分类,以支持业务和服务组件和能力。一旦一组服务域、服务描述和服务类和规范被开发出来,就对模型和其内容的每一层给出定义。

TRM 的持续修订将包括在新增的政府架构中进行因子分解,如国防部的 C4ISR 架构和它们的核心架构数据模型。

TRM1.0 版被 FEA 管理项目管理委员会和 SAWG 评估、确认和修订,寻求反馈意见在 2003 年 1 月 29 日发布给政府部门。从 2003 年 3 月 31 日,政府部门对 TRM 的注释被收集和编译。FEA 项目管理委员会分析这些反馈来改进模型。委员会对这些注释的回应将被发布为注释回应文档,还将被 CIO 们使用。

一次通过被执行在对照 TRM 到政府部门的主要 IT 需求中,像 24 个总统优先权的电子政务对照为 TRM。(A first pass was performed at aligning the TRM to the Agencies' major IT initiatives, as well as the 24 Presidential Priority E-Gov initiatives to the TRM.)这种对照通过 FEAMS 变的有效,在该文档的第 4 部分将进一步论述。

TRM 并不想提供特定的买方产品。特定产品被列出的地方,是因为他们是联邦 CIO 委员会的认可产品,而且他们像 TRM 中的技术标准和规范一样,特属于开发网络的解决方案。例如,你可以看到 Microsoft.NET,因为他是包含在联邦 CIO 委员会的认可产品,而且被用来开发网页和网络服务/基于组件的解决方案。你不会看到如 FORTRAN 或 COBOL 的技术,因为程序语言首先是为了开发计算和服务器/客户机系统,而不是基于网络的电子政务解决方案。

二、TRM 的具体内容①

(一)总览

TRM 被描述为标准,规范和技术来共同支持安全交付,交换和业务结构和应用组件(服务组件)来在基于成分或者服务导向的结构中起作用。TRM 定义核心技术来支持联邦政府 IT 事务,面向可共同作用的电子政务解决方案,包括以下域的内容:

1.服务获得和交付:获得渠道;交付渠道;服务需求;服务递送。

2.一系列的标准和规范,支持服务组件的外部获得,交换和递交。该域还包括立法和调整需求来管理获得和使用特定服务组件。

3.服务平台和结构:支撑平台;交付服务;软件工程;数据库/存储;硬件/架构。

4.包括服务交付和支撑平台、硬件要求,来支持服务组件的结构、维护和有效性。

5.组件框架:安全;表达/界面;业务逻辑;数据交换;数据管理。

6.一些根本的技术、规范和详细说明,通过他们服务组件才能建立、交换和发展为基于组件的,分布式的,以服务为导向的架构。

7.服务界面和结构:整合;协同互用;界面。

8.一系列的技术、规范和详细说明,管理各政府部门如何划分服务组件。定义通过什么方法可以将组件和后台已有资产分界和整合。

如图 4-9 所示,以每个服务域和其支撑的服务类组成的结构,可以用外域网,中间区和包括后台办公和可继承资产在内的内域网之间的典型的网络拓扑结构来描述。

(二)服务获得和交付

该域包括获得和交付渠道,备用于调节服务组件,还包括立法的需求,来管理组件的使用和交互。

1.获得服务的方式:即定义用户和应用程序之间的界面。

---

① 本书以 TRM1.1 版为例介绍。

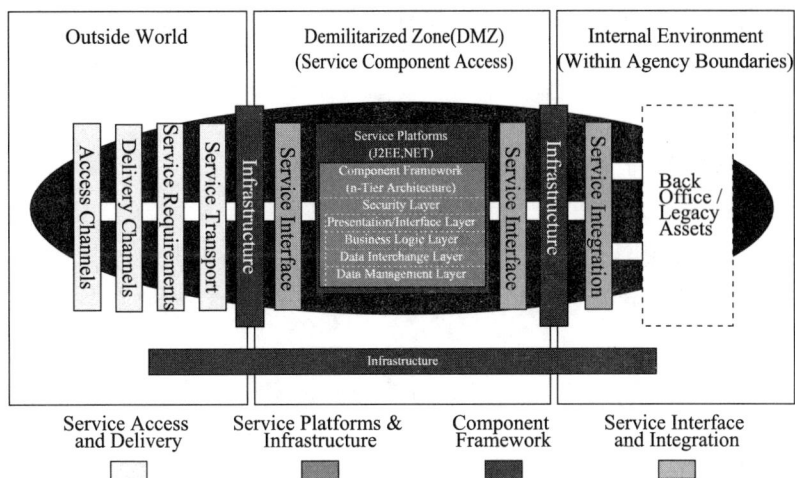

图 4-9　TRM

☞ Web 浏览器：

◇ *Internet Explorer*

◇ *Netscape Communicator*

☞ 无线/PDA

◇ *Palm Operating System*

◇ *Blackberry*

◇ *Pocket PC Phone Edition*

◇ *Pocket PC 2000*

◇ *Symbian Epoc*

☞ 通讯：消息、文档和其他信息的电子交换方式。

◇ *E-mail*

◇ *Fax*

◇ *Kiosk*

☞ 其他电子渠道：其他信息交换的媒介，以及用户和应用系统间的界面。

◇ *System to System*：包括至少 2 台计算机在内，可以互相交换数据或者不受人为影响的相互作用。

◇ *Web Service*

◇ URL

2.交付方式:即基于不同类型的网络所获得应用的水平。

☞ *Inter* 网:

☞ 内域网:

☞ 外域网:

☞ *P2P*:

☞ 虚拟专用网:

3.服务需求:定义包括立法,执行,主机在内的服务和应用的相关必要方面。

☞ 立法/一致性:定义一个应用系统通过国会或政府实体授权的先决条件。

◇ 508 段:要求联邦政府部门的电子和信息技术可以使包括雇员和大众在内的所有的残疾人获得服务

◇ 网络内容的可获得性:关于软硬件的规定来帮助身体和视力上有残疾的人

◇ 安全性:方针和程序保护数据不受非法侵入,使用。

◇ 隐私—私人偏好的平台:一种规定用户的网络浏览器自动理解网络站点的私人行动。私人政策将被写入站点的代码中。浏览器将读取这些政策,然后将根据用户的首选项设置自动提供一定的信息给特殊的点。例如,如果这个站点是商业站点,浏览器会自动提供 *shipping* 信息。如果站点需要人口统计的信息,浏览器将会知道提供匿名信息。*p3p* 规范由 *the W3C P3P Syntax*,*Harmonization*, *and Protocol Working Groups* 开发。*p3p* 基于 *w3c* 规范,该规范包括 *http*,*xml* 和 *rdf*。隐私是一种政策处理个人决定其个人信息被谁共享,用作何目的。

◇ 隐私—自由联盟:联盟是为了交付和支持联邦网络的一致性解决方案使客户和商业用户单次注册。联邦网络单一性模型使每个实体和用户可以管理他们的数据,确保临界的个人信息通过合适的政府部门被管理和传送,而不是一个中心权威。隐私是种政策来处理

☞ 鉴定/单点登陆:一种方法,让给用户通过一次注册,得到认证后可以得到所有他的提案和资源。

☞ *Hosting* 主机:指服务提供者,他可以提供网络站点及其应用。通常约

束于服务水平协议。主机通过网络支持、能源后备、容错、负载均衡、存储备份等来维护其服务器。

◇ *Internal*：有政府部门的网站应用的主机。政府部门负责维网站应用的维护、支持和有效。

◇ *Extranet*：*ISP*；*AS.*

4.服务递送：管理包括收发协议在内的端到端的通讯会话。

☞ 网络支持服务：包括一些协议，定义在通信中交换的或者从文件目录（*directory*）中获得的数据信息的格式和结构。

◇ *IMAP/POP3*：网络消息获取协议（服务器上的邮件处理协议）/邮局办公室协议（从邮件主机获得电邮）；

◇ *MIME*：扩充使非美国代码标准的信息的交换；

◇ *SMTP*：单邮件传输协议；

◇ *ESMTP*：扩展单邮件传输协议；

◇ *T.120*：一种国际电信标准；

◇ *H.323*；

◇ *SNMP*；

◇ *LDAP*；

◇ *DHCP*；

◇ *DNS*；

◇ *BGP*；

◇ *X.400*

☞ 服务传输：包括一些协议，定以在通信交换中或者从目录中获得的数据信息的格式和结构的协议。

◇ *TCP*：传输功能，保证总字节完整无误的到达目的地。

◇ *IP*

◇ *HTTPS*：超文本传输协议安全：获得安全的网络服务

◇ *WAP*：无线应用协议

◇ *FTP*

◇ *IPSEC*：*IP* 的安全性

（三）服务平台和基础架构：

服务平台和基础架构域定义使基于组件的架构和服务组件再利用的平台、硬件和基础架构的详细说明。

1.支撑平台：支撑平台是一些软硬件架构体系。

☞ 无线/移动

◇ Java 2 Platform，Micro Edition（J2ME）

☞ 平台独立性：系统和程序语言可以在任何操作系统和平台上运用。

◇ *J2EE*；

◇ *Linux*

☞ 平台依赖性：系统和程序语言可以在专门的平台和操作系统上运用。

◇ *Windows*2000；

◇ *Window.Net*

2.交付服务：提供信息给应用请求的前端平台。包括硬件、操作系统、服务软件、网络协议。

☞ 网络服务器：一种服务器,用于在因特网上提供万维网服务。包括硬件、操作系统、网络服务器软件、*TCP/IP* 协议和网站内容（网页）。如果网络服务是用于内部而不是公众发布的,我们称之为实体内联网服务器。

◇ *Apache*；

◇ *IIS*

☞ 媒体服务器：为如音频视频流和数字图像的基于媒体的文件提供最优的管理。

◇ *Real Radio*；

◇ *Windows Media Server*

☞ 应用服务器：在 3 层架构中,应用服务器执行业务逻辑。而有些部分由用户机器完成。在 90 年代网络爆炸以来,应用服务器大多变为基于网络的。

☞ 入口服务器：关注的是交互的关键点,提供单源合作信息。

3.软件工程：不仅包括开发软件系统过程中的技术问题,还包括如建模、测试和译本等的管理问题。

☞ *IDE*：集成开发环境。由硬件软件和支持服务组成,促进软件系统的开发。

　　◇ *WebSphere Studio*

　　◇ *Visual Studio.Net*

　　☞ 软件配置管理:适用于软件开发从设计到交付的各个方面,特别注重软件开发过程中产生的所有产品和人为产出。市场上有几种综合了 *SCM* 的解决方案。

　　√ 版本管理 *Version Management*:跟踪和控制文件的版本。包括标签、分支、合并、文件版本比对、版本控制项目中的安全和许可证管理。

　　√ 缺陷跟踪 Defect Tracking:对应用、产品和解决方案中发现的缺陷的鉴别和管理。缺陷跟踪工具提供缺陷数据探索来识别关键的相关缺陷。应该建立这种架构来促进软件补丁的推行。

　　√ 问题管理 Issue Management:关于业务、技术和在整个产品生命周期的架构问题的管理。

　　√ 作业管理 Task Management:需求、测试和问题分配被转变为有先后次序的任务。作业管理工具提供自动化特点来管理、交付、分配、提醒和协作作业管理和执行。

　　√ 变化管理 Change Management:管理跨软件开发生命周期的应用编码和文本的改变。

　　√ 部署管理 Deployment Management:关于软件交付到远端网络桌面、服务器和移动装置的能力。部署自动工具提供集中的和加速的应用交付,通过推进技术,而不需要安装配置手册。

　　√ 需求管理和可描绘性 Requirements Management and Traceability:由信息发现、捕捉、储存和分发组成。需求管理通过文档、测量、分析与项目需求的背离来减少软件开发的成本和相关的风险。可描绘性指跟踪需求到来源,跟踪需求中的改变到分析的改变。需求可描绘性在软件执行和文档连续性中是个完整部分。

　　☞ 测试管理:所有测试活动和结果的合并。包括测试计划、设计(测试方案)、执行、报告、编码覆盖、试探和控制开发。

　　√ 功能性测试 Functional Testing:关注所有的需求是否被直接描绘为使用案例(或者业务逻辑)、业务规则和设计。

✓ 业务周期测试 Business Cycle Testing：在一个生命周期中的活动的仿真。

✓ 可用性测试 Usability Testing（508 Testing）：指一种测试，确保应用导航、功能和图像用户界面使用户有效和高效的按照其满意的方式工作。

✓ Performance Profiling：性能测试来测量和评估响应时间和事务处理速率。

✓ 负载/压力/容积测试：Load/Stress/Volume Testing：测量和评估系统在变化的工作量、大数量数据和资源利用下的绩效和功能如何。

✓ 安全和获取控制测试 Security and Access Control Testing：关于技术、管理和物理的安全控制。这些已经被设计到系统架构中来提供机密性、完整性和有效性。

✓ 可靠性测试 Reliability Testing：确认 *failover* 被正确调用，系统被正确恢复。

✓ 配置测试 Configuration Testing：确保应用系统可以操作所有规定的软硬件变化。

✓ 安装测试 Installation Testing：确认软件在不同环境下和变化的条件下安装过程的正确性。

☞ 建模：定义实体、数据、业务逻辑和增加的性能。

✓ 统一建模语言 Unified Modeling Language（UML）：一个一般目的的符号语言，用于帮助详细说明和形象化的复杂软件，特别是大型的面向对象的项目。

✓ 案例管理 Case Management：计算机辅助软件工程（*CASE*），提供项目小组的开发环境。*CASE* 提供自动操作，管理和简化开发程序。

4.数据库：一些程序集，可以从数据库中储存、提取、修正信息，以及各种存储大容量数据的技术和装置。

☞ 数据库：

◇ Database 2（DB2）

◇ SQL Server

◇ Sybase

☞ 储存:设计可以通过网络使用的共享数据库。这些装置提供扩展的存储能力到网络上,与传统的文件服务器相比节省了成本。

◇ Network-Attached Storage (NAS):专用与文件共享

◇ Storage Area Network (SAN):存储装置的高速子网。是一种只有由一个或几个硬盘组成的机器。

5.硬件:在实体内和实体间提供计算和联网的物理装置、工具和标准。

☞ 服务器/计算机

◇ 实体服务器

◇ 主机

☞ 内部装置

◇ 内存

◇ 硬盘

◇ 微处理器

◇ 磁盘阵列

☞ 外设

◇ 打印机

◇ 扫描仪

☞ 广域网

◇ *Frame Relay*

◇ *Asynchronous Transfer Mode (ATM)*

☞ 局域网

◇ *Ethernet*

◇ *Token Ring*

◇ *Virtual LAN (VLAN)*

☞ 网络装置/标准

◇ *Hub*

◇ *Switch*

◇ *Router*

◇ *Network Interface Card (NIC)*

◇ *Transceivers*

◇ *Gateway*

◇ *Integrated Services Digital Network*（*ISDN*）

◇ *T1/T3*

◇ *Digital Subscriber Line*（*DSL*）

◇ *Firewall*

☞ 视频会议

◇ *Bridge*：连接会议点之间的桥路

◇ *CODEC* 多媒体数字信号编解码器

◇ *Receiver*

（四）组件架构（Component Framework）

组件框架定义服务组件的建立,整合和在基于组件和分布式的架构中展开所需要的基础设施和技术要素。组件架构包括应用系统软件的设计,这种设计为了与其他程序的交互和进一步的灵活性和可扩展性整合了界面。这还包括在运行中互操作性的设计,但并不局限于此。组件可大可小,可以由不同的开发环境下的不同程序编写。组件可能是独立平台下的。组件可以被执行于特定机器上和在局域网上,或者在因特网上。

1.安全:安全是指用来保护信息和信息系统不遭非法进入,使用,泄密,破坏,修改和毁坏,提供完整的,可信的和有效的信息。生物测定学（*Biometrics*）、2 因素鉴别、加密和基于 *NIST FIPS*-140 的技术是核心域的展开。

☞ 证书/数字签名:软件是由认证中心发布数字签证,确保信息的安全获得。公钥基础架构的基础是对信息交换各方的身份验证和鉴定。

◇ 数字证书鉴定（*digital certificate authentication*）:对用户身份鉴定来控制对网络和互联网的资源获取。是一种电子文档和电子证书,用来在网络上证明公钥所有者的身份。

◇ *FIP* 186:数字签名标准（*DSS*）详细说明了数字签名的运算法则（*DSA*）要求数字的而不是手写的签名。*DSA* 鉴别数字签名的完整性和签名人身份的一致性。*DSA* 同样用来证明签名器提供的数据。附加参考: *Draft ANSI X9. 30-199x Part 1 and ISO/IEC JTC1/SC27/WG2, Project 1. 27. 08 Digital Signature with Appendix.*

◇ 安全嵌套层 *SSL*(*secure sockets layer*):是一个开放的,公开的协议,确保在网络中进行安全的数字通讯。处于连接协议(*TCP/IP*,*UDP*)和应用协议(*HTTP*,*Telnet*,*FTP*,*and NNTP*)之间,为 *TCP/IP* 连接提供服务认证,信息完整性,数据加密和针对 *TCP/IP* 的可选择的客户端协议。

☞ 支持安全服务:用于论证和数字签名的其他一些协议。

◇ *S/MIME*(*secure multipurpose internet mail extensions*):提供安全可靠的通道来收发 *MIME*。*S/MIME* 并不仅仅局限于邮件,还可用于任何传输 *MIME* 信息的传输机制,如 *HTTP*。

◇ *TLS*(*transport layer security*,传输层安全):*SSL* 的下一代。*TLS* 在互联网上提供通讯隐私,他允许 *C/S* 应用以一种防窃听,篡改,数据丢失的方式来通讯。

◇ *WS-Security*(*web services security*):对 *soap* 的改进,提供信息的完整性,机密性和单通道信息鉴定。这种机制可以适应多种安全模式和编码技术,包括 *X*.509,*Kerberos*,*and SAML*。

◇ *SAML*(*security assertion markup language*):一个基于 *XML* 的架构

◇ *SKIP*(*simple key management protocol*)

◇ *SSH*(*secure shell*):进行客户端认证的很好的方法。因为它支持认证,压缩,保密和整合,所以 *SSH* 在互联网上使用频繁。*SSH* 有两个重要组成部分,*RSA* 证书交换和 *DES*。

2.信息展示/界面(*Presentation / Interface*):连接用户和软件,指的是信息在屏幕上的物理展示。

☞ 静态展示:软件协议中就规定了使用预先设定的不更改的用户和软件间的图形界面。

◇ *HTML*:超文本链接标示语言,标准通用标注语言的子集,用来制作 *web* 文本。

☞ 动态展示:使用软件来开发动态的界面,当程序运行时界面可以更改。

◇ *JSP*(*Java server pages*):*Sun J2EE* 架构的一部分,提供模板来制作动态的 *web* 内容。*JSP* 是包含标准的 *html* 标签,*Jsp* 标签,*java* 编码的文本文件。

◇ *ASP*(*active server pages*)

◇ *ASP.NET*:*Microsoft.NET* 框架中的一套技术,用来建立 *web* 应用和 *XML*

web 服务。*ASP.NET* 在服务器端执行,产生如 *HTML*、*WML* 和 *XML* 的结果发布到桌面端或者移动浏览器端。

☞ 内容展示(*content rendering*):转变数据到图形界面的软件和协议。

◇ *DHTML*(*dynamic HTML*)包括:新型的 *html* 标签,选项,类型和设计,可以使 *Web* 页更动态和对用户的交互做出更好的响应。

◇ *XHTML*(*Extensible HTML*):*W3C* 认可的新一代 *HTML*。

◇ *CSS*(*cascading style sheets*):由万维网联盟发布的 *HTML* 文档的类型版式。

☞ 无线/移动/声音(*wireless/mobile/voice*):无线和声控的展示装置的软件和协议。

◇ *WML*(*wireless markup language*):基于 *XML* 协议的无线装置。

◇ *XHTMLMP*(*XHTML mobile profile*)

◇ *VXML*(*voice XML*)

3.业务逻辑(*business logic*):定义在应用软件中业务规则被强制实施为软件、协议和方法。

☞ 应用平台独立:由可以在任何操作系统和平台上运行的软件语言组成。

◇ *EJB*(*enterprise JAVA beans*):J2EE 平台下的软件部分,提供纯 *java* 环境来开发分布式应用。

◇ *C*;*C++*

◇ *JavaScript*

◇ *Java Servlet*(*JSR* 53):提供可再利用的 *web* 组件,可以被合成到入口中去。

◇ *Java Portlet API*(*JSR* 168):

◇ *WSRP*(*Web Services for Remote Portals*)

☞ 应用平台不独立(*platform dependent*):在特定的操作系统或平台进行开发和运行的程序语言。

◇ *VB*

◇ *VB.Net*

◇ *C#*

◇ *VB Script*

4.数据交换:在不同的软件应用间进行数据转移和描述的方法。

☞ 数据交换:在通讯网络中进行数据的传递以及在不同应用间的数据通讯。数据交换在不同系统间提供通信公分母(*common denominator*)。

◇ *XMI*:在分布式环境下的元数据储存和建模工具间进行元数据的交换。*XMI* 整合了三个关键的行业标准:*XML*,*UML* 和 *MOF*。三种标准的整合利用了 *OMG* 和 *W3C* 元数据和建模技术,允许分布式系统的开发商通过网络共享目标模型和其他元数据。

◇ *XQuery*:用于对 *XML* 数据进行处理和评估。

◇ *SOAP*(*simple object access protocol*)简单目标获得协议:为 *xml* 网络提供基于远程命令的 *http/xml*

◇ *ebXML*(*electronic business using XML*):一套规范组件,帮助实体在互联网上进行业务处理,如交换商业信息,指导贸易联系,谈判中的通信信息,定义和储存业务进程。

◇ *RDF*(*resource description framework*)

◇ *WSUI*(*web services user interface*)

5.数据管理:组织中所有数据和信息的管理。包括数据管理,定义数据标准,人们获取和使用数据的方法。

☞ 数据库的连通性(*database connectivity*):应用系统连接数据库和数据仓库的方法。

◇ *JDBC*(*JAVA Database Connectivity*)*java* 数据库连通性:从 *java* 程序语言中获取表列数据资源。它提供跨数据库管理系统的连通广泛的 *sql* 数据库和其他表列数据资源。

◇ *ODBC*(*Open Database Connectivity*)开放数据库连通性:微软的数据库设计界面,提供在网络上从微软应用程序中获得数据库的通用语言。由写入应用的功能调用程序组成。

◇ *ADO*(*Active Data Objects*)为微软数据库标准设计的程序界面。首先用于网络信息服务器,*ADO* 是提供对象链接和嵌入数据库的。*Com* 对象集。

◇ *ADO.Net*

◇ *OLE/DB*(*Object Linking and Embedding/Database*)

◇ *DAO*（*Data Access Objects*）

◇ *DB2 Connector*：连接 *DB2* 的 *IBM* 连通性 *API*

☞ 报告和分析：工具，语言和协议，用来从数据仓库中抽取数据，并将变为有用的信息。

◇ *XBRL*（*extensible Business Reporting Language*）扩展业务报告语言：使用基于 *xml* 的数据标签的规范，用来描述对公众和私人公司的财政报告。

◇ *JOLAP*（*JAVA Online analytical Processing*）

◇ *OLAP*（*Online Analytical Processing*）联机处理程序：决策支持软件，帮助用户快速分析信息获得多维视图和层次的概括。

◇ *XML for Analysis*：用 *soap* 使基于网络浏览的程序获得后台数据资源帮助数据分析。该规范允许公司来建立 *olap* 和用于网络的数据挖掘应用。

（五）服务界面和整合

该域定义发现，交互作用和通信技术连接完全不同的系统和信息提供者。基于组件的架构调节和合并服务界面，用综合的规范来提供协调工作能力和可度量性。

1.整合：定义使分布式业务应用系统的元件能协同工作的软件服务。这些元件可以在完全不同的计算环境下共享功能，内容和通信。特别的，服务综合提供一整套服务体系，如支撑平台和服务位置透明度，交易管理，二点间基本讯息，有保障的信息递送。

☞ 中间件：通过连接或粘合 2 个分离的应用来提高现有基础设施的灵活性、互操作性和便捷性。

◇ *RPC*：远程程序访问，允许客户端程序调用服务器端程序的协议。

◇ *Message-Oriented Middleware*（*MOM*）：*IBM Websphere MQ*

◇ *Message-Oriented Middleware*（*MOM*）：*Microsoft Message Queue*（*MSMQ*）

◇ *Database Access*：*PL/SQL*

◇ *Database Access*：*ISQL/w*

◇ *Database Access*：*OPEN ANSI SQL/92*）

◇ *Database Access*：*NET8 - NET8*（*called SQL* * *NET prior to Oracle*8）

◇ *Transaction Processing Monitor*

◇ *Object Request Broker*（*ORB*）：*Common Object Request Broker Architecture*（*CORBA*）

◇ *Object Request Broker*（*ORB*）：*Component Object Model*（*COM*）

◇ *Object Request Broker*（*ORB*）：*Distributed Component Object Model*（*DCOM*）

◇ *Object Request Broker*（*ORB*）：*Component Object Model* +（*COM+*）

☞ 业务应用整合：在实体内更新和巩固应用和数据的专业化处理工具和程序。*EAI* 关注于调节现有系统和数据资源，这样实体可以增加和移植新兴技术到现有系统中。

◇ *Business Process Management*：在实体中或实体间，对跨应用的流程进行定义和管理。

◇ *Application Connectivity*

◇ *Transformation and Formatting*：负责数据、消息内容、信息结构的转换，以及在多系统和数据来源源之间的不同数据的协同。

2.互用性：定义从不同系统和产品间发现和共享数据和服务的基本能力。

☞ 数据格式/分类：定义文件的结构。存在数以百计的格式，每个应用有其不同的变化（数据库，文字处理，图形，执行程序等）。每一个格式定义其自己的数据设计。以文本存在的文件格式是最简单的。

◇ *eXtensible Markup Language*（*XML*）

◇ *XML Linking Language*（*XLINK*）

◇ *Namespaces*

◇ *Electronic Data Interchange*（*EDI*）

☞ 数据类型/确认：定义和确认公共结构和处理规则，要求从内容文档和资源数据中抽取。

◇ *Document Type Definition*（*DTD*）：用于限定和维护 *xml*，*html* 和 *sgml* 文档的一致性。*DTD* 对使用的文档和规则中所有的标签和属性进行定义。被 *DTD* 认可的对文档的更改被认为是有效的。

◇ *XML Schema*

☞ 数据转换：由协议和语言组成，会在图形用户界面或应用中改变数据描述。

◇ *eXtensible Stylesheet Language Transform*（*XSLT*）

3.界面:界面定义通过公共对话进行通信、传输和交换信息的能力。递送渠道提供信息到达目的地,而界面则允许在预定框架下发生信息交互。

☞ 服务发现:定义应用、系统和网络服务被注册和发现的方式。

◇ *UDDI*:通用描述发现和整合:提供可查的 *xml* 网络服务注册和相关的 *URL* 和 *WSDL* 页。

☞ 服务描述/界面:定义 *web* 服务和应用的发布方式。

◇ *Web Services Description Language*（*WSDL*）

◇ *Application Program Interface*（*API*）/ *Protocol*

三、TRM 的使用和维护

FEA 和 *TRM* 是为了帮助联邦机构最大化 *IT* 技术投资的复用性。*TRM* 提供基础来识别目标技术框架,而且应该被映射到基础框架的应用中。应该发展移植策略来描述完成基于组件的目标架构的方法。在发布这些信息以及与 *SRM* 结合之上,政府部门发现可使用的能力和技术结构。认识和利用现有的投资是 *FEA* 的关键利益和驱动力。图 4-10 用一个使用 *TRM* 在连接 *FEA* 中其他参考模型的例子来从高层次进行了解释。

排列和关联 *TRM* 到政府部门 *Agency* 企业架构是在联邦政府中执行 *FEA* 模型的下一步。把 *TRM* 和 *SRM* 分层排列到政府部门技术、业务(进程和活动)和应用架构,可按照在 *TRM* 和 *SRM* 中的服务规范和服务组件进行公共定义并说明其目标,对政府部门的 *IT* 投资、资产和架构进行分类。

作为联邦政府部门的基础,*TRM* 由包括政府部门整个架构(内网、外网和它们之间的连接)的技术组件组成。这些组件用于网络和应用拓扑中。图 13 用前面的图形解释了一个政府部门在哪些地方会使用 *TRM* 服务类组件。

图 4-11 表明了各组件在一个政府部门内的典型配置,它仅仅是一个例子,不具有代表性。一些技术标准存在于构成企业架构的物理网络的不止一个部分中。政府部门的 *TRM* 应该能够明确识别其内部使用的技术和产品,以及它们的物理和逻辑配置。

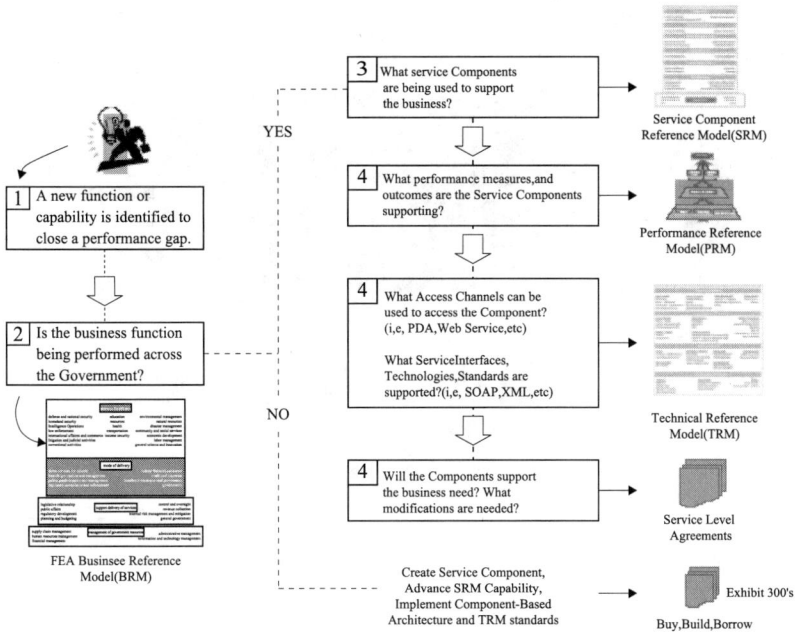

图 4-10　TRM 应用举例

为了阐明上述概念的作用,下面举一个 *USPTO*(美国专利商标部)的例子。为了更好地与其基准和目标体系保持一致,他们重构了其政府部门的 *TRM*(*USPTO TRM version* 7)。不仅如此,他们为了技术的持续、容忍(*contain*)和淘汰(标准生命周期管理的一部分)还尽可能的采用技术回顾,以形成一个以组件为基础的结构体系。

USPTO 指出他们与 *FEA* 一致的 *TRM* 的实施有三个显著的优势:

◆通过鉴别标准和产品降低了基础构造的复杂性

◆提高了技术创新的杠杆作用

◆增加了信息存取的通道

图 4-12 表明了 *USPTO* 是怎样把他们的技术和 *TRM* 结合起来的。

联邦政府能够通过他们在满足商业和性能要求基础上根据现有的能力和技术建立的模型从 *USPTO*(或者其他政府部门)收集的信息和使用的成果中受益。当政府部门开始收集技术组件,决定合适的结构以弥补性能缺陷的时候,其技术模型就开始形成了。这些模型,映射到 *SRM* 服务组件和达到的性

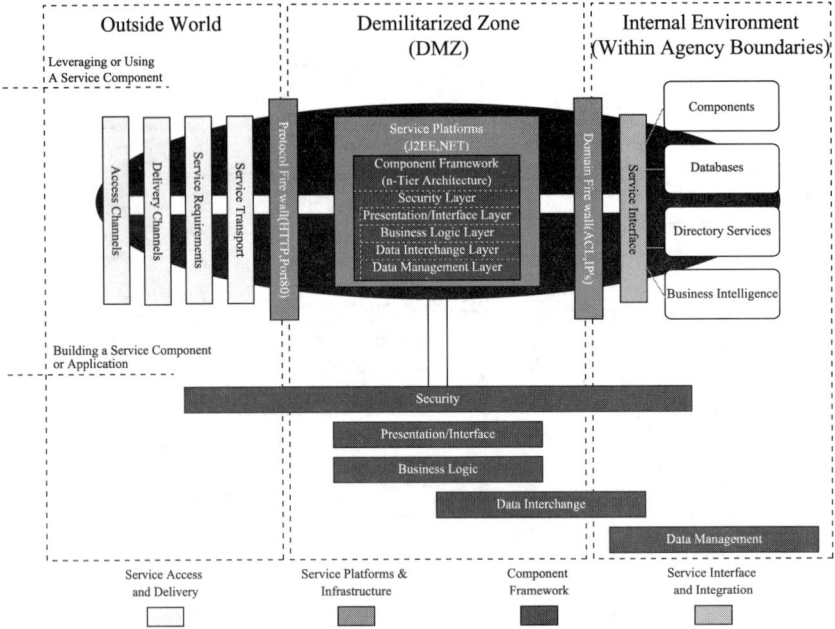

图 4-11　TRM 在政府部门的典型配置举例

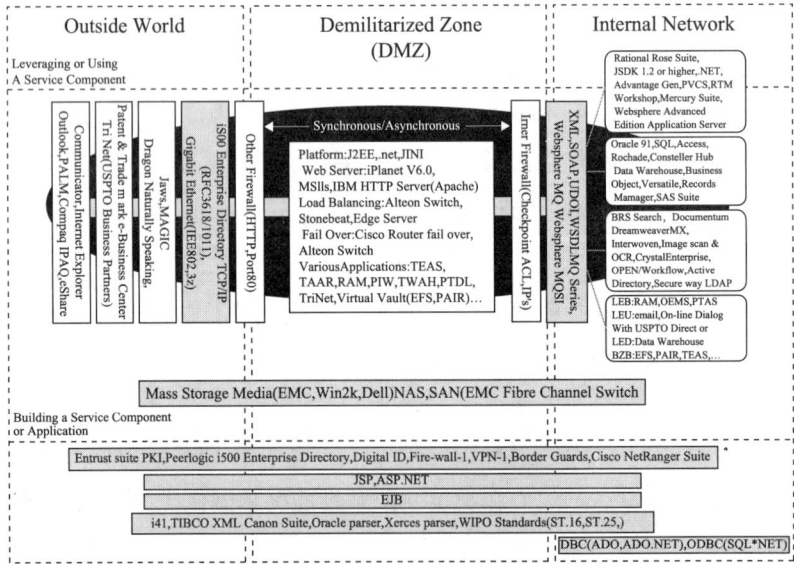

图 4-12　USPTO 与 TRM

能目标(来自 *PRM*),也将会表明他们成功的特定环境。政府部门在建立他们的体系时能够很好地利用别人已获得的成功。

第 6 节　数据参考模型

FEA 的两大主要目标是信息共享和改善联邦政府 *IT* 投资的有效性。实现这些目标需要在联邦政府之间识别和使用通用数据的能力。数据参考模型(*DRM*)的首要目的是在联邦政府之间推进数据/信息的通用识别、使用和适当的共享。为达到该目的,*DRM* 描述了三个基本标准化领域:数据分类、数据交换和数据结构。

信息共享可以通过数据的通用分类和结构实现。通过了解数据的业务背景,*DRM* 用户能更精确地表达其所需数据的内容和目的。这种改善了的对数据内容和目的的表达将提高在联邦政府间共享信息的能力。图 4 说明了 *DRM* 的基本领域。

一、DRM 概览

DRM 通过利用通用数据的分类和结构来达到信息共享。它的一个主要特点就是将"数据分类"与业务参考模型(*BRM*)联系起来,利用"业务关联(*business context*)"的概念来识别数据存在的业务环境,如来源、含义等。而"数据结构"则是采用了 *ISO/IEC* 11179 标准,利用"数据元素(*data element*)"来描述特定业务内的数据信息。"数据交换"是运用"信息交换包(*Information exchange package*)"将业务关联和数据元素集成到一起从而形成一个通用的事务处理,并在不同用户之间进行交换和传递(如图4-13 所示)。

数据分类:*DRM* 通过使用业务背景概念建立数据分类的方式。业务背景描述一般数据的业务目标。业务背景使用 *FEA* 业务参考模型(*BRM*)作为分类方法。

数据交换:数据交换通过 *DRM* 的标准信息结构实现,称为信息交换包(*Information Exchange Package*)。信息交换包描述从某一工作单元到另一个

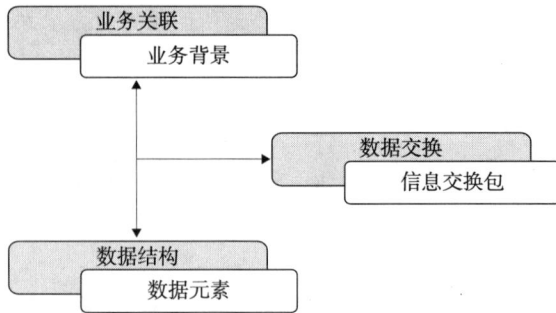

图 4-13　DRM

工作单元需要的或产生的实际数据集。信息交换包使用了 *DRM* 数据分类和数据结构两种能力。

数据结构：为了提供一种符合逻辑的数据结构方式，*DRM* 使用了数据元素的概念。数据元素描述特定事物的信息，它可以用多种格式表示。数据元素与业务背景相联系，以便机构的数据用户了解数据目标和背景。数据元素根据 *ISO/IEC* 11179 标准编写。

图 4-14 说明了 *DRM* 的集成方式。

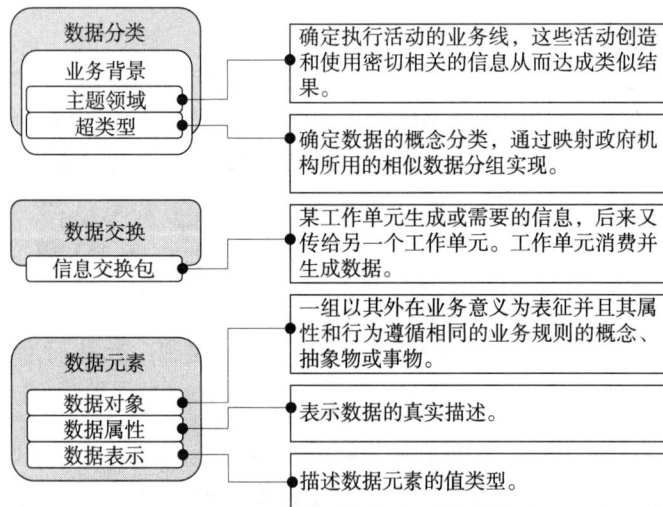

图 4-14　DRM 的集成方式

数据分类

DRM 描述的是数据分类的通用方式。为了用通用方式对数据进行分类，*DRM* 构建了业务背景。业务背景表示给定数据集的业务应用，同时，利用主题领域和超类型可以进一步描述给定数据集的业务背景。主题领域从 *FEA* 的业务参考模型(*BRM*)获得，它表示一组高级业务功能。超类型表示业务背景定义的附加层，它通常与支持主题领域的特殊业务活动和/或流程相关。

1.数据交换

数据交换能通过 *DRM* 信息交换包概念实现。数据交换包(*Information Exchange Package*)表示在数据用户之间交换的实际信息或数据集合。数据交换包集合了业务背景和数据元素(在数据结构部分有所描述)从而定义一项公共事务处理(信息和数据交换)是如何发生的。

图 4-15 说明了信息交换包概念。未来 *DRM* 版本将继续扩展信息交换包的定义和规模。

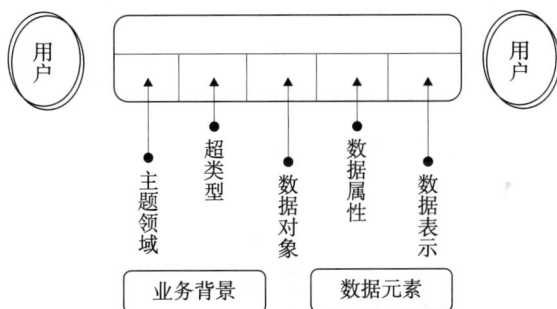

图 4-15 信息交换包

注:信息交换包适用于传输的、共享的或检索的数据

2.数据结构

DRM 使用数据元素在给定的业务背景下描述数据结构。根据 *ISO/IEC*11179 标准，数据元素由三个元素构成。数据对象是一组以其外在业务意义为标志并且其属性和行为遵循相同的业务规则的概念、抽象物或事物。例如，在人口卫生管理的背景下，数据对象可以是接种疫苗。为了进一步定义数据对象，*DRM* 方式采用数据属性和数据表示。数据属性描述数据元素。在人口卫生管理的例子中，数据属性可以是名称、重量、效力等(疫苗的)。数据表示描述数据对象的值类型。例如，数据表示可以是无格式文本、整数等。

二、DRM 的具体内容

DRM 使用一种灵活的、基于标准的方式描述数据分类、交换和结构。

数据分类通过使用 *BRM* 作为组织构造实现,从而确定数据的业务背景。

数据交换通过信息交换包推进,信息交换包表示一个打包的数据集,它可以分类到一条能被其他用户重复使用的信息。关于这个概念详细的标准将在未来的 *DRM* 版本中定义。

在 *DRM* 里,数据结构的通用方式通过采用 *ISO/IEC* 11179 标准作为指导实现。该标准提供一种结构,通过它能根据其业务背景定义。虽然通用结构为机构提供一种弹性,使它们可以用与其业务需求相一致的方式来利用 *DRM*,但也必须执行基本的约束和要求。

DRM 通过其数据分类、交换和结构的通用方式描述业务需求。图 4-16 在涉及提供卫生服务的机构背景下说明了 *DRM* 方式。通过这个例子,我们可以看到数据的通用分类、交换和结构是怎样允许机构参与卫生服务从而以通用的方式共享与多种主题相关的数据的。

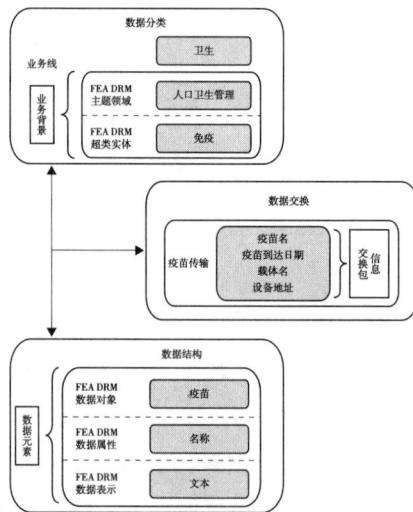

图 4-16　DRM 实例

（一）数据分类

数据分类是通过使用 *BRM* 的子功能实现的。应用 *BRM* 子功能确定给定数据集的业务背景。

1.业务线：许多联邦政府机构都提供便利美国公民和居民卫生的服务。这些机构公民服务（*Services for Citizens*）是业务领域（来自 *BRM*）内卫生业务线的一部分。业务线代表对公共业务或计划感兴趣的机构。在这种情况下，机构包括确保公众健康和福利的联邦政府计划和活动。①

2.主题领域：卫生业务线内的机构执行许多业务活动。其中一项活动就是人口卫生管理；这相当于 *DRM* 的主题领域。该主题领域是第一个用来描述特定数据集业务背景的元素。人口卫生管理包括与卫生、卫生规划和卫生管理的管理和监控相关的活动。人口卫生管理是一项子功能，在 *BRM* 内，它位于卫生业务线之下。*BRM* 子功能由表示更详细的业务功能视图的低层活动支持。例如，免疫是一项支持人口卫生管理 *BRM* 子功能的活动。②

3.超类型：超类型表示描述支持主题领域的数据的低层业务活动。超类型提供了一个详细的、关于主题领域的附加层。在图 *E* 所示例子中，超类型就是指免疫，表示一项支持人口卫生管理主题领域的活动。③

（二）数据交换

根据特定的业务背景而分类的数据可以进行交换，从而支持业务功能或流程。*DRM* 使用信息交换包作为实现数据交换的结构：

信息交换包：信息交换包表示为特定的业务目的而传输的一组信息。它利用 *ISO/IEC*11179 信息交换（*Information Interchange*）概念。

信息交换包利用机构业务流程实现其业务需求。在这种情景下，信息交换包提供源于业务流程的数据，这里的业务流程支持人口卫生管理 *BRM* 子功能。信息交换包的实质内容取决于特定的业务流程。在这种情况下，它可以

---

① 业务线分类从 BRM 获得。根据业务线（LoB）的主题领域分类并不意味着数据仅仅在一条业务线内适用。未来的 DRM 版本将规定跨业务线（LoB）数据分类和交换。

② 子功能从 BRM 获得。

③ 超类型从机构 EA 获得。未来 DRM 版本将规定确定 EA 超类型的过程。

就免疫记录和/或疾病特征进行信息沟通。

(三)数据结构

结构化数据具有必要的标准和定义,从而描述与业务背景相关的数据。在 *DRM* 内,数据元素概念是用来对数据进行结构化的。为了澄清特定数据集的业务背景,数据集的主题领域和超类型由数据元素内描述的、详细的附加层支持。数据元通过三个层次的集合更加精确地描述数据地业务目的。数据元素跟 *ISO/IEC* 11179 标准相一致,它包括数据对象、数据属性和数据表示。实际上,数据元素提供一组使用于指定业务背景的信息。

数据元素:数据元素是对数据对象、数据属性和数据表示的描述。数据元素定义超类型内的特殊重要概念或项目。

数据对象:在描述免疫超类型时,更明确地定义免疫超类型内的特殊重要概念或项目是非常必要的。该项目被称为数据对象,在此情境下,它表示一种疫苗。疫苗是免疫超类型内特殊的重要项目。

数据属性:*DRM* 使用数据属性来区分和描述实际疫苗。数据属性表示用来描述对象的元素,它包括类型、重量、效力等特征。在此情境下,数据属性就是疫苗名。

数据表示:*DRM* 使用数据表示或值域(*value domain*)描述与数据元素相关的值类型。代表值包括整型、整数、美元等等。在疫苗的例子里,值就是无格式文本。

三、DRM 的应用

(一)安全及隐私

成功的数据分类、交换和结构取决于与交换数据相关的安全措施的执行。在 *DRM* 各个层次上都必须考虑安全要求,并且,在特殊情况下还与数据交换事务相关。设计 *DRM* 的目的就是实现现有联邦政府信息安全和隐私政策的整合。它通过其通用方式和标准的利用对这种整合做出了规定。表 4-39 大致描述了 *DRM* 与几套安全/隐私政策和法律的关系。

表 4-39　DRM 与其他安全/隐私政策和法律的关系

政策/法律	与 DRM 的联系	描述
《联邦信息安全管理法案(FIS-MA)》(参见第三条—信息安全)	整个模型	FISMA 适用于 DRM 的各个层次。 FISMA 的要求适用于分类或未分类的信息交换包的数据。
国家标准和技术协会(NIST)FIPS(参见 NIST FIPS 199)	整个模型	FIPS 标准适用于特殊数据元素以及用来对数据元素进行交换的信息交换包。
《2002 年电子政府法案》(参加第三条 208 节—隐私规定)	整个模型	DRM 数据分类、结构和交换方式与《电子政府法案》隐私规定的要求相一致。
管理与预算办公室通知 A—11(参见第 31—8 节)	整个模型	在 EA 机构内对 DRM 的高效利用保证在数据元素和信息交换包层面上正确地应用安全措施。
NIST 800—60(参见第一版)	整个模型	对机构公共信息和机构特殊信息的使用通过 DRM 业务背景、信息交换包和数据元素层支持。

（二）DRM 的应用

确定跨机构数据共性的概念过程(使用 DRM)可以帮助说明机构使用 DRM 的背景。该过程利用机构 EA 与 DRM 数据分类、交换和结构的通用方式相结合,以达到共享信息的目的。该部分提供了一个可能的协作过程以及内政部(DOI)试验项目的结果,从而说明了如何利用 DRM。

（三）协作时机

通过 DRM 数据分类、交换和结构方式可以确定协作时机。图 4-17 说明了(在概念层次上)机构在其使用 DRM 过程中可能经历的步骤。

在该情况下:

1.机构 B 确定它需要一个特定的数据集,而该数据集可能可以从机构 A 获得。

2.机构 A 使用 DRM 将数据分类(利用 BRM)到业务背景。

3.机构 B 通过业务背景确定机构 A 的可用数据。

4.机构 A 使用 DRM 公布实际数据元素(支持业务流程)的详细结构。

5.机构 A 和机构 B 确定机构 A 产生的数据是否符合机构 B 的需求。

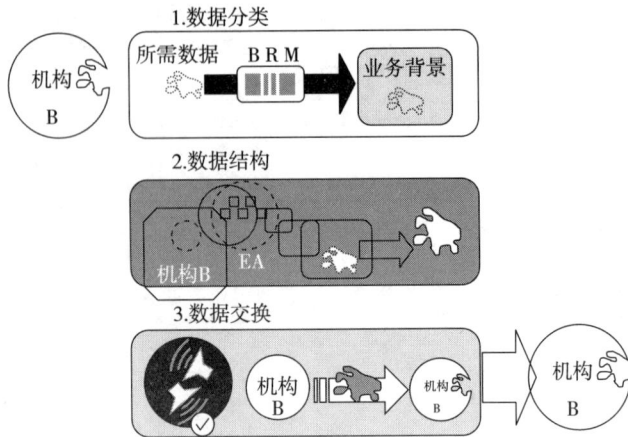

图 4-17　DRM 协作过程

6.一旦机构 A 和机构 B 确定数据能重复使用,信息交换包就用来传输数据。

虽然图 4-17 显示的过程过于简单(在寻求共享信息的机构方面可能还需要一些细节),但它却提供了一个关于机构为使用 DRM 而可能采取的步骤的概念视图。

四、DRM 的试验项目

(一)内政部(DOI)试验项目介绍

如图 4-18,内政部试验项目提供了关于怎样利用 DRM 改善信息共享的能力和高效地使用 IT 投资的前景。

DOI 试验项目使用 DRM 共享其娱乐服务信息,它采取一种极易被大众用户了解和使用的通用方式。为了正确使用 DOI 数据,愿意利用 DOI 娱乐信息的用户只需要了解 DRM 即可。图 4-18 说明了 DOI 试验项目和 DRM 数据分类、交换和结构的通用方式的应用。该图表同时描述了实际数据模型(解决方案)的应用。这些解决方案提出了关于执行信息交换包的可能视图。未来DRM 版本将更加详细地定义解决方案与信息交换包的关系。

DOI 试验项目说明了 DRM 可能的结果。随后的部分描述了试验项目对DRM 的应用。

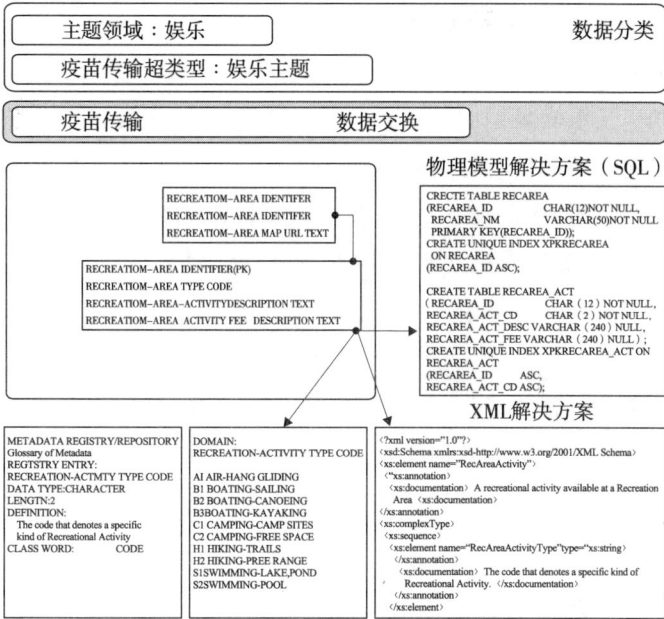

图 4-18　DOI 的 DRM 试验项目

1.数据分类

DOI 使用 DRM 对数据进行分类,这种分类是通过确定 BRM 娱乐资源管理和游览子功能内的活动实现的。

随着 BRM 分类的确定,DOI 进一步确定了"娱乐领域"超类型。该超类型对通过该业务功能消费/产生的数据类型进行更加详细的分类。

2.数据交换

用与公共服务请求相关的通用项目定义数据可以实现与其他用户的信息共享。通过使用 DRM 数据交换方式,DOI 确认一组直接支持娱乐服务请求的信息(信息交换包)。DOI 使用 DRM 的分类方式将信息交换包与特定的业务背景联系起来,然后将其变成可重复使用的数据集备用。

3.数据结构

在使用分类方式确定主题领域和超类型以后,DOI 使用 DRM 通用方式确定数据元素。数据元素包括数据对象(娱乐主题名)、数据属性(与特定的娱乐主题相关的娱乐活动类型)和数据表示(数据元素的特定值)。

（二）DOI 试验项目可能的结果

1.信息共享

由于用户了解满足他们的业务需求的数据分类、交换和结构,这样就推进了与娱乐主题相关的信息得到共享。

在试验项目里,DOI 编制关于其娱乐主题和其中可用的活动的信息。例如,想做出娱乐服务请求的机构将在 BRM 里面寻找一个描述它所寻找活动（娱乐管理和旅游）的子功能。一旦机构确认了这个子功能,它就能利用联邦政府组织架构管理系统（FEAMS）来确定由 DOI 支持的、提供娱乐服务管理能力的投资。随着投资的确认,机构就能跟 DOI 合作,确定投资支持的功能和数据是否符合要求。一旦得到证实,信息交换包就被用来传送从机构的系统到管理娱乐服务的 DOI 系统的请求。一旦 DOI 数据可以被多个用户使用,它就提高了部门信息共享能力。

2.改善 IT 投资的有效性

DOI 试验项目说明了机构如何通过使其投资产生的数据为其他机构使用从而改善其 IT 投资的有效性。DRM 数据分类、交换和结构的通用方式提供一项机制,通过这项机制,当机构需要的数据可以从其他来源获得时,它就不需要做出新的投资。现在参加 DOI 试验项目的机构都有一套描述用户所需数据的业务目的的通用方式,同时,参与 DOI 试验项目的机构能重复使用多种现有的 IT 投资以满足其业务需求。

五、DRM 的发展蓝图

未来 DRM 版本将继续规定必要的标准化领域,从而推进数据分类、交换和结构的通用方式。这主要通过三个中心领域实现:①

信息管理——利用数据和信息支持业务操作

信息架构——定义与特定业务操作（功能）相关的数据

信息交换—— 通过标准化的、可重复的流程和技术支持数据交换

---

① 中心领域来源于:Bryan Aucoin:《三大支柱——信息管理和数据质量改编》,第一专题讨论小组,第八届信息质量国际会议录,（ICIQ—03）。

表 4-40 说明了在这些中心领域的背景下 DRM 的发展蓝图。

表 4-40　DRM 的发展蓝图

	内　容	DRM 版本			
		1	2	3	4
	信息管理				
数据分类	业务背景	■			
	EA 中 DRM 的应用		■		
	信息索引		■		
	数据安全			■	
	数据标准化要求				■
	信息交换				
数据交换	核心 DRM 元素	■			
	信息交换包	■			
	联邦数据分类		■		
	数据类型　数据交换要求			■	
	元数据要求				■
	信息架构				
数据结构	数据元素定义	■			
	信息分类		■		
	数据分组			■	
	基于流程的属性			■	
	数据结构				■

　　未来 DRM 各版本将在各种各样的中心领域里规定不同的主题。未来 DRM 版本规定的主题都会继续推进数据分类、交换和结构的通用方式。表 4-41 对各主题进行了描述。

表 4-41　未来 DRM 版本主题

DRM 版本	主　题	描　述
1	业务背景	数据的业务目标。
	核心 DRM 元素	数据分类、交换和结构方式。
	信息交换包	工作单元之间信息交换的通用方式。工作单元表示数据的消费者和生产者。
	数据元素定义	用来支持给定业务背景的实际数据分类和确定。
2	EA 对 DRM 的应用	在投资和协作决策中应用 DRM。
	信息索引	对信息进行索引的方式。信息分类保证信息对其多个消费者可用。
	联邦数据分类	为重复使用确定共性和机会(在数据层面上)。
	信息分类	关于数据分类和结构的详细定义和标准。
3	数据安全	信息保护、保证和隐私。
	数据类型	定义数据组(表格、记录、消息、文本)和反映业务流程需求的属性。
	数据交换要求	定义数据转化类型和推进信息共享的关键属性。
4	元数据要求	定义用来提供或支持特定重要社区和业务线的数据。
	数据结构	详细的数据设计和格式要求。
	数据标准化	详细的数据组成和要求。

六、注释词表

(1)基准架构

描述现有组织、现行业务实践及技术基础设施的产品集。(通常作为现状架构("As-Is" architecture)提及)

(2)BRM

联邦政府组织架构的业务参考模型(Business Reference Model)。

(3)业务背景

数据目的及应用(通常与联邦政府组织架构的业务参考模型(BRM)有

关）。

（4）业务功能

机构执行的业务活动的高层集合。

（5）实践社区（Communities of Practice）

政府内用来支持业务功能的业务线。

（6）数据元素

信息交换包内使用的数据的物理描述。

（7）数据管理战略

即将出台的文件，它描述的是结构 EA 内的数据及数据管理角色。

（8）数据模型

需要支持对业务流程和/或使流程自动化的系统的操作的信息表示。

（9）数据对象

关于数据对象的基本定义。

（10）数据属性

在数据对象背景下对数据元素的描述。

（11）数据表示

描述在属性和对象层内数据是怎样被描述的。

（12）DRM

联邦政府组织架构的数据参考模型（Data Reference Model）

（13）域名（Domain）

为实现组织性和标准化目的，对数据元素组进行分类的高级方式。

（14）FEA

联邦政府组织架构（Federal Enterprise Architecture），用来支持机构 EA 的参考模型集。

（15）联邦政府业务集成模式

以通用方法使用来自机构 EA 信息的概念方式，目的是确认可重复使用的信息技术投资。

（16）联邦信息安全管理法（FISMA）

Federal Information Security Management Act，联邦信息安全管理法。

（17）信息交换包

用以支持特定的业务背景下的数据共享的数据元素集。

(18)信息流

共享信息交换包的过程。

(19)元数据

描述数据的信息,包括值约束(value constraints)、命名规则等。

(20)绩效参考模型(PRM)

联邦政府组织架构的绩效参考模型(Performance Reference Model)。

(21)相关表格(Relational Table)

数据库内的元素集,该数据库是以一种有意义的方式组织数据的。

(22)解决方案(Schema)

数据集、数据库和信息交换包的结构。

(23)服务元组参考模型(SRM)

联邦政府组织架构的服务元组参考模型。

(24)子功能

用来支持特殊业务功能的详细业务活动。

(25)主题领域

关于某业务背景数据和超类的粗分类法。

(26)超类型

关于某专题领域数据的属分组。

(27)技术参考模型(TRM)

联邦政府组织架构的技术参考模型。

(28)目标架构

描绘组织未来或终极状态的产品集,通常在机构的战略思路和规划中可以获得;一般作为未来架构("To-Be"architecture)提及。

(29)过渡计划

定义推进企业从当前基线到目标架构的策略的文档;它还规定了多样的、并发的、互赖的活动以及推进企业发展的增强型构造。

第 7 节　FEA 的应用及对我国电子政务的启示

一、FEA 的应用

FEA 的应用主要表现在下面几个方面：

（1）促进部门之间的合作以"业务线"为核心的业务参考模型要求组织在实施信息化时应该减少组织边界的约束，加强部门之间的合作。譬如，当一个部门需要提交自己的 IT 项目时，可以通过 FEAMS 查询业务参考模型，查询该IT 计划所支持的业务功能在所在的业务线中是否还有其他部门也在执行。如果有，应该与该部门合作，提出合作开发计划或信息共享计划，这样可以保证资源的有效利用，减少可能的重复开发。OMB 也可以利用该方法判断某个项目是否已经在其他部门开发，是否需要与其他部门合作，等等。

（2）促进绩效的提高利用 FEAMS 这样的综合分析工具，OMB 可以对众多的项目进行有效地评估，并提出改进方案，从而促进部门 IT 计划能够有效地得到重用。

（3）提高供应商的服务水平系统设计和软件供应商在 FEA 的指导下，可以按照统一的规范进行系统设计和开发。开发商需要在 FEAMS 系统中注册自己的构件系统，如果他的系统是按照 FEA 的规范和技术标准进行设计的话。这样就可以鼓励供应商和开发商遵循统一的规范，同时也为各应用部门提供了一个很好的入口来检索合格的供应和开发商。

FEA 不是一个静态模型，它是反映整个政府的战略意图。由于政府业务纷繁复杂，因此 FEA 不可能一次性完备所有的方面。这也是 FEAMS 建立的目的之一，它可以为所有相关人员提供一个沟通的平台。OMB 定期收集相关的评议，并经过整理，由有关专家和机构的认证后，对相关模型进行修正。在总体模型框架不变的情况下，经常性的模型细节修正既可以保证模型能够全面真实地反映实际情况，也可以跟随社会变化做适当的调整。

二、FEA 对我国电子政务的启示

美国是最早实施电子政务的国家,也是最早面对与之相关的各种问题的国家。长期以来,重复建设、信息孤岛、效益低下等问题一直苦恼着美国政府信息化建设。为此,美国政府一直在寻求破解之道。美国 PMC(总统管理委员会)为了简化和统一政府工作流程,为公众提供所谓"一站式"服务,实现政府信息"一次在线收集"(不同部门即可重复利用,无须重复收集),曾经选定实施 24 个电子政务项目。然而在电子政务项目实施中发现存在着几个关键障碍,如:部门文化缺乏统一的联邦架构,信任、资源以及其他利益相关者的阻力。可以看出,缺乏统一的联邦架构是美国电子政务实施的一个很重要的障碍。为克服这些障碍,2002 年美国 OMB(总统管理及预算办公室)美国"联邦企业架构"(Federal Enterprise Architecture, FEA)。该架构经过反复修订已相对成熟,对研究我国电子政务架构具有重要的启示作用。

FEA 正在成为联邦政府行政管理的日常工作内容与操作工具。实际上,FEA 已经用于美国联邦政府 2006 和 2007 财政年度的预算编制。FEA 的建立和实施,表明美国联邦政府的电子政务政策发生了重大的转变,由原先的注重具体项目、业务与资金配给的特别管理转向通过引入绩效管理、制定业务规范、明确技术标准而将电子政务纳入制度化运行轨道的例行管理。这表明,美国的电子政务正在趋于成熟,其思路与方法很值得我们学习和借鉴。

清华大学信息技术研究院 Web 与软件技术研究中心的杨吉江、邢春晓等学者,对美国的 FEA 进行了较为系统的研究,并指出 FEA 对我国政府电子政务建设的借鉴意义体现在:①加强以业务为主导的观念;②加强绩效的评估;③加强项目的组织和领导;④建立统一的沟通平台。

国务院发展研究中心技术经济研究部的李广乾,在对 FEA 进行深入研究后指出,FEA 有如下特点:①业务规划是核心;②注重流程整合,淡化部门概念,强调业务协调和统一;③系统关联性是其价值所在;④应用信息管理系统的理论思路与技术方法。

中国人民大学政府管理与改革研究中心的易小国认为,透过 OMB 电子政务绩效体系可以看出,与侧重门户网站分析、横向排名比较的政府外评估体系相比,政府内部建立的评估体系相对更为复杂, 其往往必须考虑到制度基础方面的因素:如法律和政策的要求,对投入与产出的考量、对既定目标实行的追求等。

由国内外研究的现状可以看出,我国在电子政务架构研究上还远远落后于国际先进水平,因此,如何借鉴世界上先进的电子政务架构理论(如美国的FEA),研究符合我国国情的电子政务架构,是建设服务型政府,推行电子政务的迫切需要。而当前最为迫切的是,先构建中国政府电子政务的业务模型。

FEA 的开发和应用促进了部门合作,特别是对于电子政务发展较早的美国起到了很好的作用。随着我国经济的快速发展,政府职能也面临着转换问题。为了提高政府效率及为公众和企业的服务水平,政府信息化工程也愈来愈深入,先进国家政府信息化早期遇到的问题,我们也同样在遇到。尽管我国政府职能和运作方式与美国有着很大区别,我们不能照搬美国的经验,但是政府信息化理论和技术上,我们仍然可以得到一定的启示。

(1)加强以业务为主导的观念。我国许多政府部门经常不考虑业务的需求而盲目上马电子政务项目,对系统的投资兴趣往往大于对业务的梳理和对组织的改造。或者只关心一些特定的业务功能需求,而没有考虑到业务之间的联系、部门之间的合作,从而使得系统的使用效率比较低。

(2)加强绩效的评估。没有统一规划的电子政务往往导致部门各自为政,系统重复建设,资源共享率低,项目执行效果差,造成总体成本高。在绩效驱动下,可以促使应用者对所报项目进行细致调查,也促使政府投资者对项目进行认真评估。一些政府信息化主管部门经常对如何审批信息化项目感到头痛,因为没有什么可以判断的依据。绩效参考模型方法应该可以有一定程度的借鉴。

(3)加强项目的组织和领导。美国电子政务"攻坚组(Task Force)"认定的 5 个主要实施电子政务的障碍,在中国也同样存在。尤其是部门文化可能会严重制约信息化的发展。OMB 利用预算机制和总统府的地位,组织 FEA 项目的开发具有很高的协调能力,也有很好的控制能力,使得各部门在 IT 计划和项目申报中能自觉按照统一的模型进行。

(4)建立统一的沟通平台。目前我国还没有一个权威的、统一的平台供政府信息主管人员进行交流。政府发布的信息也十分有限,这样造成许多部门想依照统一的标准实施电子政务,但却没有统一模型和标准的情况,只好以机构为中心,各自为政。如果主管电子政务的权威部门搭建这样的平台来协调各部门的工作,这将十分有助于电子政务的开展。

(5)服务型政府的电子政务架构的基本结构,由业务模型、服务组件模型、技术标准模型、数据管理模型、绩效评估模型组成。对架构的五个基本模型进行定义,并描述每个模型的功能和基本结构。确立服务型政府电子政务架构的基本结构,是为了使本课题能在电子政务架构体系内,为构建服务型政府电子政务架构的其他模型奠定坚实基础。

业务模型是对服务型政府的电子政务业务的整合和分类,可以分为"业务域"、"业务线"和"子功能"三个层次。服务组件模型是一个以业务为驱动的功能性框架。它根据支持业务或绩效目标来划分服务组件。技术标准模型是一种分级的技术架构,是服务组件的技术支持方式。数据管理模型描述支持电子政务项目与业务流运行过程的数据与信息,描述发生在政府与其各类客户和业务伙伴之间的信息交换与相互作用的类型。绩效评估模型为整个服务型政府的电子政务提供一般结果与产出指标的绩效评估框架。

第 8 节　我国政府电子政务架构的目标——服务型政府

我国政府电子政务架构的目标,应该是通过制度创新,构建服务型政府。电子政务实现途径主要有网上信息发布、办公自动化、网上办公、信息资源共享等。它是由内网(包括核心数据层和办公业务层)、外网(公众服务层)和互联网(数据交换层)三级网络构成的庞大的信息系统。总体上说,基于网络的电子政务系统是一个跨机构的、一体化的、支持前台(门户网站)和后台(包括内部管理信息系统、电子办公系统、数据库、安全平台和业务平台以及决策支持系统等)的无缝集成的智能化支持系统。这种智能化的电子政务系统是由"一个技术平台,四个资源整合"构成的一个有机整体。一个平台就是指数字化、网格化、信息化的集成平台,四个整合是指政府资源整合、企业资源整合、社会资源整合及社会服务整合。电子政务的核心就是通过信息技术重塑政府管理模式,提升政府的服务品质。

一、电子政务架构与服务型政府的关系

（一）从实践操作层面来看，实施电子政务的过程就是对传统政务进行技术化改造的过程。服务型政府行政模式与传统的行政模式的根本不同之处在于它改变了传统行政模式的程序取向，将行政的价值和目标定位与为公民、企业和社会提供优质高效、成本低廉的服务，而要做到这一点，除了要在行政理念、职能、组织结构程序、人员和管理方式等方面做出改革和创新之外，还要利用现代信息技术，来促进上述各方面的改进，利用迅速发展的信息技术支撑服务型行政的实现。电子政务对服务型政府的技术功能之核心就是通过各种技术、制度上的变革，建立一个电子政务平台。这个平台是一个广义的政府网站，是一个政府呼叫中心，一个可以个性化服务的电子政务智能决策系统，也是一个以知识管理和数据挖掘为基础的学习型智能决策系统。几乎所有政务都在这个平台及其支撑的网站上全程处理，政府将通过它提供高效、简便、透明的电子政务服务。

（二）从信息安全的层面来看，实施电子政务的过程就是对服务型政府进行安全保障的过程。政府活动相比于商务信息，其最大特征是其信息的外溢性更有影响，涉及国家、公民个人及公众利益，因而比商务信息的保密性更强。在推行服务型政府过程中，随着大量政府信息、企业信息、个人信息在互联网上聚集、交互和传递，如何保证信息在存取、处理和传输各个环节的安全性、机密性、完整性和可靠性，如此复杂的应用环境给整个系统带来了大量潜在的安全隐患。保证信息系统的可靠运行和可控性可能成为服务型政府建设的关键。电子政务中的电子化手段作为服务型政府的介质与平台，将能为服务型政府提供安全保障。

（三）电子政务能消弭组织间壁垒，从而提升政府服务效能。电子政务的技术价值之一，就是通过电子化工具和手段建立起跨部门、跨层级的直接通连渠道，使原来无法直接连接和沟通的行为者能够实时、直接的连接与沟通。因为有了前述电子政府所体现的现代信息技术支撑，才能实现跨部门的平台整合，才能使得政府内部突破部门之间与地区之间的纵横限制，解决电子政务应用系统现存的大量"信息孤岛"问题，实现资源共享与政府跨部门协同应用。

电子政务的实现手段为服务型政府提供了技术支撑。通过这些相关技术的有机结合,才能形成完整的电子政务系统,满足政府服务型功能的进一步完善和落到实处。

二、电子政务架构与服务型政府架构

(一)电子政务建立了"以顾客为中心"的政府管理模式。新公共管理理论将公众视为政府的顾客,将公众与政府关系比附成企业与消费者关系,倡导以顾客为导向,以市场为导向。这种思想也逐渐渗透于电子政务之中,帮助政府管理与其与"客户"即公众的关系,从而建立新的、更好的政府与企业、政府与公众的关系。几乎所有国家在电子政务的发展战略中都这样写明:"向公众提供另一种高效便捷的服务,促进政府与公众之间的交互性。"以公众至上和公众需求导向作为电子政务建设的核心理念,世界发达国家大多将公众视为政府的"顾客","一切以顾客为中心"已普遍成为电子政务发展目标的基本取向。与此同时,以电子的方式对政府业务流程的简化与重组,真正实现政府前后台集成,促使整个社会资源趋于无缝隙的整合,进而从根本上改善政府的公共服务,这是当前电子政务发展目标的又一基本取向。正是基于这样的认识,世界各国都正在从以政府各部门职能来划分的"纵向"电子政务,转变为以公众为中心,以"为公众提高高质量、高水平在线服务"为首要目标的"横纵结合"的电子政务。

(二)电子政务加强推动政府横向结构无缝化。通常来说,服务型政府就是指政府遵从民意的要求,在政府工作目的、工作内容、工作程序和工作方法上用公开的方式给公民、社会组织和社会提供方便、周到和有效地帮助,为民兴利、促进社会稳定发展。当今世界各国发展电子政务的一个主要目的,就是建立一个真正能够为全社会所接受的服务型政府。电子政务服务体系必须以公众为中心,突出服务宗旨,以公众需求确定各项应用项目。电子政务建设中要打破路径依赖,改变以往"以政府为中心"的服务模式,在确定前台应用项目时,首先要调查公众和企业的需求,把公众和企业最关心而且容易实现的、具有示范效应的项目确定为优先开展的在线服务项目,提高项目的成功率。在后台整合过程中,需要加强政府各部门之间的协作,实施电子政务标准体系,实现跨地域、跨部门、跨层次乃至跨边界的信息集成、无缝隙政府运作。在电子政务建设过程中始终遵循为公众服务的宗旨,为公众提供实在的利益,以人为本、公民至上。当代政府发展理论的一个基本观点是将政府组织看成是受社会、经济、文化环境影响的生态系统。那么,与信息社会相适应的政府组织形态毫无疑问将是电子政务发展的产物,从这个意义上来讲,电子政务的发展进程是推动政府组织形态发展的关键因素。

(三)电子政务促使政府纵向结构扁平化。电子政务减少了政府结构中的中间层级,使政府纵向结构扁平化。各决策层能够迅速准确地掌握来自基层的信息,为弹性化管理提供了决策信息。同时电子政务也使政府横向结构一体化,电子政务的内容之一,就是通过电子化工具和手段建立跨部门、跨层级的直接渠道。这样,原来无法直接连接和沟通的部门能够实现实时的、直接的连接和沟通。这种跨部门的平台整合,使得政府内部突破部门之间与地区之间的纵横限制,构建灵活的、以需求、任务、项目为核心的政府虚拟组织结构。而且,在这样的组织结构状态下,建立临时政府机构也相对容易得多。电子政务不仅是将管理和服务职能转移到网上完成,更重要的是实现政府组织结构和工作流程的重组优化,超越时间、空间和部门的制约,向全社会提高高效优质、规范透明和全方位的管理与服务,从根本上改变了传统政府的行为方式,使政府运作和管理业务数字化、网络化、智能化,从而大幅度提升政府行政效率。

三、电子政务架构与服务型政府的价值功能

电子政务为公众获取政府公共信息提供了空间、时间和内容的可接近性,为服务型政府确立了价值取向。服务型政府的内涵约定了政府在公民本位、社会本位、权利本位理念指导下,在整个社会民主秩序的框架下,通过法定程序,按照公民意志组建起来,以服务公众为宗旨,实现服务职能并承担服务责任。进而言之,在建设服务型政府的过程中,电子政府能整合服务型政府系统中的各种要素和功能,起着使服务型政府建设向既定目标发展的制约和导向作用。

(1)电子政务使公共信息由单向传输转向双向传输电子政务推行之前,

各类信息由中央政府向地方政府传送过程,由政府向社会传递。信息的传播速度慢,层级多,失真几率高。从而使公众不了解政务状况,不能广泛地参与政府公共事务的管理。电子政务应用现代化的信息技术和管理理论对传统的政务进行持续不断的革新和改善,为政务公开提供了条件,为公众了解更多的政务信息创造了条件。网上政务随时公布政府的重大活动和重要事项,办事程序及政府核心权力的行使,公众能拥有更多和更可靠的政务信息,了解政府的运作,这样政府的活动直接置于公众的监督之下。在此基础上,公众可以将对政府运作、政策等的见解、看法乃至批评传导到政府系统。

(2)电子政务的发展促使政府决策化、民主化电子政务以更有效率的行政流程为公众提供更广泛而便捷的信息和服务,政府在公共管理中的服务者的角色将得到强化。公众可以通过互联网快捷方便、及时准确地了解政府机构所制定的相关政策法规以及一些重要的信息。政府在制定政策、做出决策的过程中,也可以通过网络让更多公众参与,推动政府决策的科学化、民主化,有效堵塞管理漏洞,服务型政府借助电子信息化手段,能够使决策者在做出决策前广泛了解决策所需要的有效信息,避免了靠经验决策和决策信息不完备而导致的决策的盲目性现象。此外,电子政务拓展了公众参与决策的渠道,扩大了公众参与决策的范围。政府在做出决策前可以通过政府网站,就决策问题与公众在网上进行便捷、及时、面对面的沟通,政府领导者甚至可以以个人博客形式与公众交流沟通。从而政府既能够获取专家学者的意见和建议,同时,也鼓励了公众参与决策问题讨论的积极性与主动性,使决策者在做出决策时能够以公众需求为目标,使政府做出的决策更科学更合理,进一步提高公共服务职能的科学性和合理性。

(3)电子政务的发展将重新约定政府与社会、市场之间的边界在转型之前,政府体现的是全能型政府,规划一切事务,具有明显的自我服务导向。而且机构设置臃肿、层次重叠、办事效率低,遇事拖拉扯皮、相互推诿的现象时有发生。决策理论中的"中梗阻"揭示的正是这一症结。电子政务的开放性和行政流程的透明性,使政府处于阳光之下,公众、社会组织、企业、媒体进行监督的条件得以实现。

(4)电子政务的发展,促进了政府依法行政电子政务最基本的前提是信息公开,信息化是世界潮流,也是我国加快实现工业化和现代化的必然选择。

政府是最大的信息拥有者和电子信息技术的最大使用者,电子政务几乎覆盖了信息技术、信息内容、信息服务等产业的所有领域,是我国实现信息化的一个重要方面和推动力量。随着社会的发展和公民民主意识的增长,公民对政府的信息需求越来越强烈。电子政务的发展,为政府收集和发布信息提供了更为可靠、便捷、快速的网络平台,使政府能够及时掌握大量信息。政府掌握信息后,消化、吸收、整理信息,然后将信息以网络为平台反馈给民众。电子政务的推行,使政府信息公开面广,从而使公众及时了解并一定程度上参与公共政策,公共政策的制定也势必要体现公众的诉求。并进而实现了公民参与。而公民参与实质是对行政权的一种监督,是知情权和参与权的保护。假设政府违规或违法,在电子政务条件下,被发现的概率增大,机会成本增加。因此在一定程度上不仅可以防止权力的腐败,政府与民众之间的服务与合作理念也能够得到确立和普及。一旦政府和公众之间的服务与合作的理念深入人心,就能在一定程度上加强民众对政府行政的监督和制约,政府与民众之间的相互牵制反过来又能强化政府内部约束,改变行政机关在传统管理形式下滋长的衙门作风,限制行政机关行使权力的随意性,促使政府依法行政。在服务型政府连同责任政府、法治政府理念已深入人心的趋势下,认识电子政府对于服务型政府的功能,对建设服务型政府具有现实意义。

第9节　案例研究:南海电子政务架构

一、南海电子政务概况

在1995年,南海区政府就提出了建立信息化城市的发展战略,信息化成为南海市现代化建设的一个重要目标。南海市被确定为我国信息化城市的综合示范城市。南海市信息化建设的发展经历了三个主要阶段:

第一阶段,1996年建成全市统一的计算机信息交换平台,同国际互联网联结,完成了信息化的基础设施建设,并1996年以来,相继制定了《南海信息市建设规划(纲要)》、《南海市信息化建设若干规定》等文件;

第二阶段,1998年启动了南海信息产业基地建设项目,立足于经济领域的信息化建设；

第三阶段,1999 年开始提出全面推广应用信息技术,实行国民经济和社会事务管理的信息化。

佛山市南海区以 1999 年提出创建"信息市"发展战略为标志,开始国民经济和整个社会的全面信息化建设。现在,信息化已经渗透到南海国民经济和社会发展的各个领域,成为南海区别于珠江三角洲其他经济发达地区的重要标志。2000 年,南海市被确定为首批国家信息化试点城市,2001 年,南海市成为中国电子政务应用示范工程、国家信息安全应用示范工程试点城市和广东省现代化科技示范城市。南海市信息化建设获广东省科学技术奖特等奖。目前,南海信息化的建设已取得了阶段性的成果,信息化指数达 66,信息化产值达 102 亿元。全市有计算机主机系统 8000 多台(套),个人电脑 20 万台,上网用户 18 万户,各类专业网站 5000 多个,有线电视用户 35 万户,固定电话用户 46.2 万户,移动电话用户 64.3 万户,信息化小区近 60 个,并建成了教育网、公安户籍网、税务网等专业网络数十个。

南海区信息网络中心成功获得"2006 年中国电子政务最佳运维服务机构 20 强"的殊荣,运维高效的电子政务为南海政府提升公共服务、加强社会管理提供强有力的技术支持,成为全国唯一获此殊荣的区级单位。该活动是由中国信息协会和中国电子政务资讯网共同组织评选的,南海区信息网络中心在全国近 200 个参评单位中脱颖而出。据介绍,南海区信息网络中心与各镇(街道)、区直各部门的电子政务工作队伍建设、纵横联动机制及应急措施都得到了完善和加强,目前,区、镇(街道)、村委会(居委会)三级互联的电子政务信息网络和包括区公共服务平台、区政务资源数据中心、区政务综合业务平台等在内的区电子政务支撑平台构成了南海区电子政务工作的核心中枢,成为服务"高效南海"的技术支撑体系。现该区共有 564 个单位部门接入使用政务网,主要包括各级党政机关、工业园区、群众团体、直属机构和村委会(居委会)等,在区政务网上运行的应用系统有区政府公文流转、行政审批电子监察等 117 个、政务网站 69 个。

二、南海电子政务架构现状及进展

"中国电子政务应用示范工程（南海）"项目是国家"十五"国家科技攻关计划项目，它包括一站式服务框架软件及工程实现、一站式服务架构下的网上工商、网上税务、财政财务统一结算、网上社保、劳动就业管理、网上统计、电子金融服务、办公信息流处理和 Web Service 技术等十个子课题，共同形成一个电子政务的整体架构，由科技部高新技术发展及产业化司对社会公开招标建设。

北京慧点科技开发有限公司在本项目中承担的课题是"一站式服务框架软件及工程实现"。"一站式服务框架"是示范工程的统一平台，具有关键性的作用。只有基于一站式服务框架，各个应用系统之间才不是孤立的，才有可能真正实现业务上的集成，而不仅仅是网络上的互联互通。一站式服务框架是否成功，将决定电子应用示范工程在整体上的成功。

南海区政府组织人力和物力重新开发的新电子政务系统日前竣工。新系统以 BEA WebLogic Server 为系统的运行平台。在此次开发中南海区政府总结了以往的经验，提出了包括机关电子政务系统、机关公文网际交换系统以及图片管理系统各自的建设需求。在经过反复论证、层层选型后，最终选择 BEA 公司作为整体电子政务解决方案提供商。南海区新电子政务系统实施后，其开放性、稳定性及高效性得到了用户的认可。此外，南海区新电子政务系统中的机关电子政务系统、公文交换系统和图片信息管理系统还刚刚通过了省级科技成果鉴定，专家评定 3 个系统已经达到了国内领先水平，其创新性值得推广，为国内电子政务的推广提供了宝贵的应用经验。

在统一的安全电子政务平台上构建的一站式服务整体框架，可以将现有的政府部门的信息系统联系起来，以统一的门户协同为社会公众提供服务，实现电子政务服务的集中式协调调度和分布式管理运作。社会公众可以方便地通过一站式服务平台统一获得各种电子政务服务在一站式服务的整体框架中，可以将各种政府部门的资源，如工商、税务、财政、银行等，通过调度整合起来，真正做到一体化服务。

三、南海区电子政务架构的集成、影响、功能、效果与反馈

1.南海区电子政务架构的集成

在南海区电子政务架构中,主要通过一站式服务框架集成使各电子政务系统得以整合,具体表现为:

(1)整个一站式服务框架模型基于一个统一的安全基础平台,提供安全可靠的电子政务服务。

(2)整个一站式服务以统一出口和统一入口的形式对外发布应用,使各电子政务系统以一个整体的形象为公众提供服务。

(3)整个一站式服务框架能够集成不同行业、不同业务、不同操作平台的信息系统,将横向业务系统的功能和数据信息融合起来,消除信息沟通的空间障碍,将信息化建设的成果得到最大的发挥。

(4)整个一站式服务强调提供"闭环式"的应用服务,在更好地服务社会公众用户的同时,也能使政府的总体监管能力得到加强。

2.南海区电子政务架构的影响

南海区电子政务架构集成对政府领导者、各职能机构和社会公众都产生了深远的影响,表现为:

(1)对于各级政府的领导者而言,由于加强了政府职能机构间的横向联系和信息共享,可以更方便和全面地了解下属各级职能机构的情况,把握各机构的发展动态,进行宏观管理,这将有利于大幅度节约政府管理成本,转变政府作风,防止腐败现象的产生。

(2)对于政府各职能机构而言,消除了各机构独成一体的信息隔离,真正实现了相互之间信息的共享和信息传递的畅通无阻。在增加横向联系的同时也促进了各职能机构内的政务信息化建设,从而提高工作质量和工作效率。

(3)对于社会公众而言,通过一站式服务真正实现了"一门式服务"的目标,可以在足不出户的情况下,完成与己相关的各项政府性事务的申报以及办理。同时也增加了公众参政、议政的兴趣,加大了政务公开的力度。

3.南海区电子政务架构的功能

在南海区电子政务架构中,主要通过一站式服务框架集成实现其功能,一

站式服务框架包括两个部分,电子政务数据交换中心和一站式服务平台。这两个部分共同连接各个应用系统,完成业务数据交换和业务整合。电子政务数据交换中心是一站式服务框架中的中枢环节,通过电子政务数据交换中心,实现应用系统之间业务和数据的交换、路由、转储、发布、订阅、连接等功能,实现政府对政府、政府对企业、政府对公众之间的无缝连接,具有简洁统一的数据交换标准、不需对原有业务系统进行改造,不需要对已有的业务流程重新开发,从而最大限度地保护了在过去几年以来在政府在电子政务上的投资。一站式服务平台提供用户管理、个性化服务、流程定义,是电子政务数据交换中心的最直接的表现形式。同时,电子政务数据交换中心和一站式服务平台均和安全认证平台紧密结合,因此可以提供安全可靠的一站式服务。

4.南海区电子政务架构的效果与反馈

慧点科技研发的电子政务一站式服务框架,采用先进的计算机软件技术,在充分调研和预研的基础上提出了系统整体设计框架,上线功能实现满足了一站式服务框架对业务和数据无缝连接的功能要求,达到了预期的目标,现在全南海的所有政务业务系统的建设都将围绕一站式服务框架进行。

为了实际体验,我们选择具有代表性的南海区行政服务中心进行调查研究。

跨进南海区行政服务中心的大厅,两旁是像银行一样排列整齐的大柜台,上面分别挂着工商局、税务局、交通局等标牌,里面是笑容可掬的服务人员。过去人们印象中“衙门口”的浓厚官气早已荡然无存,这些政府部门真正以这种低姿态的服务形象出现在客户面前。

南海区行政服务中心提供了政府面向社会的 214 项审批内容,涉及工商、国土、环保、质监等各个方面,为群众提供方便的“一站式”服务。这么多的部门集中在一起,完全没有出现想象中拥挤混乱的局面,一切都显得井然有序。其主要原因,就是高效率的网络化管理。

据工作人员介绍,市民在这里的每一项审批服务,在交到柜台之后,都是由规范的网上流程来完成,每一项工作的时间进度,也都有实时的监控系统进行监督,如果到规定期限审批工作未能完成,会把停滞的环节直接反映到相关领导的计算机内,及时解决存在的问题。透明化管理使办事拖沓和刁难群众的现象得到了有效的控制,市民再也不用担心自己的材料被无休止地压在某些人的抽屉里了。据了解,目前来这里办手续的群众,75% 以上可以一次办成,部分需要审核原始凭证等材料的项目,审批之间也比原来大大缩短。将来电子政务示范工程完全建成之后,可以实现"一站式"到"一网式"的变革,到那时,市民坐在家里就能完成这些手续了。值得一提的是,该系统具有相当不错的多媒体功能,可直接收看《新闻播报》等多媒体新闻,并可发送短信息,比如某人有某项待办工作一天之内没有处理,系统会自动把处理提示发送到本人的手机短信息中去。南海区行政服务中心还推行审批部门内部程序改革,并执行"五天办结"、"三天上报"的审批时限,将行政审批的准入、公开、实施、监督等纳入了制度化管理的轨道;以电子监察系统建设为契机,对全市各级职能部门政府 IT 项目实行分级分类编号管理,创新运用信息化手段实现实时在线的审批监管。另外,行政服务中心把所有政府 IT 项目或绝大多数审批业务归并到一个单独的科(股)室,减少部门内部职能交叉重叠;强化"一窗式"服务功能,窗口办结率达到 80%;压缩审批"内循环",审批时限整体压缩 20% 等等。

四、对南海电子政务不足的思考

调查中也发现南海区电子政务发展中存在的某些不足:

1.条块分割的管理体制与电子政务的统一性、开放性、交互性产生冲突。

电子政务,重要的是政务而不是电子,这里有两层的含义:第一,电子政务的目的是政务,电子是手段。第二,电子政务真正的难点在于政府的职能转变、业务重构,在于各部门、机构的权利与利益的激烈冲突。既然电子政务的核心在于"政务"而不是"电子",那么它推进中最大的障碍,也一定不是技术或者使用习惯,而是来自于不同个人和部门间的利益冲突,如果仅仅把希望全寄托到网络上是不现实的,毕竟工具是死的,而人是活的。对利益冲突更有效的疏导,是电子政务推广中不可回避的一步。

中国的行政管理体系中,存在条与块的问题。这是指区域性管理体系和行政性管理体系的关系。西方发达国家政府行政管理体系是适应市场经济的、以区域管理为主导的体系,而我国是适应计划经济的区域与行业管理并行的体系。

南海区政府认为电子政务突出的一个难点是如何打破各职能的利益壁垒,让电子政务系统真正形成一个有效的网络系统,发挥数据共享、业务透明的优势。条块分割的问题归根结底是利益的问题,许多部门的领导担心数据共享和业务透明后,自己的权利受到削弱,其至可能由于业务的重组,自己的部门是否被撤销还是一个疑问。在众多的拒绝统一的电子政务平台的理由中,信息安全是用得最多的:"我的信息系统需要绝对保密、绝对的安全,所以需要独立的系统,我的数据绝对不能共享。"虽然电子政务是大势所在趋,大家都认识到电子政务的重要性,但是,大家在实施过程信息系统时,基本上都是从自身的角度出发,以自我为中心,要求别的部门如何来配合自己,强调自己的重要。这是有其合理的地方,但是,这种情形对于整个各部门的资源,形成数据、资源共享,以致形成统一的电子政务平台不利,造成一定的部门壁垒。

对于上述问题,南海区政府通过成立统一的电子政务的规划小组,主管领导负责,自上而下的进行改革,并以地方行政管理条例的方式加以明确,同时对各部门的负责人进行观念上的教育和培训,使他们认识到电子政务工程的真正目标是提高政府服务的效率,建立良好的公众关系。

2.公众对电子政务的认知度较低,政府在宣传电子政务方面的手段单一。

另一方面,根据调查发现公务员对电子政务的认知度较高,公众与企业的认知度就普遍较低。以南海区来说,这个国家电子政务试点的地区仍然有近 7 成的公民对电子政务这一新概念不理解,大部分还没有听说过电子政务。对于政府网站的认知度,有接近 6 成的人只是听说过"电子政府"这个名词,一般认为"电子政府"是政府办公无纸化和政府为市民提供网上服务窗口,具体还不知道。但是初步的接触,让他们认为电子政务网站上办理业务比亲自上门办理方便多了,有利于加快政府对公民办事的效率,方便公众与政府部门的沟通。另外,市民了解电子政务的途径最主要是网络,同时也很希望能在平时他们用得较多的媒体或其他的各种途径去了解,主要是电视,广播,报纸,报刊,手机,小灵通.这说明了政府在宣传电子政务方面的手段还是很单一。

针对以上问题,南海区政府可以丰富宣传渠道,加大宣传力度不足,让公众了解到政府网站所提供的服务。政府的宣传渠道单一,大多通过报纸与网站进行宣传,有的甚至不作任何宣传,其宣传效果当然不理想。在进行公众问卷调查时,多数市民都表示不了解政府网站能给他们提供什么服务,甚至不知道有政府网站。为了方便老百姓使用,除了互联网,还应该有电话、电子触摸屏、电视等各种渠道,应该统一纳入电子政务的范畴。

3.服务性不明显,政府需由管理型向服务型转化。

在调查中发现,绝大部分的公众上政府网都是为了浏览有关政府发布的最新消息(71%)和查询办事指南(55%),进行建议、投诉、举报的比例很少。大部分的公众表示网站提供的服务不能满足需求,并提出了提供更多的当地政策信息;提供更多的便民服务,如办事指南、收缴水电费、气象、公交查询等;可以进行投诉、监督举报、信访等,反映市民心声;有专门在线人员为民众及时提供问题解答,如年检、报税、审批等这四种服务需求。

社会发展的形式,要求政府必须由管理型向服务型转化,服务性政府要融管理于服务中,必须以服务的基础信息作为公共服务,监管及其决策的基础。事实上,只有基于外部服务系统建立起来的内部办公系统,监管系统以及决策系统,才可以获得流程上的信息,只有流程上的信息,才是真实的,可靠的。因此,以服务为指导的由外到内的电子政务建设路径,是科学,合理的,符合社会形式发展的,是确保电子政务建设取得实效的建设路径。

4.系统管理工作员水平参差不齐,人才缺乏,部分公务员的素质亟待提高。

实施电子政务,既要有熟悉计算机网络业务的专门技术人员,更需要熟悉政治、经济、懂法律、会管理,既精通机关业务,又掌握现代信息技术的高素质、复合型人才。另外,从南海区现有公务员队伍的整体素质和信息化意识、信息技术应用能力来看,大多限于学历和知识储备的不足,对较复杂的计算机应用和信息系统难以适应,形势不容乐观,有待进一步提高以及继续强化培训。由于不少部门缺乏相关的专业人才,短期的强化培训很难使所有的参训者迅速熟练地掌握操作技能,对开展电子政务只能是"心有余而力不足",应用水平就更难以跟上电子政务迅速发展的步伐。

显然,以上问题只是南海区电子政务发展中存在的一些问题。要解决南海区电子政务发展的问题由此引申到我国电子政务发展的问题,并不是一朝一夕可以解决的问题,而且这个问题对我们来说将会任重道远。

本章小结

电子政务架构,有如建造摩天大楼之蓝图,是在电子政务建设之先,首先必须确立和完善的。但令人遗憾的是,很多政府在建设电子政务之先,并未确立和完善其电子政务架构,结果造成各自为政、随心所欲、缺乏系统规划的政府 IT 投资不在少数,重复建设、不可复用、不能共享数据的系统或数据库比比皆是,浪费和失误在所难免。本课题集中研究了世界最先进的电子政务架构——美国的联邦企业架构(FEA),较为详细地介绍了 FEA 的绩效参考模型(PRM)、业务参考模型(BRM)、服务构件参考模型(SRM)、技术参考模型(TRM)和数据参考模型(DRM),并论述了 FEA 的应用及对我国电子政务的启示。在此基础上,提出我国政府电子政务架构的目标——服务型政府,论述了电子政务架构与服务型政府的关系、电子政务架构与服务型政府架构、电子政务架构与服务型政府的价值功能。最后对南海区政府电子政务架构进行案例研究,分析了南海电子政务架构的现状和发展,集成、影响、功能、效果与反馈,并指出其不足。

本课题的研究,主要还停留在理论层面,集中进行宏观的定性分析,许多微观分析留待以后继续研究,开展政府电子政务架构的定量研究也是今后的方向之一。希望本课题的研究,能对我国政府电子政务架构的确立和完善有一定的指导意义,同时也为今后在这方面的研究起一个抛砖引玉的作用。

第5章 政府 IT 投资价值控制框架

本章要构建一个政府 IT 投资价值控制框架(VPC 框架)。首先对政府 IT 投资价值控制(VPC)及其基本原理进行分析。然后在论述 VPC 框架的功能和特点的基础上,以立项、实施和后评估构成的控制闭环为核心,以过程控制模型和价值分析模型为基本模型,构建出 VPC 框架。

本章论述的主要目的,是要构建出一个系统完整、可操作性强的、基于价值的 VPC 通用框架。在框架的构建过程中,借鉴了先进国家,如美国等在政府 IT 投资控制上的理论成果和成功实践经验,并结合了我国政府 IT 投资的战略目标、行政运作机制和实际控制水平。

第 1 节 VPC 及其基本原理

本节将通过 IT 投资价值的论述,为政府 IT 投资价值进行定义并总结其特点。通过对 IT 投资价值实现过程的探讨,提出将过程控制与价值实现统一起来,通过政府 IT 投资价值控制(VPC),促使政府 IT 投资价值的实现。研究了闭环控制、控制步骤和关键控制过程等重要问题,探讨了 VPC 的基本原理。

为避免混淆,根据 IT Governance Institute (ITGI)的定义,首先对投资组合、项目、实施等几个重要概念进行如下界定:

投资组合(Portfolia)——为优化业务回报而选择、管理和监督的一组项目群、项目、服务或资产。

项目(Project)——根据已获批准的时间进度和预算,能够使组织获得某种特定能力(对于取得要求的业务结果来说是必要但不充分的)的一系列结构化的活动。

实施(Implement)——涵盖直到实现投资的全部预期价值,或因不能实现预期价值而终止的投资项目群的全生命经济周期。

一、政府 IT 投资价值及其特点

IT 投资价值从广义讲是指投资能带来的所有价值,包括战略价值、运营价值、构建价值、财务价值等所有有形和无形的价值。狭义的投资价值仅指货币价值,包括成本/收益、资源配置等收益。目前很多研究直接从操作层的价值,如提高工作质量、缩短产品开发周期等——列举价值的表现结果,但是,对于价值来说这是很难有穷尽的,而且,这也与"不同的项目所带来的价值存在很大差异"的原则相违背,因此,国内外一些学者尝试对价值进行较高层次上的分类,如 DeLone & McLean (2003)从系统功能和用户满意度,Choo (2002)从信息价值,Willcocks (2002)从为经营提供的服务、减少的成本、提高的管理效率、增加的收入、竞争优势的加强,徐维样(2000)从战略价值、管理价值、经营价值、业务价值、系统价值、技术价值等方面来对 IT 投资价值分类。

以上这些研究对 IT 投资价值的构成因素进行了较为全面的分析,但在实践中要对以上这些价值因素进行测度和控制,还是不具备很强的可操作性和可测度性,需要更直接、更具体意义上的价值指标。为此,一些学者从测度的角度提出了 IT 投资价值的分类,如 IBM 的五维图把 IT 投资价值分为提高管理有效性、技术有效性、管理效率、技术效率以及 IS 资源利用率;Norris 从增加收入、加速收入、增加价值和减少成本四个方面度量 IT 投资价值;Mooney 从 IS 的自动化功能、信息功能、变革功能三个角度去分析 IT 投资在战略层、管理层和操作层所带来的效益;Gartner 公司将 IT 投资价值分类为:由于采用了新的工作方法而节约的费用、打破遗留系统节约的费用、增加的利润效益(包括客户服务的改善、更加轻松进行扩大化和组织发展、制定更优决策)。

从这些关于 IT 投资价值构成因素研究可以分析出,IT 投资在以下几个方面的价值因素已经得到了普遍的认同:(1)对生产率的影响,(2)对用户的影响,(3)对竞争优势的影响,(4)对管理水平的影响,(5)对经济收益的影响,(6)对组织变革和创新的影响。不过最后要形成适合组织本身以及项目本身特点的、一系列多层次的价值构成,还要根据 IT 价值的主要特点以及实际的需要,对这六个方面进行进一步的调整。

对于政府 IT 投资价值来说,由于其投资主体和对象的特殊性,因此表现出不同于企业 IT 投资价值的特点,总结起来,包括:

①政府 IT 投资价值更多地表现为非财务收益(non-financial benefit)。对于一般企业来说,追求最大化经济利润是其主要目标,因此 IT 投资价值主要表现为财务收益;而对于政府来说,虽然也讲究经济效益,但更多追求的是社会效益,存在外部化现象,因此其 IT 投资价值更多地表现为非财务收益。

②政府 IT 投资价值更多的表现为无形收益(intangiable benefit)。无形收益是相对于有形收益而言的,它不像有形收益那样直接地以一定的数值表示出来,而是表现为一种间接的潜在收益。

③政府 IT 投资价值更多地表现为 IT 效率的提高。政府的财政收入是纳税人的赋税,因此 IT 财政支出必须谨慎,必须进行严格有效的预算审批控制,认真花好纳税人的每一分钱是政府的责任和义务;同时,由于政府业务系统的大规模、复杂性,因此对政府 IT 投资必须进行系统规划,防止投资重复浪费的现象发生。这两方面的特点决定的了政府必须注重 IT 投资的系统性和有效性,不仅注重新的业务价值的追求,而且注重不断挖掘已有 IT 投资和基础设施的潜力,不断提高 IT 效率。

二、过程控制与价值实现的统一

管理学多注重于控制过程的研究,通过过程控制来取得想要的结果(或价值),而基于结果的管理代表了一种新的管理方法和发展趋势,注重于结果(或价值)的控制与管理,如美国 1993 年通过的《政府绩效与结果法案》(Government Performance and Result Act (GPRA) of 1993, Public Law 103–62),标志着美国政府开始重视基于结果的管理方式。本书研究的 VPC 框架,旨在通过基于价值的过程控制,将过程控制与结果(价值)控制的有机结合起来,综合利用这两种管理方式的优势,达到过程控制与价值实现的统一。

在第 2 章中,曾经研究过 ABR、IPF 和 BRA 为代表的 IT 投资价值管理模型,我们可以从中发现一个共同点:它们都是通过对 IT 投资价值实现过程的管理和控制,保证实现 IT 投资价值。这些模型创造性地发现了过程及影响因素对于 IT 投资价值实现的重要作用,也相应地提出了一些解决的对策与方法,但是,这些模型并没有对 IT 投资价值的实现过程及其影响因素做出系统而全面的分析。只有在系统全面地分析政府 IT 投资价值实现过程及其影响因素的基础上,设计一条统一的主线,把价值管理体系中所有活动都串起来,把价值管理这一理念贯穿到结构性的过程控制中去,才能达到过程控制与价值实现的统一,实现 IT 投资价值。

(一)IT 投资价值实现过程的研究

最早提出 IT 投资价值实现过程的是 Trice 和 Treacy(1986)的三层模型。该模型以 IT 投资、IT 应用和组织绩效作为实现 IT 投资价值的过程,并且发现 IT 应用(Utilization)对组织绩效的重要影响。在三层模型的基础上,Lucas(1993)又增加了 IT 设计环节,把 IT 价值实现过程增加到四个。在 IT 投资与 IT 应用之间,Weill(1988)又提出增加 IT 转换环节,并指出 IT 转换有效性可以衡量 IT 支出转化为提供价值资产的能力。Markus(1993)进一步指出,IT 转换有效性决定于某些结构性因素(如组织大小、行业类型和竞争优势等)和内部控制过程(包括 IT 战略的形成、IT 应用系统的开发和 IT 项目管理能力等)。在此基础上,Soh & Markus(1995)提出了新的 IT 价值实现过程模型,认为 IT 投资到组织绩效的产生需要经过 IT 转换、IT 使用和竞争三个过程,更加具体地解释了 IT 投资与组织绩效之间的关系。Marshall(2004)认为 Soh & Markus 的模型没有考虑 IT 支出的业务导向、业务机会和需求驱动 IT 投资,Kohli & Deveraj(2004)也支持这一观点。因此,他们对 Soh & Markus 的模型进行了修改(如图 5-1 所示),形成了比较全面的 IT 投资价值实现模型。

(二)经典 IT 投资价值实现模型的缺陷

以上经典的 IT 投资价值实现模型,是从过程和关键成功因素角度来分析 IT 投资价值实现过程,初步揭示了 IT 投资作用于组织的"黑箱",其优点表现为:首先,把 IT 投资价值实现概化成过程,有助于强调 IT 投资价值转化的动态本性。其次,明确阐述了要从 IT 投资中获得价值不能单单依靠 IT 投资,这就说明当 IT 投资没有达到理想的收益时,组织不能简单地将其归因于 IT 功能所致。

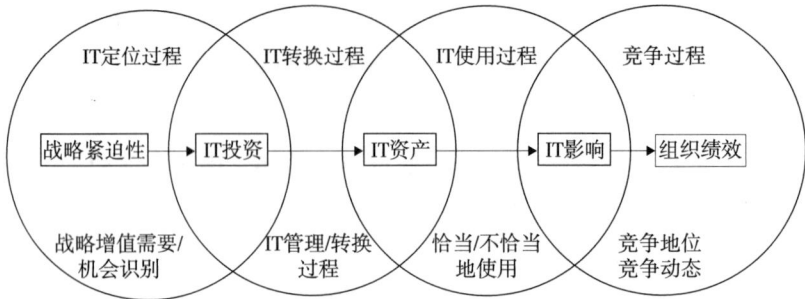

图 5-1　改进的 IT 投资价值实现模型(Marshall, 2004)

　　但是经典的 IT 投资价值实现模型是不完整的,有着明显的缺陷,而且对于政府 IT 投资来说,也有一些不适应的地方,主要表现为:

　　首先,从 IT 开发到投入使用,都要对各个阶段进行形成式的评价(formative evaluation),以发现问题并及时反馈给责任者,便于他们及时改进,即在各个阶段都存在着反馈环节。虽然在经典模型中的转化过程和使用过程中也提到评价,但是这种评价充其量是总结性的评价(summative evaluation),是各个阶段的"终结",而不是用于各个阶段的改进提高。

　　其次,IT 投资价值具有长期效应,要经过相当长的一段时间使用之后才能全部实现,当随着组织环境的改变使原来的 IT 应用不能满足当前业务需求时,还要对 IT 投资进行调整,因此需要在全部投资价值实现后,对项目进行全面的价值分析和评估;不仅如此,IT 投资控制过程也需要在一轮一轮的价值实现过程中不断得到完善,从而不断提高价值实现过程的效率,因此,需要在每项投资实施完毕(全部价值得以实现)后,对过程控制(也即价值实现)的经验教训进行总结反馈。以上两条都要求在 IT 投资实施完毕之后,还应该有一个非常重要的环节——全面价值分析环节,也就是后评估,站在纵观组织所有IT 投资组合的高度,对 IT 投资实现的全部价值进行分析评价,并将过程控制的经验教训反馈到下一轮价值实现中,对过程进行修订和完善,不断增强 IT 投资价值实现过程的效率。这样在经过一轮一轮闭环控制,才有可能通过 IT投资组合实现越来越多的价值。

　　最后,政府 IT 投资价值实现过程具有不同于企业的特点,由于政府 IT 投资的特殊性,不需要通过竞争过程,实现从 IT 资产对组织的 IT 影响到组织绩效改善的转变,因为政府投资价值不必通过市场竞争取得竞争优势来实现。

不仅如此,由于市场作为效率保证机制的缺位,如何促使政府 IT 投资效率并实现最大化价值,是比企业更复杂、更困难的事情。只有以贯穿过程控制始终的全周期价值分析为导向,加强对以价值为核心的政府 IT 投资过程控制,才能促使政府 IT 投资价值得到控制和实现。

(三)过程控制与价值实现的统一

集成上述有关模型的研究成果,本书认为,应该将 IT 投资过程控制与价值实现统一起来,实行基于价值的过程控制(VPC)。在充分考虑政府 IT 投资的特殊性基础上,形成以价值分析为中心,由立项、实施和后评估构成的一个完整的控制闭环(如图 5-2 所示)。控制闭环的各个环节(即立项、实施和后评估),既与前述价值实现过程的各个环节有着紧密的联系,能够完成价值实现过程各个环节的功能,又能够与政府 IT 投资的实际控制过程统一起来。因此本书认为,在立项、实施和后评估构成的控制闭环中,建立和完善基于价值的过程控制(VPC),就可以达到过程控制与价值实现的统一。不断提高 VPC 成熟度就可以改善价值实现过程的效率,从而促使政府 IT 投资价值的实现。

①在立项阶段,应该用一系列标准化的准则,对组织所有的 IT 项目建议进行连续性的比较,通过立项选择构建一个具有优化投资价值最大潜力的 IT 投资组合。立项阶段对应于 Marshall 模型的 IT 定位过程,在立项阶段要根据组织战略增值的需要,识别应用 IT 改善组织使命绩效的机会,从组织的战略紧迫性出发,分析待选 IT 项目的预期价值,选择 IT 投资组合,准确定位组织的 IT 投资,选择最具价值增值潜力的 IT 投资组合。

②在实施阶段,应该对照项目预期成本、进度和收益计划,测度所有实施中的 IT 投资项目的成本、进度和收益,对项目已经实现的价值进行评估分析,并将测度结果与预期价值相对照,决定对实施中的 IT 投资项目采取必要的措施,包括继续实施、修订后实施或予以终止。

实施阶段对应于 Marshall 模型的 IT 转换过程和 IT 使用过程,在实施阶段要实现从 IT 投资到 IT 资产的转换,并要求政府机构根据具体业务环境正确地使用 IT 资产。转换过程不仅仅是设计、开发和交付 IT 应用系统的过程,而且要依靠一系列的控制过程和活动,将 IT 投资转换为由 IT 应用组合、IT 基础设施和使用者技能构成的完整 IT 资产,实现 IT 战略和组织战略的协同,真正

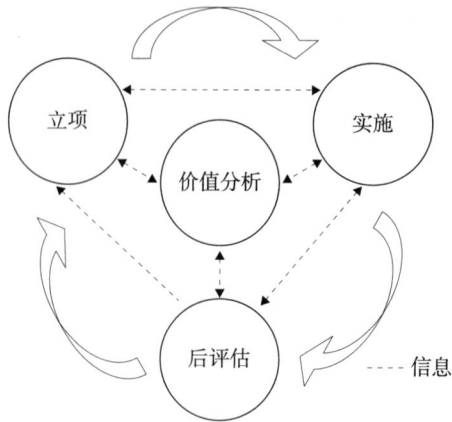

图 5-2　控制闭环

形成政府机构的价值增值体。

　　有了最具价值增值潜力的 IT 资产,如果得不到正确的使用也不会产生最大的实际价值,政府机构必须通过业务流程重组、组织角色和责任的重构等活动,最大限度地发挥 IT 资产的效用,使 IT 投资产生最大价值。由此可见,正如在本书对"实施(Implement)"的定义那样,实施阶段涵盖直到实现投资的全部预期价值,或因不能实现预期价值而终止的投资项目群的全生命经济周期。因此,实施阶段不仅包括了 IT 项目的系统开发建设,也包括了系统的运行维护(O & M),直到全部实现项目价值或项目终止的整个时间段。

　　③在后评估阶段,应该评估实施完毕的 IT 投资对政府使命的实际回报,进行全面的项目价值分析和评估,并评估 VPC 成熟度和总结经验教训,对现有 VPC 进行完善和修订。之所以要进行后评估,一方面是为了对实施完毕的 IT 投资实现的全部价值进行全面评估,另一方面是为了通过 VPC 成熟度评估总结经验教训,对 VPC 进行完善和修订,形成稳定、持续和日益成熟的 VPC,使价值实现过程的效率得到不断提升。

　　应该特别指出的是,在立项、实施和后评估的所有阶段都需要进行价值分析和评估,因此价值分析居于整个控制闭环的中心地位,对 VPC 具有导向作用,是保证实现投资价值的基础。

三、VPC 的基本原理

通过对政府 IT 投资价值及其特点、价值实现和过程控制的分析,我们可以推知,只有将价值实现与过程控制统一起来,建立和完善基于价值的过程控制(VPC),才能促使政府 IT 投资价值的实现。在第 1 章中曾经定义了 VPC,下面对 VPC 的基本原理进行探讨。

(一)闭环控制

由立项、实施和后评估构成的控制闭环(如图 5-2 所示)形成了一个闭环控制系统。闭环控制系统又称反馈控制系统,它是按被控变量的偏差进行调节的,被控变量又通过一定的机制自动影响操纵变量,构成一个闭合回路。闭环控制系统应用较为广泛,这主要是因为它能适应给定值和扰动的不同变化,使被控变量趋向于给定值,而开环控制系统却做不到。闭环系统也有缺点,因为它是按偏差调节的,在扰动出现时,不能立即引起控制作用,所以在有些情况下调节不及时。闭环控制是 VPC 的一种最基本的控制方法,也是 VPC 基本原理。

"立项"是通过立项域的过程控制,确定资助 IT 投资的优先次序,根据事前价值分析对项目进行连续比较,选择具有最大价值潜力的 IT 投资组合。"实施"是通过实施域的过程控制,对照事前价值分析得出的预期价值,对实施中的 IT 项目进行事中价值分析,评估项目已经实现的价值,当项目实施出现偏差时,迅速采取行动纠正偏差,保证 IT 投资持续满足政府机构的业务需求。"后评估"是通过后评估域的过程控制,对已实施完毕的项目进行事后价值分析,全面评估项目实现的全部价值,比较实际与预期价值;评估 VPC 成熟度,寻找 VPC 的不足之处,将经验教训反馈到立项域,不断修订和完善 VPC,使政府机构的 VPC 成熟度不断提高,改善价值实现过程的效率。在由立项、实施和后评估构成的控制闭环中,价值分析居于中心地位,贯穿于立项、实施和后评估的每个环节中。价值分析对过程控制具有导向作用,它有助于在每个环节中做出正确的判断和决策,保证通过 VPC 实现最优投资价值,并寻找 VPC 的缺陷,提出改善 VPC 的建议。

在以上控制闭环中,存在着双向或单向的信息流动。立项与实施之间、实施与后评估之间都存在双向的信息流动,而在后评估与立项之间存在单向的信息流动(因为只存在将后评估总结的经验教训反馈到立项与实施环节,不存在立项向后评估的信息流动);价值分析与立项、实施和后评估之间都存在双向的信息流动(在价值分析时,要从三个环节收集信息;同时,通过价值分析需要向三个环节反馈信息,为过程控制提供决策支持)。立项、实施和后评估的控制闭环,构成了 VPC 的多段控制系统。

(二)控制步骤

如前所述,通过由立项、实施和后评估构成的控制闭环,对政府 IT 投资实行基于价值的过程控制(VPC),能达到过程控制与价值实现过程的统一。因此 VPC 的控制步骤,也可分为立项、实施和后评估三个阶段。

为了提炼 VPC 的控制步骤,可以参考 OMB(2003)以大量的成功实践为基础提炼出的 IT 投资控制步骤①。OMB 将控制步骤分为选择、控制和后评估三个阶段,与本书所述的立项、实施和后评估三个阶段相对应。选择阶段的步骤包括:筛选项目建议→分析项目风险、收益和成本→根据风险和回报对项目排序→决定投资组合并进行最终取舍;控制阶段的步骤包括:对照预期成本、进度和绩效监测项目和系统→采取措施纠正偏差;后评估阶段的步骤包括:进行后评估→决定对系统进行调整→总结并反馈经验教训。

由 OMB 提炼的控制步骤可以看出,无论是在哪个阶段,都要进行 IT 投资的 CBSR(成本、收益、进度和风险)分析。在选择阶段,要分析项目风险、收益和成本,估计 IT 投资项目的预期价值,以此为依据对项目排序并最终确立投资组合;在控制阶段,要对照预期成本、进度和绩效监测项目和系统,从而决定对项目采取必要的措施,或继续,或修订推迟,或终止;在后评估阶段,要根据项目的 CBSR 全面评估其价值,根据评估结果进行系统调整,总结并反馈经验教训。

在三个阶段进行 CBSR 分析,实际上是力图通过 CBSR 这几个变量来评估 IT 投资价值。实际上,CBSR 这几个变量是影响 IT 投资价值的主要因素,

---

① OMB,Evaluating Information Technology Investments, 2003. 3.

虽然在三个阶段的 CBSR 分析的侧重点有所不同,但实际上都是要试图通过 CBSR 分析来评估 IT 投资价值。因此以价值分析代替 CBSR 分析,可以更加全面地评估 IT 投资价值。在立项、实施和后评估阶段进行的价值分析,可以分别称为事前价值分析、事中价值分析和事后价值分析。

因此,在 OMB 提炼的控制步骤基础上,以价值分析代替 CBSR 分析,并在后评估中加入 VPC 成熟度的评估,就可以形成 VPC 的控制步骤:

①立项阶段的控制步骤包括:筛选项目建议→事前价值分析→根据事前价值分析对项目排序→决定投资组合并进行最终取舍;

②实施阶段的控制步骤包括:进行事中价值分析,对照事前价值分析监测项目和系统→采取措施纠正偏差;

③后评估阶段的控制步骤包括:进行事后价值分析,全面评估投资价值→评估 VPC 成熟度→总结并反馈经验教训。

(三)关键控制过程

在以价值分析为中心的控制闭环中(如图 5-2 所示),立项、实施和后评估构成了 VPC 的三个控制域,其中每个域都有上述若干个控制步骤。

仅仅按照立项、实施和后评估域中的控制步骤,还不能有效地进行基于价值的过程控制。控制工作效率的要求,强调了控制关键点原理的重要性。所谓控制工作效率,是指控制方法如果能够以最低的费用或代价来探查和阐明实际偏离或可能偏离计划的偏差及其原因,那么它就是有效的。对控制效率的要求既然是控制系统的一个限定因素,自然就在很大程度上决定了主管人员只能在他们认为是重要的问题上选择一些关键因素来进行控制。根据控制关键点原理,为了进行有效的控制,需要特别注意衡量工作成效时有关键意义的那些因素。控制了关键点,也就控制了全局。因此为了提高控制工作效率,必须寻找关键成功因素,并从中提炼出若干关键控制过程。所谓关键控制过程,是指能够最有效地推动 VPC 的建立和制度化,显著提高成熟度的一系列条件与活动。

近年来,不少学者对 IT 投资的关键成功因素进行过分析。Francalani (2001)发现 IT 投资项目大小和组织复杂程度是决定项目执行的关键因素,丹·雷米意(2002)将 IT 项目未能成功实施的主要现象归纳为六方面,Fiona

Nah 和 Janet Lau(2001,2002)从以往文献总结 11 个关键影响因素,吴瑞鹏、陈国青(2004)选取了 13 个 IT 投资关键成功因素。

这些学者都从不同角度对 IT 投资的关键成功因素进行了研究,但都不是专门针对政府 IT 投资进行的。GAO(2004)通过对大量成功案例的分析和总结,在 ITIM 成熟度框架中,指出了成功的政府 IT 投资要求的 13 个关键过程(critical processes)。根据这些关键过程的完成情况,GAO 已经成功地在 2002对美国劳工部(Department of Labor)、美国邮政管理局(United States Postal Service),2003 年对内政部土地管理局(Bureau of Land Management),2004 年对美国联邦航空局(FAA)等数个联邦政府机构进行了 ITIM 成熟度评估。这种评估已经成为政府机构的 IT 投资预算是否能获得美国议会批准的重要依据,并且已经成为 GAO 的一项常规审计活动。

GAO 提出的 13 个关键过程,是独立于技术和政府机构的具体环境条件的,对于政府 IT 投资控制来说具有普遍适用性。它们不仅与前述各个学者总结的关键成功因素具有一致性,而且与价值实现过程是统一的,因为 CBSR(成本、收益、进度和风险)分析贯穿这些关键过程中并且具有导向作用的,而实际上 CBSR 是影响价值实现的关键因素。因此,本书在 GAO 提出的关键过程的基础上,将与 CBSR 分析相关的内容进行总结后上升为价值分析,因为实现投资价值是过程控制的最终目标,由 CBSR 分析上升为价值分析,使控制的目标更为明确和全面;在后评估中增加 VPC 成熟度评估,使后评估不仅仅是对已实施完毕的 IT 投资进行事后价值分析,而且要进行 VPC 成熟度评估并总结反馈经验教训,为不断完善 VPC 指明方向。修订后的关键控制过程如表 5-1 所示。

关键控制过程是从三个域的关键成功因素中总结提炼出来的,有的属于某个控制域,有的则可能横跨几个控制域。关键控制过程与控制域的对应隶属关系如表 5-2 所示,表中的"+"表示关键控制过程属于对应的控制域,"-"表示关键控制过程不属于对应的控制域。

表 5-1　VPC 关键控制过程

代码	名称	定义
P_1	设立控制部门	在政府机构中设立一个或多个 IT 投资控制部门,制定指导性政策,选择成员,规定角色、责任和权力。
P_2	满足业务需求	定期审查每个 IT 项目与业务需求的一致性,确保 IT 项目持续满足政府机构的业务需求。
P_3	选择投资	进行事前价值分析,根据预期价值选择新的 IT 项目和重新选择在建 IT 项目。
P_4	监督投资	对照预期价值监控项目的实施,并对项目进行事中价值分析,评估已经实现的投资价值。
P_5	获取投资信息	获取并维护投资的具体信息,为决策者提供资产跟踪数据。
P_6	制定投资组合标准	设计定量或定性的价值指标,为确定投资组合提供比较和选择项目的标准。
P_7	选择投资组合	比较投资价值,选择适当的投资组合。
P_8	监督投资组合	对照预期价值分析监控投资项目组合的实施,并对投资组合进行事中价值分析,评估已经实现的投资价值。
P_9	后评估	进行项目事后价值分析,评估 IT 项目实现的全部价值;评估 VPC 成熟度,吸取并反馈经验教训。
P_{10}	改善投资组合价值	对投资组合进行事后价值分析,根据投资组合信息评估投资组合价值,改善 VPC 和提高未来投资组合的价值。
P_{11}	继承管理	用较高价值的继承者替代现有 IT 投资(资产)。
P_{12}	VPC 的优化	预测、选择和应用信息技术,通过学习和借鉴先进的控制经验,不断完善 VPC,追求一流的控制效果。
P_{13}	IT 驱动的战略性业务转变	应用 IT 实现业务流程的战略性变革,推动政府机构探索完成使命的更好方式。

表 5-2　关键控制过程与控制域的对应隶属关系

	立项(A)	实施(B)	后评估(C)
P_1	+	+	+
P_2	+	+	+
P_3	+		
P_4	+	+	-
P_5	+	+	+

续表

	立项(A)	实施(B)	后评估(C)
P_6	+	−	−
P_7	+	−	−
P_8	−	+	−
P_9	−	−	+
P_{10}	−	+	+
P_{11}	−	−	+
P_{12}	+	−	+
P_{13}	+	+	+

(四)VPC 的基本原理

综合以上研究,可以通过图 5-3 对 VPC 的基本原理作一个完整的描述。

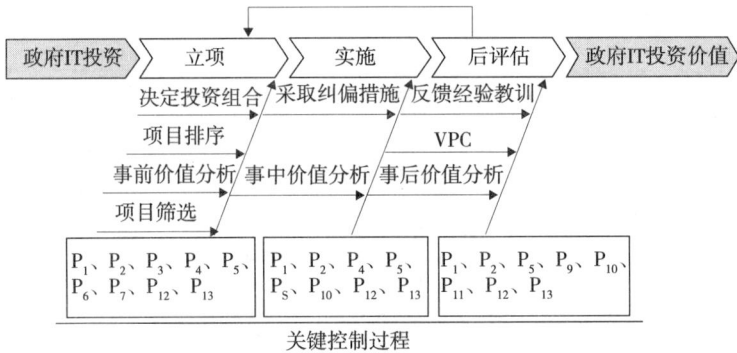

图 5-3 VPC 的基本原理

①政府 IT 投资价值控制,能够达到过程控制与价值实现的统一,通过提高 VPC 成熟度来改善价值实现过程的效率,促使政府 IT 投资价值的实现。

②VPC 分为立项、实施和后评估三个域,形成一个完整的控制闭环,价值分析居于控制闭环的中心。

③在每个域都有一系列控制步骤,它们是每个域中按顺序排列的一系列控制活动,价值分析是贯穿其中具有导向作用的重要活动。虽然每个域的价

值分析活动有不同的侧重点,但可以使用一个通用的价值分析工具,具体使用时只需根据各个域过程控制的需要,对价值评估指标进行适当的裁剪即可。

④根据关键成功因素提炼出的关键控制过程,是过程控制的关键点,可以提高过程控制的效率。关键控制过程可能属于某一个域,也可能属于某几个域。抓住关键控制过程就可以抓住关键控制点,有效地建立和完善基于价值的过程控制。

第 2 节 VPC 框架的构建

政府 IT 投资能提高政府的服务水平,改善政府的管理绩效,但是也存在高风险、高成本与低回报的可能,因此必须以价值分析为导向,对政府 IT 投资进行有效的过程控制,以保证投资价值得到实现。要成功地控制政府 IT 投资,最重要的是建立和完善 VPC,形成足够的 VPC 成熟度,以减少随意性和偶然性带来的风险,增强投资结果的可预测性和价值管理能力。这需要以立项、实施和后评估的控制闭环为核心,以 IT 投资价值分析为导向,构建一个通用的 VPC 框架,指导 VPC 的建立、完善和成熟度评估,通过提高 VPC 成熟度不断改善价值实现过程的效率,促使政府 IT 投资价值的实现。

一、VPC 框架的功能及特点

在构建 VPC 框架之前,首先分析 VPC 框架应具备的功能与特点。

(一)VPC 框架的功能

所谓 VPC 框架,是通过模型和方法的研究,为建立和完善以价值分析为导向的过程控制,不断提高 VPC 成熟度以改善价值实现过程的效率,促使政府 IT 投资价值的实现,提供一套完整的方案。因此,VPC 框架必须具备的两大基本功能:首先,应具备过程控制功能;其次,应具备价值分析功能。

1.过程控制功能

美国等先进国家的理论研究与实践表明,过程控制越完善,政府 IT 投资的就越可能创造出更高的价值,因此可以通过完善 VPC 来增强价值管理能力。从上一节的分析可知,VPC 可以分为立项、实施和后评估三个控制域。从三个域的关键成功因素中提炼出若干关键控制过程,这些关键控制过程是建立和完善 VPC 并提高其成熟度的核心和重点。

每个关键控制过程形成了可供操作和监督的基本控制单元,只有对这些基本的控制单元(关键控制过程),设立控制目标和控制指标,才能为关键控制过程的建立和完善提供指导和监督。基本控制单元的建立与完善,为建立和完善各个控制域的过程控制奠定了基础,在此基础上就能实现各个控制域的控制目标,提高整个 VPC 的成熟度,促使政府 IT 投资价值的实现。

2.价值分析功能

政府 IT 投资控制的根本目的,是为了保证实现 IT 投资价值,因此价值分析是 VPC 框架的重要功能之一。

根据过程控制对价值分析的适应性要求,价值分析应该是以统一理念为指导的、贯穿于政府 IT 投资全周期的、多种评估分析方法结合的、多相关方参与的、持续反复的、与 VPC 的过程和活动相协同的一系列评估分析活动的组合。从项目概念的产生到项目价值的充分实现,价值分析完全整合进 VPC 各控制域的控制步骤和关键控制过程之中,成为推动政府 IT 投资价值最大化的直接动力,是一种全周期的价值分析活动。

从图 5-3 中可以看出,在 VPC 三个域的控制步骤中,都贯穿了价值分析活动。在立项域有事前价值分析,在实施域有事中价值分析,在后评估域有事后价值分析。各控制域的价值分析的主要目标和内容如表 5-3 所示。

表 5-3 各控制域的价值分析的主要目标和内容

价值分析类型	主要目标	主要内容
事前价值分析(立项域)	理解项目背景、定义项目目标、最终项目组合方案的选择、为后两个控制域的事中、事后价值分析提供关键变量以及判断的准则	根据组织的战略目标、能力以及特殊需求,定义具体的项目目标(Willcocks, 1994);选择与项目目标一致的评价标准或指标(Lefley, 1994; Farbey, 1993);选择合适的评价技术对各备选方案进行评估与决策的过程。(Irani, 2001; Farbey, 1993; Willcocks, 1996; Ward, 1990)

价值分析类型	主要目标	主要内容
事中价值分析（实施域）	监控项目环境和项目关键变量的变化并及时做出响应,促进项目的顺利进展、确保项目价值的实现	根据事前评估指标,选择监控的关键变量,并实施监控(谭清美,1999;白思俊,1999,Ward,1996),搜集项目的进展信息和相关者的意见(Remenyi,1997)定期召开控制协调会议,做出项目过程的判断(白思俊,1999;Willcocks,1994;Remenyi,1997)反馈项目变化情况,修正项目目标(Remenyi,1997)
事后价值分析（后评估域）	以实际的数据资料为基础,对投资行为及项目管理行为进行评估和分析,提供反馈信息,总结经验,对VPC进行修订,同时也为判断信息化项目的成功与否提供决断依据	根据项目实施过程,重新整理项目目标(G. Norris,1996)。搜集数据,分析项目结果与项目期望价值之间的差异,寻找主要原因(Hallikainen,2000;GAO report,1999)。测度项目的使用情况以及用户满意度的调查(Delone,1992)。评价项目实施过程(Hallikainen,2000)。总结项目经验,并进行信息的反馈(G.Norris,1996)

　　要实现过程控制和价值分析这两大功能,必须借助于两个模型——过程控制模型和价值分析模型。前者用于指导 VPC 的建立、评估和完善,后者用于政府 IT 投资价值的分析和评估。这两个模型构成了控制框架的两个基本模型。VPC 框架,就是以贯穿全过程的价值分析和评估为导向,通过建立、评估和完善基于价值的过程控制,提高 VPC 成熟度,以改善价值实现过程效率,保证实现政府 IT 投资价值的完整方案。

（二）VPC 框架的特点

根据 VPC 框架应该具备的功能,可以推导出框架应该具备以下特点:

1.以业务目标为中心

构建 VPC 框架的目的,是试图提供一套具有指导意义的解决方案,帮助政府机构有效利用有限的资源,以价值分析和评估为导向,建立和完善过程控制,保持 IT 投资与业务目标的一致性,提高政府 IT 投资价值。

要求 IT 投资支持政府机构的业务目标,不仅要求清楚客户提出哪些业务需求,还要理解通过 IT 提交哪些服务和怎样提交这些服务以满足客户的业务需求。为了满足业务需求,就需要进行 IT 投资以形成足够的技术能力和业务能力,取得预期的结果。要使 IT 投资与业务目标保持一致,则必须对 IT 投资实行有效控制。

2.以价值分析为导向

Sheila.e.Murphy 曾经非常形象地把评价比喻为一面镜子,它能客观准确地反映现实情况并提供及时反馈,不会对主要的项目活动造成过多的干扰,是很好的自检和自我调节工具。在由立项、实施和后评估形成的控制闭环中,每个环节都贯穿了价值分析活动。立项阶段的事前价值分析,为选择最具价值潜力的投资组合提供决策依据;实施阶段的事中价值分析,为监督和控制投资项目沿着既定方向正确实施,当发生偏差时及时采取适当措施提供了必要工具;而后评估阶段的事后价值分析,则是对已实施完毕(已进入运行维护阶段)的 IT 投资项目进行全面的价值评估,为吸取经验教训,改进 VPC 提供重要途径。因此,VPC 框架是以价值分析为导向的。

总结起来,价值分析在 VPC 框架中的作用可以归结为判断、控制、理解和学习四个方面。所谓判断作用是指分析已经发生或可能发生的情况并做出判断,具体体现在价值分析是作为项目投资决策过程的一部分(Willcocks,1996),为备选方案的竞争和对比提供标准和工具(King, Mcaulay, 1997),通过价值分析了解资金使用情况,为更好地管理投资提供手段(Farbey, 1992)。

控制作用是指价值分析为项目控制提供一系列评估标准,作为纠正偏差和协调各方利益的工具,具体体现为优化资源配置,实现预定目标(Vassills,2000),满足 IT 战略价值的高层管理需要,为 IT 项目控制提供决策支持,支持政府机构充分挖掘 IT 投资或资产的价值潜力,实现创新(Ballantine, 1998)。

理解作用是指价值分析能帮助政府机构更好地理解业务目标、IT 投资与业务目标的一致性,在整体范围内达成共识。理解作用具体体现为确保系统持续按预定方向发展(Ballantine, 1996),为组织开发新业务、提高业务绩效提供新的管理和组织方式(Earl, 1988),在项目前和项目中获取参与者的认同(Vassills, 2000)。

学习作用是指学习系统建设与评价,为类似项目建设积累知识和解决问题的能力。具体体现为提高系统评价和系统实施能力的学习工具(Willcocks,1996),提高 IT 项目实施能力的成熟度(Andresen, 2001)。

3.过程控制与价值实现的统一

过程是指产生某种结果的行动序列,控制是指为实现业务目标,预防、发现和纠正不良事件提供合理保证的政策、程序、惯例和组织结构①。以贯穿过程始终的价值分析为导向,对选择政府 IT 投资、控制和监督投资进展、评估最终结果(包括对 IT 投资进行控制和决策的必要政策、惯例和程序)的过程进行控制,就是基于价值的过程控制(VPC),它通过基于价值的过程控制来实现政府 IT 投资价值,达到了过程控制与价值实现的统一。VPC 分为立项、实施和后评估三个域,从每个域的若干关键成功因素中,可提炼出若干关键控制过程。关键控制过程是控制的基本单元和关键控制点,为了检验关键控制过程的完善程度,可以为每个关键控制过程设计出若干控制指标。

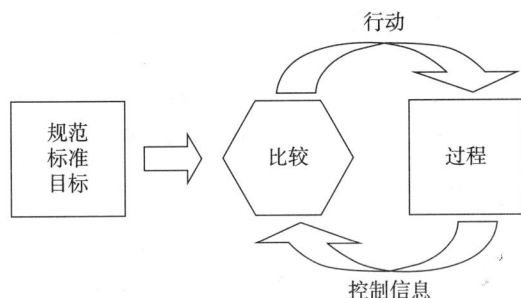

图 5-4　基本的控制原理

如图 5-4 所示的标准控制模型(见 COBIT4.1),说明了 IT 投资的基本控制原理。控制目标提供了对每个域、关键控制过程和控制指标的一套完整的管理要求。它说明了提高价值或降低风险的管理行动,由政策、程序、惯例和组织结构组成,能合理保证业务目标的实现,偏差的预防、发现和纠正②。框架为各控制域及其关键控制过程分别提出了控制目标,对每个基本的控制单

---

① Control is defined as the policies, procedures, practices and organisational structures designed to provide reasonable assurance that business objectives will be achieved and undesired events will be prevented or detected and corrected. (COBIT 3.0, P12, 引自 COSO 报告"Internal control-Integrated Framework", Committee of Sponsoring Organisations of the Treadway Commission, 1992)。

② a statement of the desired result or purpose to be achieved by implementing control procedures in a particular IT activity. (COBIT 3.0, P12, 引自 SAC 报告"Systems Auditability and Control Report", The Institute of Internal Auditors Research oundation, 1991 and 1994)。

元(关键控制过程)还进行了过程描述,并提出了若干控制指标,将这些控制目标和控制指标联合构成一个控制系统,就能对 VPC 框架的控制要求有一个完整的把握。

4.以过程控制的检查和评估为驱动

控制是需要成本的,要消耗一定的资源(包括人、资金、工具和信息),应该保持控制的引致成本与收益的对称,防止出现投入大于产出的情况出现。由于控制的引致成本是容易计量和监督的,而控制的引致收益不易计量和监督,因此,必须加强过程控制的质量监督和效果检查。首先,要根据控制域、关键控制过程及其控制指标的实现情况,评估 VPC 成熟度。由于关键控制过程是控制的基本单元,根据关键控制过程的控制目标、过程描述和控制指标,持续检查、监督和指导关键控制过程的建立和完善,就可以从根本上监督 VPC 的质量。其次,由于 VPC 成熟度的提高,导致 IT 投资价值实现过程的效率改善,因此通过贯穿全过程的价值分析,就可以对 VPC 效果进行直接检验。通过 VPC 成熟度评估和价值分析,还可以分析 VPC 的优势与缺陷,为 VPC 的建立和进一步完善提供有实际价值的建议。

5.以促使政府 IT 投资价值的实现为己任

框架的主要应用对象,是需要提高 IT 投资价值实现过程效率的政府机构。借助 VPC 框架,政府机构就有可能建立比较完善的过程控制,形成较强的价值分析能力,不断提高价值实现过程的效率,促使政府 IT 投资价值的实现。

二、VPC 框架的系统分析

VPC 框架的系统建模是非常复杂的,牵涉到纵横交错的多重复杂关系。下面仅对与本书研究有直接关系的部分,即 VPC 中存在的多级、多段和多层控制进行系统分析。

所谓多级控制,是指政府机构可以设立由最高控制部门和下级控制部门构成的多级控制部门,实现政府 IT 投资的分级控制。所谓多段控制,是指由立项、实施和后评估形成的控制闭环,实现政府 IT 投资的分段控制。所谓多层控制,是指由域、过程和关键控制过程构成的层次结构,实现政府 IT 投资的分层控制。

由于 VPC 形成了一个具有复杂性的大系统,应该考虑应用大系统控制论中的多重广义算子模型,将大系统分解成若干"子系统",而子系统又可以再细分为"子子系统",采用变粒度模型(Variable-size Model，VM)分别对大系统、子系统和子子系统建立相应的粗粒度、中粒度和细粒度广义算子模型。因此,可以应用多重广义算子模型,通过系统的分解和联合,分别建立政府 IT 投资的多级、多段和多层控制的系统模型,为构建 VPC 框架奠定理论基础。

广义算子模型是在拓广了传递函数、智能函数的基础上建立起来的模型,主要描述系统的外部输入和输出之间的变换功能和传递特性(如图 5-5 所示)。

图 5-5　广义算子模型

$K(\cdot)$ 为广义算子,U 为广义输入,Y 为广义输出。广义算子模型可以表示为 $Y \doteq K(\cdot)U$,式中" $\doteq$ "是广义等号,表示广义输出 Y 是广义输入 U 经广义算子 $K(\cdot)$ 变换或传递而产生的结果。广义算子模型有实验归纳、系统演绎和内外转换等建模方法。

由变粒度广义算子模型和广义算子关系模型,经"分解—联合"就可以构成大系统的多重广义算子模型。首先,对大系统进行纵向分解(分层)和横向分解,建立不同粒度的、各层的子系统的广义算子模型 $K_{\mathrm{I}}(\cdot)$，$K_{\mathrm{II}}(\cdot)$，$K_{\mathrm{III}}(\cdot)$ 等。其次,建立纵向、横向的广义算子关系模型 $R(\cdot)$，$r(\cdot)$ 等。最后,利用关系算子将变粒度广义算子联结起来,构成大系统的多重广义算子模型。

(一)多级控制

图 5-6 描述了在政府机构中,由上级控制部门和下级控制部门构成的二级控制系统。由上级控制部门领导的上级控制系统作为协调控制级,构成粗粒度广义算子模型:

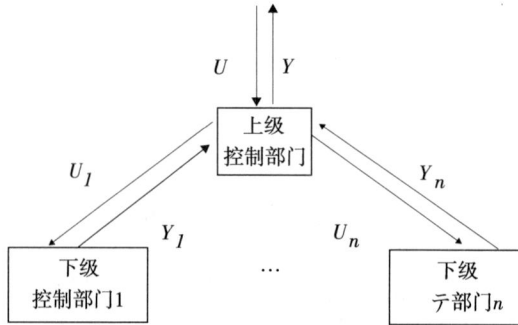

图 5-6　VPC 中的多级控制

$$Y_i = K(\cdot)\, U \tag{5.1}$$

式中 $K(\cdot)$ 为协调宏观广义算子；Y 为大系统总输出；U 为大系统总输入。

由下级控制部门领导的下级控制系统作为各局部控制系统，构成细粒度广义算子模型：

$$Y_i = K_i(\cdot)\, U_i, \qquad i = 1,2,\cdots,n \tag{5.2}$$

式中 K_i 为第 i 个局部控制系统微观广义算子；Y_i 为第 i 个局部控制系统输出，U_i 为第 i 个局部控制系统输入。

上级控制部门根据大系统的总输入（如总的目标任务和总的资源条件），对下级各控制部门进行任务分配和资源分配（$U_i, i = 1,2,\cdots,n$）。因此，具有下行纵向关系算子的模型为：

$$U_i = R_{i\downarrow}(\cdot)\, U_i, \qquad i = 1,2,\dots,n \tag{5.3}$$

式中 $R_{i\downarrow}(\cdot)$ 为下行纵向关系算子。

下级各控制部门的输出，上行集总到上级控制部门，以构成大系统的总输出。因此，具有上行纵向关系算子的模型为：

$$Y_i = R_{i\uparrow}(\cdot)\, Y_i, \qquad i = 1,2,\dots,n \tag{5.4}$$

式中 $R_{i\uparrow}$ 为上行纵向关系算子。

因此，由上级、下级的粗、细粒度广义算子模型与上行、下行纵向关系算子模型，可联合组成多级控制系统的多重广义算子模型。

(二)多段控制

由政府 IT 投资的立项、实施、后评估形成一个控制闭环(如图 5-2 所示),形成多段控制(如图 5-7 所示)。

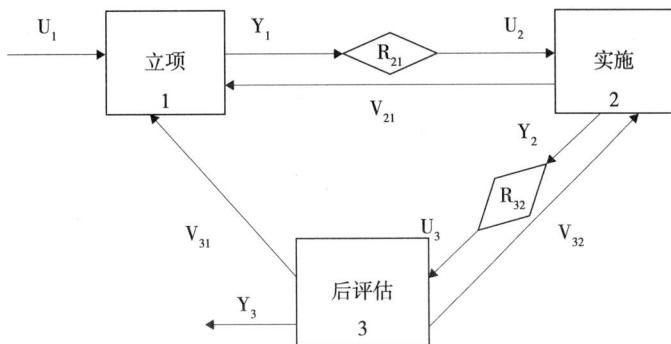

图 5-7　多段控制

立项、实施、后评估的广义算子模型分别为:

$$Y_1 = K_1(\cdot)(U_1 \oplus V_{21} \oplus V_{31}) \tag{5.5}$$

$$Y_2 = K_2(\cdot)(U_2 \oplus V_{31}) \tag{5.6}$$

$$Y_3 = K_3(\cdot)U_3 \tag{5.7}$$

式中 Y_1, Y_2 和 Y_3 分别为立项、实施和后评估的输出。$K_1(\cdot)$, $K_2(\cdot)$ 和 $K_3(\cdot)$ 分别为立项、实施和后评估的广义算子。U_1, U_2 和 U_3 分别为立项、实施和后评估的输入。V_{21} 为实施对立项的信息反馈,V_{31} 为后评估对立项的反馈,V_{32} 为后评估对实施的信息反馈。$\oplus$ 为广义加号。

立项和实施之间,实施和后评估之间的关系算子模型分别为:

$$U_2 = R_{21}(\cdot)Y_1 \tag{5.8}$$

$$U_3 = R_{32}(\cdot)Y_2 \tag{5.9}$$

式中 $R_{21}(\cdot)$、$R_{32}(\cdot)$ 分别为立项和实施之间,实施和后评估之间的关系算子。

实施对立项、后评估对立项和后评估对实施的信息反馈关系算子模型分别为:

$$V_{21} \doteq r_{21}(\cdot) Y_2 \tag{5.10}$$

$$V_{31} \doteq r_{31}(\cdot) Y_3 \tag{5.11}$$

$$V_{32} \doteq r_{32}(\cdot) Y_3 \tag{5.12}$$

式中 r_{21}、r_{31} 和 r_{32} 分别为实施对立项、后评估对立项和后评估对实施的信息反馈关系算子。

总输入、总输出为：
$$\begin{cases} U = U_1 \\ Y = Y_3 \end{cases} \tag{5.13}$$

Y 为控制系统总输出，U 为控制系统总输入。

将以上各式联立,可求得政府 IT 投资多段控制的多重广义算子模型。

(三)多层控制

VPC 的控制域、关键控制过程和控制指标形成如图 5-8 所示的层次结构。

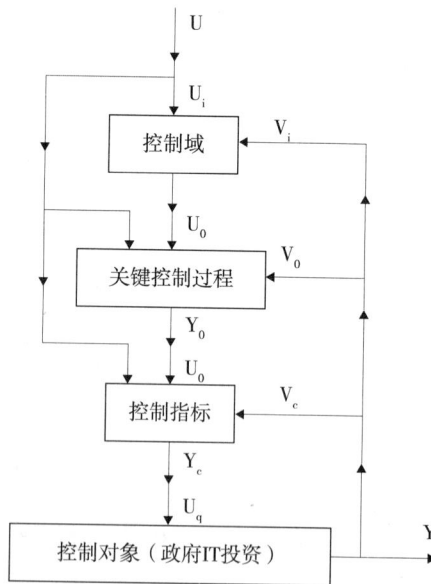

图 5-8　VPC 中的多层控制

图中的多层控制分为 3 层：

（1）域层，其广义算子模型为

$$Y_i = K_i(\cdot)(U_i \oplus V_i) \tag{5.14}$$

（2）过程层，其广义算子模型为

$$Y_0 = K_0(\cdot)(U_0 \oplus V_0) \tag{5.15}$$

（3）指标层，其广义算子模型为

$$Y_c = K_c(\cdot)(U_c \oplus V_c) \tag{5.16}$$

被控制对象（政府 IT 投资）的广义算子模型为

$$Y_q = K_q(\cdot)U_q \tag{5.17}$$

根据系统的信息结构，有下列关系算子：

（1）下行指令关系

$$U_o = Y_i(\cdot) \oplus R_{io}(\cdot)U_i$$
$$U_c = Y_o(\cdot) \oplus R_{oc}(\cdot)U_o \tag{5.18}$$
$$U_q = .Y_c$$

式中 $\oplus$ 为广义加号。

（2）上行（反馈）关系

$$\begin{cases} V_i = R_{qi}(\cdot)Y_q \\ V_o = R_{qo}(\cdot)Y_q \\ V_c = R_{qc}(\cdot)Y_q \end{cases} \tag{5.19}$$

（3）总输入、总输出

$$\begin{cases} U = U_i \\ Y = Y_q \end{cases} \tag{5.20}$$

将（7.14）至（7.20）联立，构成政府 IT 投资多层控制的多重广义算子模型。

对政府 IT 投资控制框架的系统分析，为进一步构建政府 IT 投资控制框架奠定了理论基础。

三、VPC 框架的构建

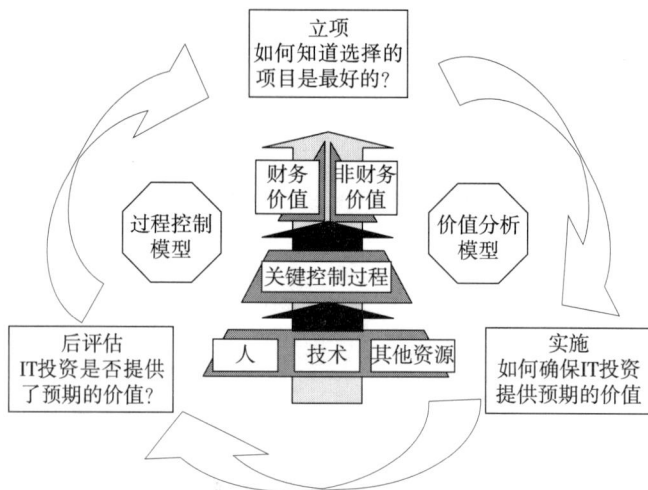

图 5-9　VPC 框架

　　通过前面的论述,可以构建出 VPC 框架(如图5-9所示)。立项、实施、后评估构成了一个完整的控制闭环(见图5-2),它们同时也是 VPC 的三个控制域,在这个控制闭环中不断建立、评估和完善 VPC,并不断实现政府 IT 投资价值。过程控制模型和价值分析模型是 VPC 框架的两个基本模型,分别完成过程与价值分析两个基本职能。

　　可以把 VPC 框架看做是展开了的基于价值的过程控制闭环路径图。VPC 以贯穿 IT 投资全生命周期的价值分析为导向,通过不断评估、反馈、决策和修正等一系列相互依赖、相互支持的过程与活动,在全周期中积极响应项目内外的不断变化,持续反馈和修正以关键控制过程为基本控制单元的 VPC,促使政府 IT 投资价值的全面实现。VPC 的所有活动都是以价值分析为导向,围绕定义、修正价值目标,优化、评估和实现投资价值来进行的。

　　VPC 框架的运作机理是:在立项、实施和后评估的控制闭环中,在人、技术和其他资源支持下,应用过程控制模型建立、评估和完善 VPC,不断提高VPC 成熟度;应用价值分析模型进行过程控制中的事前、事中和事后价值分析,提供价值测度、反馈信号和决策支持,为过程控制提供导向。在控制闭环中,过程控制与价值分析被融合在一起,达到了过程控制与价值实现的统一,能够充分利用过程控制与结果控制的综合优势,不断提高 VPC 成熟度并改善价值实现过程的效率,保证实现政府 IT 投资价值(包括财务价值和非财务价值)。

控制域、关键控制过程及其控制指标是 VPC 的完整结构,其中关键控制过程是 VPC 结构的核心。在立项、实施和后评估三个控制域中,都可从关键成功因素中提炼出若干关键控制过程。关键控制过程及其控制指标,是建立和完善 VPC 的具体要求,也是 VPC 成熟度的评估指标。

VPC 框架的目标在于通过提高 VPC 成熟度保证实现政府 IT 投资价值,因此它既是提高 VPC 成熟度的工具,更是一个保证实现政府 IT 投资价值的系统方案。在立项、实施和后评估的控制闭环中,进行全生命周期的价值分析是保证实现价值增值的核心手段。在立项域,通过事前价值分析,对待选 IT 项目的价值进行预测和评估,以选择最具价值潜力的 IT 项目组成投资组合。在实施域,通过事中价值分析,评估已实现的项目价值,并与事前价值分析的结果对照,寻找造成偏差的原因,并采取必要措施予以应对。在后评估域,通过事后价值分析,全面评估 IT 投资的价值,并总结经验教训并向立项域反馈,对 VPC 进行修正和完善。

只有建立、评估和完善满足可复用性、效率性和完整性的 VPC,并制定和不断修订控制文件以形成规范,使 VPC 得到连续、完全和制度化的实行,才能实现控制目标,满足成本和风险最小而回报最大的要求,促使政府 IT 投资价值的实现。VPC 本身也有一个不断完善的过程,在立项、实施和后评估的控制闭环中,通过 VPC 成熟度评估和价值分析,就能发现 VPC 的缺陷,检验 VPC 的改善效果,并提供反馈信息不断完善 VPC。

VPC 框架描述了政府 IT 投资价值控制的总体架构,实现投资价值、控制目标、投资风险和 VPC 之间的有效关联,突出政府 IT 战略目标的主要控制因素,取得控制准确性和工作复杂程度之间的平衡,保证 VPC 的可复用性、效率性和完整性。

VPC 是一个动态的、持续改进的和螺旋上升的过程,它与政府机构的外部环境、内部条件、政府机构与客户需求的变化、技术的进步、持续保持和提高政府服务水平的要求紧密相关。随着政府机构 IT 投资实践经验的积累和

VPC 成熟度的不断提高,需要不断优化 VPC 框架及其模型,使其自身得到不断进化。

本章小结

本章定义了政府 IT 投资价值并总结其特点,研究了价值实现过程,提出通过基于价值的过程控制(VPC)达到过程控制与价值实现的统一,促使政府 IT 投资价值的实现。研究了闭环控制、控制步骤和关键控制过程等重要问题,探讨了 VPC 的基本原理。

对 VPC 框架的功能及特点进行了分析,指出框架必须具备过程控制功能和价值分析功能,因而必须具有与之对应的过程控制模型和价值分析模型。对 VPC 框架进行系统分析,建立了多级、多层和多段控制的系统模型。在以上研究的基础上,构建了以控制闭环为核心、以价值分析为导向、以过程控制模型和价值分析模型为基本模型的 VPC 框架。

第6章 过程控制模型

在第 3 章中,已经论述了 VPC 的基本原理并提出了 VPC 框架。如前所述,VPC 框架有两个基本模型,即过程控制模型和价值分析模型,在本章及下一章将对这两个模型展开详细论述。

过程控制模型可以指导 VPC 的建立和完善,通过提高 VPC 成熟度,促使政府 IT 投资价值的实现。在第 3 章探讨 VPC 及其基本原理时,已经论述了闭环控制、控制步骤及关键控制过程等诸多重要问题,并研究了 VPC 框架的功能及特点、VPC 框架的系统模型等重要理论,这些为构建过程控制模型奠定了重要的理论基础。

在以上基础上,本章开始构建过程控制模型。

第 1 节 过程控制模型的构建

所谓过程控制模型,就是在一定的资源支持下,指导政府机构建立和完善包括域、关键控制过程和控制指标,满足可复用性、效率性和完整性的 VPC,不断提高 VPC 成熟度,最终保证实现 IT 投资价值的方法和工具。

从关于 VPC 及其基本原理的探讨中可以看出,本书所提出的过程控制,是在立项、实施和后评估构成的控制闭环中,以价值分析为导向,建立和完善以关键控制过程为核心的 VPC,促使政府 IT 投资价值的实现。因此,过程控制的核心理论,主要涉及控制域、关键控制过程及其控制指标等方面。

一、VPC 的层次结构

如图 6-1 所示,控制域、关键控制过程和控制指标形成了 VPC 的层次结构。顶层是三个控制域(立项、实施、后评估),中间层是关键控制过程,底层是为每个关键控制过程设计的若干控制指标。控制域、关键控制过程和控制指标形成了 VPC 的多层控制系统,在第 3 章中曾经对此进行过系统分析及建模。

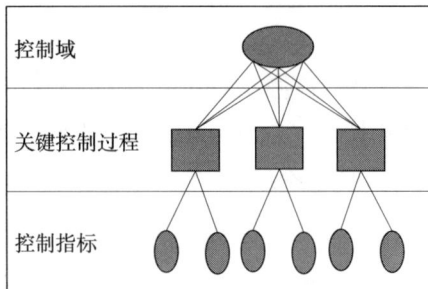

图 6-1　VPC 的层次结构

这里还要强调指出,控制域和关键控制过程之间不存在严格的一一对应关系(详见)。一个关键控制过程可能与立项、实施和后评估域中的一个或几个存在对应隶属关系,例如 P_1(设立控制部门)就与立项、实施和后评估三个域都有关系。

从 VPC 基本原理可知,VPC 由立项、实施和后评估三个域构成,形成一个完整的控制闭环;在每个控制域中,可分为若干控制步骤,这些控制步骤是对 VPC 的进一步细分,整个 VPC 就是由这些控制步骤联结而成的;为了抓住关键控制点或关键控制因素,需要重点建立和完善关键控制过程;为了判断关键控制实现与否,还必须为每个关键控制过程设立控制指标,规定控制目标和指标体系。下面分别对控制域、关键控制过程、控制指标等展开论述。

(一)控制域

由第 3 章的图 5-2 可知,控制闭环是立项、实施和后评估三个环节构成的,价值分析居于闭环的中心。控制闭环的立项、实施和后评估三个环节,既是 VPC 的三个阶段,也是 VPC 的三个控制域。

1.立项域

在由立项、实施和后评估构成的控制闭环中,立项域是投资周期的起点。项目筛选是立项域的起点,即对照统一的筛选标准比较拟申报的 IT 投资项目,判断项目是否满足最基本的立项要求,并确定该项目的审查级别。所有政府 IT 项目,无论处于生命周期的哪一阶段,都应接受价值分析。根据价值分析结果进行比较,按项目优势排出次序。应该以价值分析结果作为统一的排序标准,价值分析至少应考虑成本、收益和风险三大因素,以及项目满足业务需求的程度,并为各个指标按重要性分配权重。最后,由高层管理者最终确定投资组合的构成。

立项域可以帮助政府机构分析项目的潜在价值,选择最符合业务需求的项目。要做好本控制域工作,最重要的是管理层的理解和参与;为决策提供准确、及时的数据支持;强调通过 IT 提高政府机构的业务绩效。

2.实施域

通过立项域将适当的 IT 项目选入投资组合后,在项目实施阶段应该对其实行连续、严密的监督。在项目生命周期的重要阶段,要进行阶段性审查,并进行事中价值分析。对照事中价值分析与立项阶段进行的事前价值分析结果,如果项目进度滞后、成本超支或达不到预计的价值,高层管理者就要决定是继续支持项目,还是对项目进行修订,甚至必要时还要取消项目,并迅速采取措施减轻因项目风险增加和成本超支带来的影响。应根据项目的风险分析、复杂程度及选择成本来决定审查的方式和频度。

3.后评估域

一旦项目完成,就应对项目进行后评估(PIR)[1],主要评估项目实施对政府机构业务绩效的影响,进行事后价值分析;比较事后价值分析和事前价值分析的项目价值,分析项目尚需改进之处;评估 VPC 成熟度,总结和反馈 VPC 的经验教训,不断修订和完善 VPC。

VPC 的三个控制域——立项、实施与后评估,不应被看做是独立的环节,

---

[1]　即 PIR(Postimplementation Review)。

而是连续性的、相互依赖的多段控制系统的一部分。除后评估域与立项域之间只存在单向信息流动外,每个控制域的信息都可在其他控制域之间自由流动,用于其他控制域的控制。在每个控制域,需要根据其他控制域的信息输出不断地修正输入的控制信息,即存在着反馈。

(二)关键控制过程

关键控制过程是过程控制的关键控制点,也是过程控制模型应该研究的重要方面。在第 3 章已经对关键控制过程进行定义,并且通过分析具体列出了所有的关键控制过程(见表 5-1),这里暂不详细展开论述。

(三)控制指标

要建立和完善 VPC 关键控制过程,必须对每个关键控制过程提出的控制目标和具体要求,通过判断关键控制过程是否实现,寻找出 VPC 的缺陷并指导政府机构不断提高 VPC 成熟度,保证实现 IT 投资价值。本书以 GAO 的 ITIM 成熟度框架为基础①,并参照相关标准,为每个关键控制过程设计了控制指标。对控制指标的达标情况进行评估,就能判定关键控制过程的控制目标实现与否,并进一步判断出关键控制过程的完善程度,从而指导不断建立和完善 VPC。

如图 6-2 所示,每个关键控制过程都有自己的控制目标和控制指标,控制指标分为三类:组织要求、必要条件、活动。

"控制目标"说明完成关键控制过程的主要原因及预期结果。"组织要求"是指为完成关键控制过程而要求实施的管理行为。控制部门一般应该参与政府机构的各项章程的制定,并取得高层管理者的支持。"必要条件"是指为完成关键控制过程政府机构必须具备的条件,一般包括资源支持、组织结构的建立及教育培训等。"活动"是指为完成关键控制过程所必须采取的重要行动。"活动"要经历一定的时间,并有可见的结果。"活动"一般包括建立控制过程、完成要求的各项工作并进行跟踪,以及必要时采取纠正行动。

---

① 见本书第 2 章第 2 节。

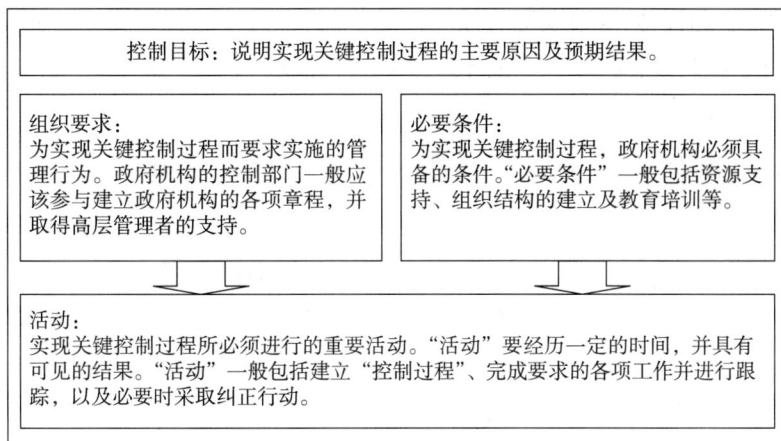

图 6-2　控制指标的分类

二、控制目标体系

前面我们描述了由控制域、关键控制过程及其控制指标构成的 VPC 层次结构,与此相对应,我们可以构建层次型的 VPC 控制目标体系。这种目标体系由 VPC 总体目标层、控制域目标层和关键控制过程目标层构成的。

VPC 总体控制目标是:促使政府 IT 投资价值的实现。

价值是一个抽象的概念,将价值目标转换为 VPC 层次结构的各层控制目标,即为各控制域和关键控制过程的设计控制目标,形成控制目标体系,是 VPC 的第一步,也是最重要的一步。在没有确定目标之前,任何努力都可能会因为缺乏预期目标而失败。

首先要确定各控制域的控制目标。

立项域的控制目标是:对待选项目进行事前价值分析,根据预期价值对项目进行筛选、分析和排序,选择具有最大价值潜力的 IT 投资组合。

实施域的控制目标是:在项目周期的重要阶段,对实施中的项目进行事中价值分析,度量和审查 IT 项目已经实现的价值,对照事前价值分析得出的项目预期价值,发现项目实施过程中出现的问题,并迅速采取行动纠正偏差,保证项目持续满足政府机构的业务需求。

后评估域的控制目标是:对实施完毕的项目进行事后价值分析,对项目价值进行全面评估,通过实际与预期价值的比较,努力寻找产生差距的原因;评估 VPC 成熟度,寻找 VPC 的不足之处,将经验教训反馈到立项域,不断修订和完善 VPC。

其次要确定各关键控制过程的控制目标。各关键控制过程的控制目标如表 6-1 所示:

表 6-1 各关键控制过程的控制目标

关键控制过程	控制目标
P_1	设计和建立 IT 投资控制部门的组织结构和运作程序。
P_2	确保 IT 项目(系统)满足政府机构的业务和用户需求。
P_3	根据规定的控制过程,选择新的 IT 投资或重新选择在建 IT 投资。
P_4	用规定的标准和检查点,审查 IT 项目(系统)的进展,判断是否达到成本、进度、风险及收益目标,当出现偏差时采取补救措施。
P_5	为决策者提供充分的信息,评估 IT 投资产生的影响和带来的机会。
P_6	制定和修订 IT 投资组合选择标准,保证标准符合政府机构任务、战略及业务优先次序。
P_7	按照投资组合选择标准来分析 IT 投资,确保选择优化的 IT 投资组合,使投资组合的风险和回报易于控制。
P_8	定期审查投资组合的价值,适当调整资源分配。
P_9	在完成投资后,比较实际与预期结果,总结 VPC 的经验教训。
P_{10}	评估和改善 IT 投资组合价值。
P_{11}	定期评估 O&M 阶段的 IT 投资,决定是否应保留、修改、替代或剔除。
P_{12}	完善 VPC,取得可度量的改善效果,赶上或超过先进政府机构。
P_{13}	通过战略性地运用 IT 投资,推动业务价值的极大改善。

控制域和关键控制过程的控制目标形成如图 6-3 所示的目标体系:

从图 6-3 可以看出,总体目标层、控制域目标层和关键控制过程目标层形成了层次型的目标体系。还应注意到,由于控制域和关键控制过程存在交叉的对应关系(如所示),因此控制域和关键控制过程的控制目标也存在同样的交叉对应关系。

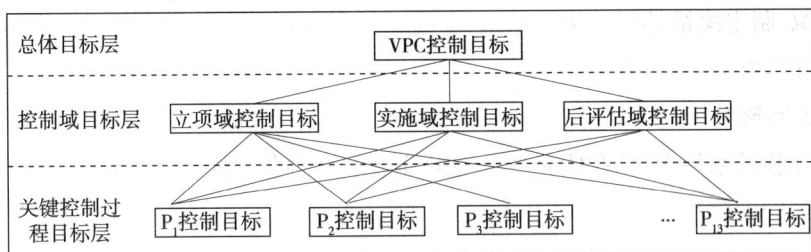

图 6-3　控制目标体系

三、VPC 的基本要求与资源需求

（一）VPC 的基本要求

为了保证过程控制得到连续、有效和完整的实行，VPC 要满足三个基本要求——可复用性、效率性和完整性。

1.可复用性

可复用性衡量 VPC 对政府 IT 投资进行跨部门、跨预算周期的、持续一致的监督程度。可复用性要求：对 IT 项目进行跨预算周期的统一选择，以规定的频度审查所有项目，确定后评估的方法；对支持决策的所有必要信息进行识别、维护和更新，并用于支持所有项目决策，建立详细、定量、可用于所有决策级别的决策标准；根据规定的标准选择和控制 IT 项目，对控制决策实行文档化管理。

可复用性最基本的要求体现在两个方面，一方面要求明文规定决策的角色、责任和权限，另一方面要求统一决策标准。

2.效率性

效率性衡量 VPC 的准确性、可靠性和及时性；数据的可复用性，要求在立项、实施和后评估各阶段形成的数据，可用于政府 IT 投资的全程控制。效率性要求：

✘ 所有项目的 VPC 基本相同，已形成文档，并且人人皆知其必要程序和分析要求。

✘ 对数据进行及时更新，保证数据的准确性。项目信息易于获得，跟踪记录维护完好。及时总结经验教训，改善投资决策。

✖ 制定决策的组织级别适当,提高高层管理者的决策效率。尽快采取措施纠正偏差。

3.完整性

完整性衡量 VPC 在所有域(立项、实施和后评估)的执行程度,以及 VPC 的全面制度化程度。政府机构往往过分强调立项,但对已立项的项目缺乏监督,在项目要求改变或风险发生变化时,不能确保项目持续满足政府机构的业务需求。

(二)VPC 的资源需求

在进行过程控制时,需要提供足够的资源,包括人、资金、工具和信息。所谓人,包括参与投资控制的人员在 IT 投资立项、实施和后评估域上的技术、知识和工作效率,以及对 VPC 的理解和支持。所谓资金,是指 VPC 中用于开展活动、聘请外来专家、购置设备和固定资产、组织培训等,可转化为其他各种资产的费用。所谓工具,是指支持政府 IT 投资控制的方法和工具(用于控制、分析、咨询、调查、沟通和报告等)、过程、设施(包括数据库、软件和硬件)等。所谓信息,是指用于投资控制的、以各种形式存在的数据、文件和资料。

四、过程控制模型的结构

根据以上论述,可以具体构建出过程控制模型。如图 6-4 所示,过程控制模型呈现为三维结构。第一维是 VPC,由控制域、关键控制过程和控制指标形成 VPC 的层次结构;第二维是政府 IT 投资控制的资源需求,包括人、资金、工具和信息等资源;第三维是 VPC 的三个基本要求,即可复用性、效率性和完整性。

运用过程控制模型,在人、资金、工具和相关信息支持下,以立项、实施和后评估形成的控制闭环为核心,以价值分析为导向,指导建立和完善由控制域、关键控制过程及其控制指标形成层次结构的,满足可复用性、效率性和完整性的 VPC,不断提高 VPC 成熟度,最终促使政府 IT 投资价值的实现。

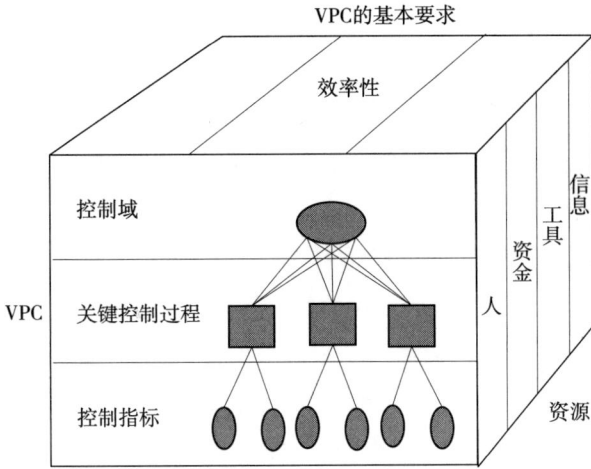

图 6-4 过程控制模型

第 2 节 关键控制过程的控制指标设计

在第 1 节构建过程控制模型时,曾经指出由控制域、关键控制过程及其控制指标形成 VPC 的层次结构,而建立和完善 VPC,是保证实现政府 IT 投资价值的主要途径,也是过程控制模型的精髓。要建立和完善由控制域、关键控制过程及其控制指标形成的 VPC 层次结构,最重要的是建立和完善关键控制过程,因为关键控制过程是从政府 IT 投资关键成功因素中提炼出来的,所以抓住关键控制过程就能抓住 VPC 的重点和关键。前面已经对各关键控制过程进行了定义,并规定了控制目标,然而仅仅这些还不足以指导建立和完善关键控制过程。要指导建立和完善关键控制过程,还必须为各关键控制过程设计控制指标(Indicator),这些控制指标是各关键控制过程完善程度的指示器,达到了关键控制过程的全部控制指标,就表明完成了该关键控制过程。因此,控制指标不仅是 VPC 层次结构的基础层,它能为上一层次(关键控制过程层)的完善程度提供具体详细的指示,从而为指导 VPC 的建立和完善提供监测的标尺和工具,而且它也是评估关键控制过程完善程度的基本准则,为 VPC 成熟度的评估提供了依据。

一、控制指标的设计原则

要为各关键控制过程设计控制指标,必须遵循针对性原则、实用性原则、可操作性原则和通用性原则。

1.针对性原则。在选择控制指标时要有一定的针对性,考虑到政府 IT 投资的阶段性风险特征、资金投向领域的特点和采集指标信息时回答者的立场。

首先,政府 IT 投资的风险具有明显的阶段性,不同阶段政府 IT 投资风险产生的根源有差异,评估风险时考察的重点也就不同。这主要是因为风险的不确定性源于时间及社会经济运行的不可逆性,距现在越远的未来,因素的不确定性越大,随着时间的推移,有些不确定新因素将逐步确定和清晰,同时又有新的不确定性因素出现。总体上来看,随着政府 IT 投资进度的推进,风险逐步下降,早期阶段的政府 IT 投资风险相对较高,晚期阶段的风险相对较低;另外,不同阶段的风险因素也有一定的变化。这样,评估政府 VPC 成熟度就必须在动态过程中进行,因此控制指标的设计必须与政府 IT 投资发展阶段相联系。

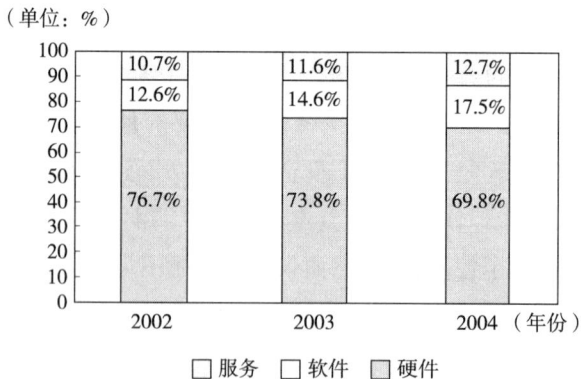

图 6-5　政府 IT 投资结构

其次,政府 IT 投资投向领域有明显的集中性。不管是从项目数量来看,还是从投资额来看,政府 IT 投资主要集中于硬件、软件和服务等领域。如错误! 未找到引用源。所示,计世资讯(CCW Research)研究发现,近年来政府

IT 投资中,硬件的比例逐年下降,而软件和服务的比例逐年上升;同时,软件和服务的投资规模年增长率远高于硬件。这几个领域的政府 IT 投资有不同的特点,这就要求设立控制指标时充分考虑他们的不同点,具有侧重点。

最后,构建控制指标时必须针对不同利益相关者的立场,以获取尽可能客观的指标信息。政府 IT 投资的不同利益相关者有不同的视角和观点,政府机构的考察重点是 IT 投资的 CBSR 等方面,项目团队的考察重点是实施的难易程度,而系统的使用者或客户更加关心系统对工作生活质量的改善度。

2.实用性原则。要求设置具体指标时,遵循实用性原则,采用的指标应简捷有效。

判断关键控制过程完成与否时要考虑的因素有很多,有主观的,有客观的,有直观的,有潜在的。理论上,在评估时,指标应包括影响判断关键控制过程完成与否的所有因素,涉及的因素越全面,最后的评估结果越精确。然而实际决策并非如此,科罗拉多大学 Zacharakis,Andrew Louis(1996)通过研究发现提供的信息越多,决策的准确度越低。另外,采用全面的指标来评价还存在两方面的问题:其一,全面的指标体系需要全面的信息,然而要获得全面准确的信息实际上是不可能的,因为信息的不对称性始终存在着;其二,从成本的角度看,搜集信息需要人力、财力,用高成本获得对评估结果影响不大的信息,不符合成本与收益相对称的原则。

因此,在选用指标时,要作必要的取舍,选择那些最能反映实质问题的、最有助于判断关键控制过程是否完成的那些指标,而不是面面俱全,这就要遵循实用性原则。

3.可操作性原则。采用的指标,必须是能够取得信息资料的指标,否则不管该指标如何有效,都无法对我们的评估起作用。另一方面可操作性也要求设立指标的时候尽量具体化。

4.通用性原则。应建立一个统一规范的评估方法和标准,这样不但可使评估结果具有可比性,而且能够降低评估成本。但是建立统一的评估方法和标准需要很长时间,并且要在评估实践中不断修订完善。

二、控制指标的具体设计

1.P_1（设立控制部门）的控制指标设计

参照标准：IT Assessment Guide①（AIMD-10.1.13），32，（CCA，OMB M-97-0(2)）；SIM Executive Guide②（AIMD-94-115），Practices 2，10；OMB IT Investment Guide③，3；Capital Programming Guide④，ii。

1.1 控制目标：设计和建立 IT 投资控制部门的组织结构和运作程序。

1.2 组织要求：

1.2.1 由 IT 及业务部门的主要负责人组成 IT 投资控制部门，负责设计和实行 VPC。

控制部门的成员由高层管理者组成，包括政府机构的最高领导、IT 主要负责人（或 CIO，首席信息官）、业务及支持部门（如财务管理部门）的主要负责人。对影响多个部门及用户的主要 IT 投资（或系统），应该由控制部门进行评估。对高成本、高风险、大范围或者有严格限期 IT 投资，控制部门应该进行建议、指导和审查。

1.2.2 有控制部门运作程序的文件。

在文件中规定控制部门的职责、工作团队及参与 VPC 实行的人员，规定控制部门的运作程序，明确责任。政府机构的下属部门在制定 IT 决策时仍应遵守统一的标准及过程，完成后应交还决策权。列出过程中的重大事件及决策点。除此以外，还应说明影响过程的外部环境因素（如法律限制，重要供应者或客户的行为等）；详细说明 IT 投资 VPC 与其他计划、过程及文件——至少包括战略规划、预算及 IT 架构的联系。

在设立多个控制部门的政府机构中，应该在政府机构通用的 IT 投资控制

---

① Assessing Risks and Returns：A Guide for Evaluating Federal Agencies' IT Investment Decision-making.

② Executive Guide：Improving Mission Performance Through Strategic Information Management and Technology.

③ Evaluating Information Technology，version 1.0，Office of Management and Budget.

④ Capital Programming Guide，version 1.0，Office of Management and Budget.

文件中,规定每个控制部门的政策及过程、权力范围及协作方式。

1.3 必要条件

1.3.1 提供足够的资源(包括人、资金及工具),支持每个控制部门的运作。

一般由政府机构行政管理部门负责设立控制部门、规定其职能范围及所需资源,并为其选聘成员。建立控制工作团队,控制部门可以通过协调资源请求(请求信息的传递、核实和响应),及时获取所需的资源。

1.3.2 控制部门成员掌握 IT 投资控制的政策、程序、工具和技术。

应该对缺少投资决策经验及相关知识的成员进行培训,提供有关经济评价技术、资本预算方法、价值度量策略以及风险控制方法的相关指导。控制部门成员应该非常熟悉各自负责的 VPC。

1.3.3 明确规定各控制部门的权力和责任范围,避免出现权责断层。

当多个控制部门负责政府机构的 IT 投资 VPC 时,必须明确规定各自的权责范围,避免出现权责断层。可以根据 IT 投资的成本、收益、进度要求、风险、受影响的用户数量,业务部门(如 CIO、人力资源部或计划办公室)的职能、IT 投资的生命周期阶段(如项目论证、全面开发或 O&M 阶段),或其他方法,规定各控制部门的权责范围。

1.4 活动

1.4.1 由控制部门负责审查 IT 投资控制文件的制定和修订。

控制部门还应负责制定 IT 投资控制文件。在文件中,描述并规定控制部门的工作流程和决策过程(如进度、日程、权力、决策规则等等)。控制部门还应及时修订文件,以确保它总是能反映 VPC 的实际情况。

1.4.2 各控制部门根据其授予的权力和责任来运行。

为了使整个 VPC 能顺畅有效地发挥作用,各控制部门必须在其授予的权力和责任范围内运行。

1.4.3 建立管理控制机制,确保各控制部门的决定得以贯彻执行。

建立管理控制机制可以确保各控制部门的决定得以贯彻执行。为确保管理控制机制的有效运行,必须明文规定政府机构高层管理者与控制部门之间的关系,并得到双方的认可。在选择新的或在建 IT 项目时,控制部门必须得到高层管理者的信任。

2. P$_2$(满足业务需求)的控制指标设计

参照标准:IT Assessment Guide (AIMD-10.1.13), 15, 16, 17; SIM Executive Guide (AIMD-94-115), Practices 4, 9; OMB M-97-16。

2.1 控制目标:确保IT项目(系统)满足政府机构的业务和用户需求。

2.2 组织要求

2.2.1 有识别能满足业务需求(现在或未来的)的IT项目(系统)的政策和程序文件。

在这些政策和程序中,规定对业务需求及支持业务需求的IT项目进行鉴别、分类、组织的控制过程。具体包括:对业务需求进行鉴别、分类和组织的系统性过程,与业务计划过程相联系;以职能或期望的业务改进等相关词汇,而不是以专业技术词汇来陈述业务需求或业务机会;IT项目(系统)符合IT架构及安全标准;对不支持业务需求(以及相关客户或最终用户)、可能被终止的IT项目或资源做进一步审查;对不同部门的相似业务需求或业务机会进行协调的程序;在战略规划期内持续满足业务需求。

2.3 必要条件

2.3.1 有规定政府机构业务目标的文件。

通常在战略规划、业务流程架构、流程再造计划、价值度量计划中陈述政府机构业务目标。

2.3.1 提供足够的资源(包括人、资金和工具),确保IT项目(系统)满足业务和用户需求。

这些资源一般包括活动资金、对该过程的管理支持、项目高层管理者的支持、人力支持,以及支持该过程的方法和分析工具等。

2.4 活动

2.4.1 明确新的及在建的IT项目(系统)的业务需求并形成文件。

每个IT项目至少应与政府机构的业务需求或业务目标之一直接或间接相关;直接相关比间接相关更有价值。相关的形式多种多样,包括:在项目启动时说明其业务目标,在高层管理者中为每个项目规定责任人,或通过外部审计证明项目是否支持政府机构的业务需求。

2.4.2 识别IT项目(系统)的特定用户和其他受益人。

每个主要的IT项目都有最终用户或客户。一个给定的项目(系统)可能涉及多个最终用户或客户的需求。较早地识别最终用户,可以帮助 IT 项目(系统)的开发人员致力于向最终用户提供价值。最终用户直接依赖于系统开发人员提供足够的项目(系统)能力和功能,帮助他们完成特定的工作。

2.4.3 用户参与 IT 项目(系统)的全程控制。

在项目(系统)生命周期的不同阶段,最终用户的参与情况是不同的。在项目的立项阶段,最终用户应较多地参与进来,进行可行性分析,分析系统如何满足业务需求或业务机会。在系统验收测试阶段,用户也应较多地参与。在系统开发的其他阶段,用户发挥的作用相对有限一些。在投资周期的后期,特别是在系统的运行阶段,最终用户应该帮助开发人员总结系统开发经验,并形成文档。用户还应参与系统的运行分析,包括收集系统的绩效信息,并与最初的绩效标准相比较。

2.4.4 控制部门定期评估 IT 项目(系统)与政府机构战略目标的一致性,当发现不一致时采取纠正行动。

该活动允许控制部门评估项目(系统)的结果及价值,与最初的预期进行比较,判断 IT 项目(系统)是否取得预期结果。总之,衡量项目(系统)成功与否的标准在于其持续满足业务或用户需求的能力。

审查和分析的时间频度可以有所不同。如可以对政府机构三分之一或一半的运行系统每年进行一次审查,也可以对其所有的运行系统每三年进行一次审查。实质上,对正在运行的系统进行定期审查,可以保证其以低成本和低风险为组织提供价值。

3. P_3(选择投资)的控制指标设计

参照标准:IT Assessment Guide (AIMD-10.1.13), 23-25, (CCA, PRA, EO 13011, OMB A-11, OMB A-130, OMB A-109, OMB A-94, OMB M-97-0(2))。

3.1 控制目标:根据规定的 VPC,选择新的 IT 投资或重新选择在建 IT 投资。

3.2 组织要求

3.2.1 有关于选择新的 IT 投资的政策和程序的文件。

在有关政策和程序的文件中,规定用结构化的方法对新的 IT 投资进行识别、评价、排序和选择。这是非常必要的。首先,结构化的方法帮助控制部门、

业务部门及 IT 开发人员(无论是内部的 IT 人员还是承包者)共同理解 VPC,
运用 CBSR 标准选择 IT 项目。其次,结构化的方法明确规定参与选择过程的
每个部门的责任。最后,结构化的方法能预先确定决策的数据需求及决策
过程。

3.2.2 有关于重新选择在建 IT 项目的政策和程序的文件。

在政策和程序文件中,规定用结构化的方法对在建的 IT 项目进行识别、
评价、排序和重新选择。

3.2.3 有联系资金与立项过程的政策和程序文件。

在制定选择和重新选择的政策和程序时,必须要考虑 IT 投资的可获资助
额,否则,选择过程就是不可行的,资助项目的决策也是无效的。因此,在关于
选择政策和程序的文件中,要包括项目资助的控制过程。

3.3 必要条件

3.3.1 为识别和选择 IT 项目(系统)提供足够的资源(包括人力、资金,及
工具)。

这些资源通常包括:管理支持(给予更多的管理时间和关注度);人员支
持,至少包括指派一名官员负责识别和选择 IT 项目(系统);支持工具、方法
及设备(用于分析 IT 项目申请)。

3.3.2 制定了分析、评估及选择新 IT 项目的标准。

由于标准规定了项目比较的定性与定量方法,保持了选择过程的连续性。
标准应涉及投资规模、项目周期、技术要求、项目风险、业务影响、客户需求、收
益/成本率、组织影响及预期的改善程度等方面。利用与标准比较的结果,控
制部门可以分析项目的潜在风险和投资回报,并对项目分析和排序,最后由高
层管理者根据相关文件对 IT 项目做出最后评价。

3.3.3 制定了分析、评估及重新选择在建 IT 项目的标准。

在标准中应提出对在建 IT 项目进行连续性分析的定量或定性方法。利
用与标准比较的结果,控制部门可以分析在建项目的潜在风险和投资回报,根
据标准对在建 IT 项目进行评估,最后由高层管理者根据相关文件对在建 IT
项目做出最后评价。

3.3.4 有保持项目选择标准与政府机构目标持续一致的控制过程。

当政府机构目标改变时,项目选择的标准也要随之而改变。此时,需要对

项目选择标准进行修订,并评估项目选择标准的变化对 IT 投资控制的影响。

3.4 活动

3.4.1 根据预定的选择过程(包括预定的选择标准),选择新的 IT 投资。

在政府机构一年一度的预算过程中,根据结构化的选择过程来提出 IT 项目申请。由指定的官员负责 IT 项目申请的呈报,并监督项目选择过程的有关活动。

3.4.2 根据预定的选择过程(包括预定的选择标准),重新选择在建 IT 投资。

决策者在决定重新选择哪个项目和终止哪个项目时,要根据预定的选择过程,把在建项目同新项目放在一起,用统一的选择标准对所有 IT 项目进行选择。

3.4.3 高层的资助决策应与立项决策一致。

高层管理者应该根据立项过程中的分析做出最终决策。应该规定决策的程序,应该提出证据证明项目未获资助的原因。

4. P_4(监督投资)的控制指标设计

参照标准:IT Assessment Guide (AIMD-10.1.13), 52, (CCA, PRA, FA-SA, EO 13011, OMB A-11, Part 3); OMB IT Investment Guide, 10。

4.1 控制目标:用规定的标准和检查点,审查 IT 项目(系统)的进展,判断是否达到成本、进度、风险及收益目标,当出现偏差时采取补救措施。

4.2 组织要求

4.2.1 有关于监督 IT 项目(系统)的政策和程序的文件。

在政策和程序文件中一般应规定:控制部门进行投资监督的责任;在监督项目期间的运作及决策的程序化规则;分析项目价值时使用的临界值(包括成本或进度临界值);当项目与项目控制计划相背离或不一致时要采取的纠正行动;在某些因素影响下[①]应调整成本、进度、价值或其他项目目标;监督项目承诺(对外部个人及团体)的变化;重视未决或意义重大问题的程序;终止项目及转而资助其他项目的条件。

---

① 这些因素包括:IT 架构、系统工程、软件工程(包括所有的子项,如软件设计)、硬件工程、项目计划和预算、信息保证、项目相关者及支持者、业务部门、客户与最终用户。

4.3 必要条件

4.3.1 为监督 IT 项目(系统)提供足够的资源(包括人力、资金,及工具)。

这些资源应包括:负责监管具体的 IT 项目(系统)的管理者及员工,支持控制部门的监督工作的工具(包括各种格式的项目总结报告及决策支持软件)。

4.3.2 IT 项目(系统)(包括运维中的)有通过批准的项目控制计划,计划中包含预期成本及进度里程碑、定量化的收益和风险预期。

IT 项目团队负责制定和修订项目控制计划。计划应包括对项目的决策、假设及预期(包括项目价值),还可能包括成本与进度控制系统①。对运行维护阶段的项目应制订不同于新投资项目的控制计划,因为运行维护阶段的项目的成本结构具有更大的可预见性。

4.4 活动

4.4.1 为相应的控制部门提供关于实际价值的数据(包括成本、进度、收益,及风险价值)。

可由控制部门或通过第三方等其他方式收集这些数据。可在项目的可行性分析中估算 IT 项目的潜在收益,进行(预期)收益/成本分析,提出项目申报理由。由于这些潜在的收益在项目实施完才能被真正体现出来,当项目处于实施阶段时,其实际收益的度量是非常困难的,一般采用近似法进行估计②。

4.4.2 控制部门能根据经过确认的数据,对照项目预期目标定期审查 IT 项目的价值。

一般在预定的审查点或在 CBSR 临界值触发时,由控制部门审查项目的价值,说明项目成本和进度数据与历史和预期数据的关系。项目审查主要针对开发/获取、技术、收益和风险等方面。至少要在每个项目周期的主要阶段,分别进行一次项目审查。审查的程度根据项目的大小、成本及重要性而定。

4.4.3 对于未达预期价值的 IT 项目(系统),根据有关监督标准、规定和程序的文件,采取适当的纠正行动,或终止该项目(系统)。

---

① 如挣值管理系统、阶段性价值预期或诸如此类的其他控制系统,这些控制系统应与项目的大小、重要性、成本及风险相适应。

② 挣值管理分析提供了一种度量项目近似价值的方法。

应根据以下计划和实际的成本及进度数据,找出不能达到成本和进度价值目标的项目:实际的成本与计划的成本数据;实际的项目要求(数量和范围)与计划的项目要求;实际的条件和假设与项目之始的假设和环境;软件开发商的实际绩效及交付情况(如进度、成本、功能、技术方案)。

高层管理者应通过适当的支持和奖励机制,鼓励寻找问题,对掩盖重大问题者进行批评和处罚。

4.4.4 对于每个未达预期价值的项目,控制部门应定期跟踪纠正行动的实施情况,直到纠正行动完成。

控制部门应监督和跟踪项目管理团队,督促其采取纠正行动直到出现预期结果。如果纠正行动非常重大,应进行独立审查和跟踪,直到项目回复到原定的项目计划,以确保纠正行动取得预期结果,决定是否还需要对项目进行补充和修正。

5. P_5(获取投资信息)的控制指标设计

参照标准:IT Assessment Guide (AIMD-10.1.13), 8, 19; PRA; E.O. 13103; Capital Programming Guide, ii。

5.1 控制目标:为决策者提供充分的信息,评估 IT 投资产生的影响和带来的机会。

5.2 组织要求

5.2.1 有识别和收集 IT 项目(系统)信息,支持 VPC 的政策和程序。

这些政策和程序一般应详细规定:呈报、更新和维护 IT 资产清单信息的责任;根据 VPC 收集、获取和维护信息;每项 IT 资产的数据需求,包括成本(如实际开发成本记录、运维年成本及全生命周期成本估计);每项资产的所有者;每项资产的物理位置;每项资产的逻辑(架构)位置。

可以采取不同的方式管理信息。政府机构的规模很大程度上决定了信息收集的管理力度和基础设施需求的大小。较小的政府机构拥有的系统数量有限,不需要专门的管理信息系统。但是对于较大的政府机构来说,与 IT 相关的信息可能更加广泛和分散,因而可能要有专门的系统来获得相关信息,以更加结构化的方式为决策者提供信息。

5.2.2 指派官员负责确保满足 VPC 的信息需要。

指派官员负责 IT 投资信息的收集和维护,使政府机构能够准确地对 IT

资产实施追踪。可以安排员工或外聘人员协助该官员对 IT 资产实施追踪,核实和确认 IT 投资数据。

5.3 必要条件

5.3.1 为清点 IT 项目(系统)、收集相关投资信息提供足够的资源,包括人力、资金及工具。

这些资源一般包括:对 VPC 的管理力度;人力支持,至少包括一名指派的官员负责 VPC;追踪 IT 资产的支持工具和设备(包括 IT 信息(数据)库;IT 数据报告、更新及查询的工具;受影响方交流 IT 信息变化的方法)。

5.4 活动

5.4.1 对政府机构的 IT 项目(系统)进行清点,收集支持决策的详细信息。

应通过标准化、文档化的过程,使信息的开发和维护可反复进行,产生及时、足够、完全和可比较的 IT 数据。由信息系统管理和提交信息,根据需要由指派的官员或其他部门来核实和确认信息。

收集的信息中应包括软件许可证、计划 IT 项目、现有系统及标识的清单,还包括下列信息:项目(系统)如何与 IT 架构保持一致;项目的负责部门;对其他项目(系统)的接口和依赖性;项目(系统)现在处于生命周期的哪个阶段(如原型阶段、开发阶段、运行和维护阶段,等等),以及生命周期的相关事务(如开发、改造或加强);项目(系统)的即期成本、未来成本估计;项目(系统)的分类(如基础设施、软件应用和硬件替换);其他与项目(系统)的投资决策相关的事务。

大型项目的实施可以采取分期追加投资的方法。这种方法要求该数据库包含识别项目新增部分或有用部分的信息。这种信息将有助于决策者对项目的有用部分进行选择或评定,并与其他项目(系统)进行比较。

5.4.2 决策者和其他相关人员易于获得和理解收集的信息。

只有在决策者和相关人员能够确实使用 IT 投资信息库时,才能体现 IT 投资信息库的价值。信息库有助于避免重复劳动、协调资源共享。

5.4.3 投资决策者和其他相关人员使用数据信息库来支持投资控制。

为了在充分占有信息的前提下进行投资决策,保持及时更新信息是很重要的。为了确保信息库成为支持决策的有用工具,保持其完整性也是很重要的。当项目(系统)发生变化时(如补充、更新及删除),应该在信息库中记录这种信息。应由指定的人员或部门来维护信息库。

6. P$_6$(制定投资组合选择标准)的控制指标设计

参照标准:IT Assessment Guide(AIMD-10. 1. 13),27-29, 45-46(CCA);OMB IT Investment Guide, 7-9。

6.1 控制目标:制定和修订 IT 投资组合选择标准,保证标准符合政府机构任务、战略及业务优先次序。

6.2 组织要求

6.2.1 有制定和修订 IT 投资组合选择标准的政策和程序文件。

在政策和程序文件中,规定了制定和修订标准的系统化过程。这些政策和程序一般应说明:投资组合的控制目标;与战略规划、预算过程及 IT 架构的关系;制定和修订标准的信息需求;制定、修订和优化选择标准的角色和责任;选择标准修订的历史记录(包括指标权重和制定办法);标准修改的启动机制;标准送达人员名单。

6.2.2 对制定和修订标准的责任有明确规定。

责任明确是成功实现这一关键控制过程的关键。被指定承担制定和修订标准任务的人员应该具有关于投资控制的丰富知识和经验。

6.3 必要条件

6.3.1 为标准的制定和修订提供足够的资源(包括人力、资金及工具)。

这些资源一般包括:高层管理者的重视,人力、工具和设备支持。

6.3.2 指定工作团队负责制定和修订 IT 投资组合选择标准。

团队应有能力将政府机构的使命、战略及业务优先次序整合选择标准。工作团队可以首先制定标准草案,由控制部门或其指定人(团队)负责最后的审定。

6.4 活动

6.4.1 由政府机构的最高控制部门批准投资组合选择的核心标准,即包括CBSR 标准在内的价值标准。

标准应该与政府机构的使命、目标、战略及业务优先次序一致。在标准中也应符合政府机构的 IT 架构,避免投资重叠,保持系统间最大的协同,确保与投资战略的一致性。标准一般应包括成本、收益、进度及风险(CBSR)四个要素,以及保证投资之间协同性的其他标准。成本(C)是指生命周期成本,分为启动成本、开发成本及间接成本。收益(B)包括有形收益和无形收益,可通过各种分析技术(如收益/成本分析)进行评估。进度(S)包括项目周期进度和受益进度。风险(R)包括投资、组织、资金及技术风险。因为成本和收益都受到风险的影响,经过风险调整的成本和收益就可以综合考虑风险因素。标准还包括关于投资的描述或可接受的 CBSR 临界值(如可接受的最小投资回报率,或可接受的最大进度期限)。

在制定选择标准时,还要考虑权重分配(weighting schema),对每个指标大类及每个大类的子类赋予权重。政府机构应该对其认为最重大的子元素进行赋予较大权重(例如,如果缺乏系统开发的经验,可以对技术风险赋予较大的权重)。不同组织的权重分配可以不同,权重分配应考虑组织任务、能力及弱点等方面的特点。可以为各种不同的投资类别(如基础设施、应用开发投资,R&D)赋予不同的权重。

6.4.2 项目管理人员及其他相关人员熟悉投资组合选择标准。

每个控制部门成员和所有的 IT 项目经理、计划部门员工及其他相关团体都应该熟悉标准。在批准 IT 项目申请时,应清楚说明适用的选择标准。当由多个控制部门实行多级控制时,低级控制部门可以适当增加自己的标准以满足其需要,但不得与投资组合选择标准相抵触。

6.4.3 政府机构最高控制部门根据经验和事件驱动的数据,定期审查 IT 投资组合选择标准,对标准进行适当的修订。

可以根据以下因素对 IT 投资组合选择标准进行修订:(1)历史经验;(2)组织战略方向、业务目标和优先次序的变化;(3)其他因素,如 IT 过程成熟度的提高或技术变化。控制部门的经验和判断对于标准的修订也很重要。

7. P_7(选择投资组合)的控制指标设计

参照标准:IT Assessment Guide(AIMI-10.1.13), 32-35 and 52, (CCA, OMB A-94, OMB A-130, OMB M-97-0(2), Capital Programming Guide 16-17; (CCA,OMB M-97-0(2), OMB IT Investment Guide, 6-7。

7.1 控制目标:按照投资组合选择标准来分析 IT 投资,确保选择优化的 IT 投资组合,使投资组合的风险和回报易于控制。

7.2 组织要求

7.2.1 有分析、选择和维护投资组合的规定和程序文件。

政策(包括选择标准)和程序文件帮助控制部门选择最优秀、最具可行性的投资并纳入投资组合。为了减少选择的风险,应规定在申报项目时尽可能提供项目的实用片断或"模块",虽然这些片断或"模块"持续时间较短、范围较小、在某种程度上是不连续的,但对于选择判断非常有用。应有协调 IT 投资组合和 IT 架构之间的差异的过程文件。这种协调可能包括对 IT 架构的修订,使之包容某些原来不被其认可的投资。另外,要求进行结构性、验证性的投资分析(如投资回报和收益/成本分析),这也是投资组合选择过程的一部分。分析结果应该用于支持政府机构的投资决策,全面认识财务及其他内外影响。

一般要对 IT 投资组合分类做出统一的规定,规定例外选择应满足的条件。

7.3 必要条件

7.3.1 为投资组合选择过程提供足够的资源,包括人力、资金及工具。

这些资源一般包括管理者的时间和精力、人力支持、工具和设备。

7.3.2 控制部门成员具有投资组合选择的丰富知识。

必须理解投资组合选择过程的原理。必须对控制部门成员进行培训,使他们理解过程目标,胜任职责。包括入门知识培训,对全体控制部门成员进行强制年度审查(审查范围包括 VPC 及其修订,立项、实施和后评估的过程)。

7.3.3 比较项目(系统)实际价值与预期价值,将比较信息提供给控制部门。

在投资组合选择过程中,应该按照统一的投资组合类别来进行投资决策。

允许在投资组合类别内对项目排序,能防止不同类别的项目相互竞争(如 O&M 类项目不能与服务类新项目竞争)。可以为每个投资组合类别规定一系列临界值,如最大投资成本偏差(包括年度和合计数)、最小收益预期(如投资回报)、最大投资周期、最大风险(用行业公认的风险评估工具计算)等。

7.4 活动

7.4.1 控制部门审查投资组合(包括新项目和在建项目)及其数据,做出投资决策。

在将投资归入投资组合类别后,控制部门要检查投资组合,根据一定的控制原则做出最后的投资决策,完成选择过程。为了更好地比较每项投资的

CBSR,决策者可以使用记分模型或决策支持工具,为每项投资给出 CBSR 分数、用于项目排序。项目排序是决策者运用判断力和知识选择投资组合的起点。

控制部门必须在 IT 投资预算总额与每个 IT 投资组合类别的资金需求之间寻求某种平衡。在比较投资为每项投资进行预算分配时,除了根据项目排序外,还要考虑项目团队的资质、能力及成就;投资与政府机构使命、战略及计划之间的一致性;历史数据、类似投资的数据或经验。

7.4.2 控制部门批准或修订 IT 投资的价值预期。

控制部门应批准或修订 IT 投资的价值预期(包括 CBSR)。因为某些投资周期可能跨越数年,而预算审批是按年度进行的,控制部门要每年审查批准每项投资的价值预期。

7.4.3 收集和维护投资组合的立项、实施及后评估域使用的信息,以备将来参考。

建立一个信息库,收集有关投资组合选择过程的信息(如投资价值预期和投资组合类别的临界值)。这个信息库可能是一个大型 IT 投资管理信息系统的一部分,也可能是某个信息集的一个组件,既可集中存放也分布式存放。

提高信息收集能力,能使政府机构更好地制定控制决策。从理论上讲,IT 投资决策的好坏完全取决于支持他们的信息。政府机构应该注重寻找收集、分析和使用 IT 及其他战略信息的有效方法。

8. P_8(监督投资组合)的控制指标设计

参照标准:IT Assessment Guide (AIMD-10. 1. 13), 52-55, (CCA, PRA, FASA, EO 13011, OMB A-11, Part 3); Information Technology Investment (AIMD-96-64), 65; IT Assessment Guide (AIMD-10. 1. 13), 61-62, (CCA, GPRA, CFO, OMB A-127, OMB A-123)。

8.1 控制目标:定期审查投资组合的价值,适当调整资源分配。

8.2 组织要求

8.2.1 有审查、评估及改善投资组合价值的政策和程序文件。

文件一般要明确规定:由控制部门负责审查、评估及最终提高投资组合的价值。可以先任命一个工作小组,由项目经理、政府机构最高领导助理及有关业务单位的人员组成,对投资组合的价值进行初审,并向控制部门报告结果。

还可以规定由项目经理提供有关投资现状、最新价值结果以及投资组合价值审查范围和频度等方面的信息。

8.3 必要条件

8.3.1 为投资组合及项目审查提供足够的资源(包括人力、资金和工具)。

这些资源一般包括:投资价值跟踪信息管理人员、支持人员活动的工具。

8.3.2 控制部门成员熟悉评估和改善投资组合价值的过程。

控制部门成员应熟悉评估和改善投资组合价值的过程。如果控制部门成员没有价值评估的经验,那么就有必要对他们进行培训,以确保他们熟悉评估过程,能胜任他们的职责。

8.3.3 为控制部门提供监督投资的相关结果。

投资决策者应该获得现有项目的所有相关数据(这些数据来自项目的定期审查结果)。控制部门通过在项目主要阶段对预定检查点的定期价值审查,来获取有关信息。

8.3.4 定期制定、审查和修订价值评估指标(即投资组合选择标准)以反映价值预期现状。

旧的价值评估指标是为评估原来的投资组合价值而制定的,不能反映政府机构当前的战略目标。有关部门至少应该每隔一年对投资组合选择标准的适用性进行一次审查,必要时进行修订。

8.4 活动

8.4.1 根据价值评估指标定义和收集价值评估数据。

由控制部门负责,由控制部门或其指定的第三方定义和收集价值数据,具体要求如下:应用例外报告技术管理该活动产生的大量数据;设计价值管理系统收集该过程使用的信息;在正式的项目审查活动中进行价值评估;对投资价值的年度或阶段预期进行文档化管理,形成比较的基础;以历史价值数据和行业基准作为比较的基础。

8.4.2 根据投资组合的实际价值调整 IT 投资组合。

通过对每项投资的实际与预计价值的比较,控制部门可以从投资组合中发现未达预期价值的 IT 投资,然后采取行动改善其价值。如果不能改善其价值,控制部门就要考虑采取其他处理办法(包括及早终止项目),因为控制部门的目标是维持优化的投资组合价值。控制部门可以用平衡记分卡和增值管理分析法进行价值评估,如果发现某些投资的价值与预期有偏差,控制部门就可以在整个投资组合范围内重新分配资源或做其他调整。

9. P_9(后评估)的控制指标设计

参照标准:IT Assessment Guide (AIMD-10.1.13), 70-72 (CCA, PRA, EO 13011, GPRA, CFO, OMB A-130); OMB IT Investment Guide, 12; Information Technology Investment (AIMD-96-64), 66。

9.1 控制目标:在完成投资后,比较实际与预期结果,总结 VPC 的经验教训。

9.2 组织要求

9.2.1 有进行 PIR 的政策和程序文件。

PIR 的政策一般包括:执行和参与 PIR 的人员;要求进行 PIR 的投资类别和规模;进行 PIR 的适当时机;PIR 要提供的信息;PIR 的标准流程中的标准和程序;PIR 结果的传达方式;PIR 信息的存贮方式。

PIR 的内容一般包括:对已完成投资的前景预测;投资的实际结果(如最终用户满意度、技术能力、任务和计划影响、计划外收益);成本和进度偏离(如计划外隐性成本);投资环境的变化;对投资决策假设的审查;预期的投资的下一步;评估 VPC 成熟度和总结经验教训;对高层管理者的建议。

9.3 必要条件

9.3.1 为 PIR 提供足够的资源(包括人力、资金及工具)。

这些资源一般包括:组建 PIR 团队,任命 PIR 团队负责人,PIR 的支持工具(如:资料室中的投资文档、电子表格和电子模板、投资计划、风险和收益的评估方法及工具),项目团队的积极协助。

9.3.2 评估人员熟悉 PIR 的政策和程序。

评估人员应熟悉 PIR 的政策和程序、客观公正、受过良好培训、有丰富的PIR 经验。

9.4 活动

9.4.1 由控制部门决定要求实施 PIR 的项目。

没有必要对所有项目都实施 PIR,只需对最成功的和最不成功的项目实施 PIR。通过控制人员共享 PIR 信息,就能提高全部投资组合的成功率。控制部门根据政策和一定的标准,识别和指定要求实施 PIR 的项目。PIR 团队对选定的项目实施 PIR 时,可以根据项目的实际情况对 PIR 标准过程进行裁剪。

9.4.2 收集 PIR 需要的定量和定性数据,对数据的可靠性进行评估和分析。

PIR 需要的定量数据大都来于前面的立项和实施域,包括:预期价值和实际价值;价值数据更新及其说明;业务或业务目标度量(如运行成本、进度和产出周期);技术能力改善情况的度量;投资的贡献,包括对组织的 IT 战略计划的战略和目标的贡献。除了定量数据,PIR 还需要一些定性数据,利用这些定性数据可以确认定量信息,或针对现有 VPC 提出问题。定性数据包括:对最终用户、客户、项目经理、项目员工、承包方及开发方的调查和会谈情况;项目经理与项目员工的会谈情况;与参与投资监督的高级决策者的会谈情况。

PIR 中用到的价值评估技术包括:根据历史数据进行趋势分析,对实现收益的方式进行审查,根据结果和已知原因的比较,进行因果分析,投资决策影响分析。

9.4.3 评估 VPC 成熟度,总结经验教训,对完善 VPC 提出建议,以文件形式向所有利益相关者传达。

为了总结经验教训,在项目团队的帮助下,控制部门对立项和实施域中的关键控制过程进行审查,提出完善 VPC 的建议。还可以对如何加强可行性分析、修订项目/组合选择标准提出建议,或判断项目目标是否实现。应该对 PIR 进行文档化管理,实现 PIR 信息(包括经验教训的总结及完善 VPC 的建议等信息)的共享,促进 VPC 的全面改善。

10. P_{10}(改善投资组合价值)的控制指标设计

参照标准:IT Assessment Guide (AIMD-10.1.13), 73, 78, 80 (CCA, GPRA, OMB A-130, OMB A-127, OMB A-123)。

10.1 控制目标:评估和改善 IT 投资组合的价值。

10.2 组织要求

10.2.1 有评估和改善投资组合价值的政策和程序文件。

政策和程序一般规定:控制部门负责评估投资组合价值和完善 VPC,投资组合数据的获取及秘密或敏感数据的保密方式,至少每年对每个投资组合的价值评估一次,收集和处理投资组合价值数据的机制,评估投资组合价值的重要方法,价值数据的分析方法,对投资组合的实际与预期价值进行比较的方法,分析结果的报告机制。

10.3 必要条件

10.3.1 为评估和改善投资组合价值提供足够的资源。

这些资源可能包括:人力支持、实施 PIR 的方法和工具、投资组合的现实和历史数据。

10.3.2 负责评估投资组合价值和完善 VPC 的控制部门成员有足够的知识和能力。

控制部门的有关成员应熟悉 VPC 方法,必要时要组织培训。在必要时高层管理者要接受经济和过程控制分析技术、质量管理分析及工具的培训。需要掌握的知识包括入门课程、对全体控制部门成员的强制年度考察。

10.4 活动

10.4.1 用适当方法定义和收集 IT 投资组合的综合价值数据。

应该评估投资组合满足战略需求的能力、为普通用户提供满意的产品(服务)的能力、提供有效和有效率的 IT 业务功能(如应用系统开发、基础设施的实用性、项目价值)的能力。综合应用定量和定性数据,提供 IT 投资组合价值的全面信息(相当于为 IT 投资建立一张平衡记分卡)。数据收集和信息综合应集中于回答有关投资组合价值的重要问题。

客观的价值评价需要有正确的方法。应该对 PIR 以及内外审计或审查结果重新进行审查。其他的类型的分析(如总成本分析)也能为某些投资组合类别(如基础设施 O&M)提供有用的价值数据。

10.4.2 分析价值数据的总体趋势。

趋势分析报告能证明投资是否有助于改善政府机构运行或服务提交的效果或效率。为了进行有意义的趋势分析,需要建立价值数据标准。

10.4d3 对改善投资组合价值和完善 VPC 提出建议。

在数据分析的基础上,对改善投资组合价值和完善 VPC 提出建议。在建议被控制部门采纳后,应提出实施计划。具体包括:对控制部门提出建议;对投资决策的标准、理由及原则进行文档化管理;对提出的建议要进行收益预期;对建议行动的实施过程进行跟踪。

11.P_{11}(IT 继承管理)的控制指标设计

参照标准:SIM Executive Guide（AIMD-94-115）;Year 2000 Computing Crisis:An Assessment Guide（AIMD-10.1.14）,10;Capital Programming Guide,54-55。

11.1 控制目标:定期评估 O&M 阶段的 IT 投资,决定是否应保留、修改、替代或剔除。

11.2 组织要求

11.2.1 有 IT 继承管理过程的政策和程序文件。

在政策和程序文件中,要对识别、评估及选择需要被继承的 IT 投资做出规定,具体内容包括:每个控制部门在管辖范围内做出系统替代的决定,最高控制部门对系统替代有最后的决定权力,多个控制部门之间合作进行替代决策,IT 系统向继承者转换的控制步骤,剔除 IT 系统的程序。

11.2.1 指定 IT 继承管理过程的负责人。

由指定人员负责继承管理过程,决定对哪些投资继续、改变、替代或剔除时,确保控制部门的计划得到执行。

11.3 必要条件

11.3.1 为 IT 继承管理提供足够的资源。

这些资源一般包括高层管理者的重视、人力支持(如程序员和 O&M 人员)、支持工具和设备。

11.3.2 参与 IT 继承管理的控制部门成员有足够的知识和能力。

参与 IT 继承管理的控制部门成员要做出系统替代的正确决策,必须有足够的知识和能力或接受充分的培训。由于在核心概念上与项目选择过程的相似性,IT 继承过程的培训可以与选择过程的培训合并进行。培训的知识范围包括入门课程、对全体控制部门成员进行年度强制考察(考察范围包括 VPC 及其修订,立项、实施和后评估的 VPC)。

11.3.2 对 IT 投资信息库的充分利用。

充分利用 IT 投资信息库,使每个控制部门对辖内的所有 IT 投资、系统所有者/管理者(他们受到系统替代决策的影响)有全面的认识。

11.4 活动

11.4.1 由控制部门制定需替代的 IT 投资的识别标准。

对于有多级控制部门的政府机构,最高控制部门应首先制定识别标准,下级控制部门在上级识别标准的基础上,可以制定适用于内部的识别标准。

需替代的 IT 投资一般要满足下列条件:处于、临近或超过了计划生命周期;处于 O&M 阶段;遇到重大的数据转换问题;基于的假设不再成立(如投资的技术基础已经过时);已经或即将出现替代应用软件或硬件技术。

11.4.2 定期评估和识别需要替代的 IT 投资。

在制定需替代的 IT 投资的识别标准后,以项目价值(如 O&M 成本、闲置导致硬件贬值的风险)为基础,对每个项目的收益及可能替代的新技术进行评估,逐个分析和寻找需要替代的 IT 投资。在分析中可能需要管理者做出判断,确定 IT 投资的项目优势与前景。

除了正式的继承管理过程外,还有很多其他的事件也可能触发评估和识别活动。如当 IT 架构经历了重大的战略性调整或转变后,政府机构可能要求评估和识别需要替代的 IT 投资,确保 IT 资源得到有效的利用。

11.4.3 分析 IT 投资组合中各投资之间的相互依赖性。

被确定需要替代的某些投资,可能与其他投资或项目产生相互影响。要认识投资之间的潜在影响,评估替代这些投资中的一个会对其他投资造成的影响。应该制订应急计划,以减轻投资替代对相关投资造成的负面影响。通过相互影响分析,控制部门可能发现有必要修改某些替代计划。

11.4.4 由控制部门最终决定是否实行替代。

对经过分析认为需要替代的 IT 投资(系统),由控制部门做出最终决定。最终决定可能是下列决策之一:继续保留——不实行替代,继续运行和维护现有投资;修复——建议修复投资,使其重新满足预定的价值要求或业务需求;加强或改造——建议对投资进行改造,使其提供更多功能、维持更长时间、耗费更少成本;替代——建议以其他投资替代该投资;整合或分解——建议整合一个或多个投资的功能或技术特性,或者拆分和独立管理每个单元;终止或处置——终止该投资,对其处置。

按要求实施继承计划,确保在 IT 投资 VPC 中,及时和有效地替代 IT 投资。

12. P_{12}(优化 VPC)的控制指标设计

参照标准:CCA, Section 5123 (5); Benchmarking course material from

CCI, Inc.; Best Practices in Information Technology①; Information Paradox②; Business Process Improvement③; Best Practices for Transforming④。

12.1 控制目标:完善 IT 投资 VPC,取得可度量的改善效果,赶上或超过先进政府机构。

12.2 组织要求

12.2.1 有通过对照比较不断完善 VPC 的政策和程序文件。

政策和程序一般包括:收集和分析 VPC 的绩效信息,形成对照比较的基准(基准应包含现行 VPC(形成文件)、VPC 绩效的定义、过程绩效的度量范围);用于分析现在绩效的历史数据;识别其他政府机构的先进经验,作为 VPC 改善的比较基准;业务流程的重大变革获得高层管理者批准;定期修订比较基准。

12.2.2 指定对照比较活动的负责人。

负责人(不一定专职)的职责是:负责管理对照比较活动,确保参与对照比较活动人员受到良好的培训。小型组织的 VPC 相对简单,不需要广泛的外部对照比较;而大型组织的 VPC 比较复杂,就应该进行广泛的对照比较。

12.3 必要条件

12.3.1 为对照比较活动提供足够的资源。

这些资源包括负责 VPC 绩效评估的外部组织或个人、支持过程绩效评估的工具。

12.3.2 负责对照比较活动的管理者和员工,应接受相关技术培训或有相关经验。

为了提高对照比较的价值,相关人员必须熟练掌握和运用对照比较技术,确保能胜任工作。

12.4 活动

----

① Best Practices in Information Technology: How Companies Get the Most Value From Exploring Their Digital Investment, James Cortada.

② The Information Paradox: Realizing the Business Benefits of Information Technology, John Thorpe.

③ Business Process Improvement: The Breakthrough Strategy for Total Quality, Productivity, and Competitiveness, H. James Harrington.

④ Better Change: Best Practices for Transforming Your Organization, PricewaterhouseCoopers.

12.4.1 为现有 VPC 收集比较基准数据。

控制部门任命一个小组负责分析 VPC 的现状,为评估预期的和实际的过程变化提供比较基准。通常包括识别和收集关于 VPC 的数据,包括:VPC 的资源消耗水平;VPC 的定量化结果,如投资回报、实际收益;VPC 的定性化结果,如客户满意度、对业务目标的贡献;VPC 绩效的度量范围。

12.4.2 识别外部先进的 VPC 并与之对照比较。

该活动的目的在于发现和学习外部更有效率和效果的 VPC。要完成的任务包括:识别外部的先进政府机构;收集先进政府机构的有关信息(来自内部、私人及公共信息源);访问几个先进政府机构;与一个或几个先进政府机构建立工作关系;与先进政府机构的 VPC 对照比较。

12.4.3 完善 VPC。

学习先进政府机构的经验并应用于自身的 VPC。确定完善 VPC 的目标和预期结果;为实现目标制定适当的过程改善活动,获得可度量的改善结果;分析、排列和选择过程改善活动。

政府机构应该制定一个改善计划并予以实行。根据对照比较的类型和范围,可以制定出不同的改善计划。在实行之前,改善计划应得到高层管理者的审查和批准,以便他们了解 VPC 的变化。

13. P_{13}(用 IT 驱动战略性业务转变)的控制指标设计

参照标准:CCA, Section 5123(5);New Pathways to Building Customer Value[1];Transforming the Public Sector[2];The Innovator's Dilemma[3];Art of Making Quality Certain[4]。

13.1 控制目标:通过战略性地运用 IT 投资,推动业务价值的极大改善。

13.2 组织要求

13.2.1 有通过 IT 驱动战略性业务转变活动的政策和程序文件。

在政策和程序文件中,规定要实现的活动和任务,不同团体的角色,以及

---

[1] Breakthrough Process Redesign:New Pathways to Building Customer Value, Charlene Adair and Bruce Murray.

[2] Transforming the Public Sector, David Osborne and Ted Gaebler.

[3] The Innovator's Dilemma, Clayton M. Christensen.

[4] Quality is Free:The Art of Making Quality Certain, Philip B. Crosby.

这些活动与现行业务活动的关系。业务部门可能对新技术带来的业务转变怀有抵触情绪,因此应该规定对业务部门管理者的激励措施。

13.2.2 指定该关键控制过程活动的负责人。

该负责人的职责是:加强对技术状况和新信息技术的认识,鼓励对新技术的选择与应用,计划和管理 IT 驱动的业务流程转变。

13.3 必要条件

13.3.1 为实现 IT 驱动的战略性业务转变提供足够的资源。

这些资源一般包括资金支持(支持 IT 分析实验室、测试中心或图书馆)、对技术信息的收集和研究、外聘专家或审查人员的费用、实现该关键控制过程的人员支持、支持工具和设备。

13.4 活动

13.4.1 建立和维护一个有关 IT 产品和技术的知识库。

政府机构应该具备追踪和理解主要技术事件和趋势的能力。应该以某种组织结构(如先进技术小组、或跨部门专家组、外部专家组或优秀技术中心)组成一个知识库维护小组,及时把握新技术的动态。

13.4.2 识别和评估可能驱动战略性业务变化的信息技术。

由具有业务知识和经验的人员,识别和深入研究可能驱动业务战略性转变的新技术(如因特网、万维网或无线通讯的发展)。应特别关注技术上的重大突破,因为它可能极大地改善现有的工作环境、业务流程、产品(服务)或客户关系(如允许员工通过因特网通讯或建立“虚拟社区”)。

13.4.3 以 IT 识别能力为基础,计划和实施业务流程的战略性转变。

一旦发现可能带来重大机会的技术,高层管理者必须决定并参与业务流程的转变计划。如果转变非常重大,就应该建立一个独立于现有业务运行方式的组织,专门负责新技术的应用。可以通过实验、模拟或原型开发,减少重大业务转变的风险。在进行重大业务流程转变时,也可以求助于外部审查人员或专家,要求相关者(包括业务、IT 支持、监督及客户群体的相关者)参与转变活动。

以上这些控制指标,同时也可作为 VPC 成熟度的评估指标。在附录 1 中对全部控制指标(即评估指标)进行了汇总。

第 3 节　VPC 成熟度的定量评估法

前面建立的过程控制模型,可以指导建立和完善以关键控制过程为核心的 VPC。但是到目前为止,这个模型还不是完整的。正如在第 5 章第 2 节一中指出的那样,VPC 框架的特点之一是以过程检查和评估为驱动,它不仅要指导 VPC 的建立和完善,同时还要不断检查和评估 VPC 的成熟度。因此对 VPC 成熟度的评估,是过程控制模型的必要组成部分。

一、VPC 成熟度评估模型

如前所述,所谓关键控制过程,是指能够最有效地推动 VPC 的建立和制度化,显著提高 VPC 成熟度的一系列条件与活动。关键控制过程是从政府 IT 投资关键成功因素中提炼出来的,是 VPC 的核心,因此可以说,VPC 的建立和完善以关键控制过程的建立和完善为实现途径,关键控制过程的成熟度体现了 VPC 的成熟度。也正因为如此,通过判断关键控制过程的完善程度,就可以评估 VPC 的成熟度,这正是 VPC 成熟度评估的基本原理。

关键控制过程的完成是有一定顺序的,一般来说,前面的关键控制过程是后边的关键控制过程的基础,也就是说,完成后边的关键控制过程要以完成前边的关键控制过程为基础。这说明关键控制过程是一定的等级性的,可以将这些关键控制过程纳入一定的成熟度等级,根据关键控制过程的完善程度就可评估 VPC 成熟度等级。

(一)构建评估模型的基础

本书所研究的 VPC 成熟度评估模型,主要参考了 GAO 的 ITIM 成熟度框架①。为了适合中国的实际情况,我们对 GAO 的这个框架进行了改造。改造的主要地方及理由在于:

---

① 已在本书第 2 章第 2 节中详细介绍。

1.将成熟度等级分为 6 级,使分级更为细致和均匀。

这主要是因为中国的 IT 投资控制水平与美国相比,存在较大的差距,因此在开始建立 VPC 之前,需要有一个准备阶段。GAO 的 ITIM 成熟度框架由 5 个渐进的成熟度等级构成,是根据美国的政府 IT 投资控制水平而构建的。由于美国在政府 IT 投资控制方面已经有了很好的基础,因此在 ITIM 成熟度框架的第 1 级(初始级)和第 2 级之间的控制水平跨度较大。为了反映中国政府 IT 投资控制的实际情况,在 ITIM 成熟度框架第 1 级和第 2 级之间重新进行细分,增加了一个"准备建立 VPC"的等级。

2.为了便于判断关键控制过程是否完成,为各关键控制过程设计了控制指标。论述了指标体系的设计原则,为每个关键控制过程设计了控制指标。根据指标达标情况可以判断对应的关键控制过程完成与否,根据已完成的关键控制过程评估政府机构的 VPC 成熟度等级。

3.论述了在评估模型使用中,如何根据评估环境和条件制定评估方案,以及评估的具体步骤,增强了评估模型的可操作性。

研究中除参考了 GAO 的这个框架外,还主要参考了:EA(enterprise architecture,企业架构)模型,卡内基·梅隆大学软件工程研究所(SEI)提出的 CMM1.1(软件成熟度模型),北京系统工程研究所何新贵提出的 CSCMM,以及 Berkeley 项目控制成熟度模型等等。

(二)评估模型的结构

将 13 个关键控制过程(见表 6-1)构成渐次提高的 6 个成熟度等级,就成为 VPC 成熟度评估模型(如图 6-6 所示)。政府机构可以逐级达到这些成熟度等级,逐渐提高其 VPC 成熟度。这些成熟度等级是累积的,较高等级以较低等级为基础,也就是说,为了达到更高的成熟度等级,政府机构必须完成该等级及较低等级的所有关键控制过程并使之制度化。该模型既可用于评估政府机构的 VPC 成熟度,也可通过评估寻找 VPC 的优势与缺陷。

第 1 级:初始级

第 1 级 VPC 成熟度的政府机构,其 VPC 是不规范、非结构化和非制度化的。不同项目的成败之间缺少联系,只有靠团队的额外努力才能取得 IT 项目的成功,而且成功难以重复。对 VPC 的重要性认识不足,对 VPC 缺乏共识,

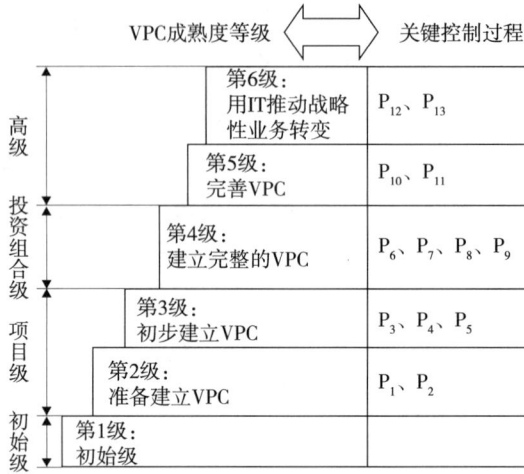

VPC成熟度等级 ⟺ 关键控制过程

高级	第6级：用IT推动战略性业务转变	P_{12}、P_{13}
	第5级：完善VPC	P_{10}、P_{11}
投资组合级	第4级：建立完整的VPC	P_6、P_7、P_8、P_9
项目级	第3级：初步建立VPC	P_3、P_4、P_5
	第2级：准备建立VPC	P_1、P_2
初始级	第1级：初始级	

图 6-6　VPC 成熟度评估模型

更谈不上制度化。

多数处于第 1 级 VPC 成熟度的政府机构都有某些项目选择过程,它们是其年度预算活动的一部分。但是,这种选择过程往往还是初步的、缺少明文规定的,仅得到非连续性的应用。

即使能发现 IT 项目的问题,也没有能帮助连续性地识别和解决问题的控制过程。IT 项目与业务目标不能常常保持一致。

第 2 级:准备建立 VPC

政府机构着力于建立 IT 控制管理部门,识别每个 IT 项目能满足的业务需求或带来的业务机会,并在新 IT 项目立项时审查项目与业务需求的一致性。第 2 级的政府机构主要为建立 VPC 进行必要的准备。

由于 VPC 有了组织上的保证,并且使 IT 投资支持政府机构的业务需求,因此降低了 IT 投资的风险。

第 3 级:初步建立 VPC

第 3 级的以形成项目级的选择能力为中心,为第 4 级建立更成熟的投资组合级的选择能力奠定基础。首先必须制订 IT 项目排序标准(包括 CBSR 标准),排出 IT 项目的优先次序。其次要建立项目级的、可重复运用的、成功的VPC。必须要将投资控制在预定的进度和预算范围内,认清潜在的风险并制定风险控制战略。

为此,要求政府机构收集充分的 IT 投资信息,以确保政府机构清楚其 IT 资产的基本信息,如 IT 资产的位置、成本和产权。

第 2 级和第 3 级构成项目级的 VPC 成熟度。

第 4 级:建立完整的 VPC

第 4 级的核心是维持成熟、完整的,包括立项、实施和后评估三个域的 VPC,并在后评估域对这些过程进行评估。政府机构需要根据一定的选择标准,确定 IT 投资组合。

投资组合选择标准的制订和运用,使政府机构能够扩展其关注范围,从主要以项目为中心,转为以投资组合为中心。投资组合的视角促使政府机构关注来自投资集合的协同收益,而不仅是来自单个投资的收益。不再过分关注单个投资的成本和收益平衡,而必须考虑投资之间的相互作用,寻找可能更优的替代投资组合方案。

第 4 级构成投资组合级的 VPC 成熟度。

第 5 级:完善 VPC

第 5 级的政府机构,应集中于运用评估技术来完善其 VPC。应定期分析其投资组合,确保 IT 投资总是符合政府机构的最新 IT 架构;根据后评估(PIR)的结论,完善 VPC。

根据投资组合的类别来总结经验教训。分类总结的经验教训,可以方便地用于调整 VPC 和投资组合。另外,第 5 级的政府机构有能力进行 IT 项目的继承管理,淘汰过时的、高风险的或低价值的 IT 投资。

第 6 级:为追求战略结果而推进信息技术

一旦建立完善的 VPC 并得到连续的实行,政府机构就开始追求 IT 投资的战略性结果,具体体现为:把 IT 架构作为其重要的参考评估体系来使用,确保 IT 投资符合目标架构;学习其他组织;不断改善用 IT 支持和改善业务价值的方式;以 IT 投资控制为主要手段,依靠远景架构形成更加灵活敏捷的组织。

总之,具备第 6 级 VPC 成熟度的组织,能以其他一流组织为基准不断完善 VPC,提前监测能显著改善业务价值的 IT 新成果,及时推动 IT 和业务的战略性变革。

第 5 级和第 6 级构成高级的 VPC 成熟度。

VPC 成熟度评估模型担负着寻找 VPC 的缺陷和检验 VPC 成熟度这两大

重任。应用 VPC 成熟度评估模型,对政府机构现有的 VPC 成熟度进行评估,通过关键控制过程寻找 VPC 的缺陷,为 VPC 的建立和完善提供建议。应用过程控制模型,对存在缺陷的 VPC 提出有针对性的对策,为 VPC 的建立和完善提供具体指导。应用 VPC 成熟度评估模型,对经过改善后 VPC 的成熟度进行评估,还能检验 VPC 的改善效果。由此可见,成熟度评估模型在政府 IT 投资控制框架中具有举足轻重的地位。

　　VPC 成熟度的评估,关键在于如何判断关键控制过程是否实现。为了便于判断关键控制过程是否实现,必须对评估中涉及的控制指标、评估方案和评估步骤等问题进行详细论述,以增强模型应用的可操作性。在本书第 2 节中为各关键控制过程设计的控制指标,是检验关键控制过程完善程度的标准,完全可以作为评估 VPC 成熟度的评估指标。下面仅对评估方案、评估步骤等问题展开论述。

二、评估方案

　　制定评估方案,就是根据评估指标提出正确的评估问题、并为回答评估问题选择适当的评估策略。

　　有了评估指标,还不能直接开始评估工作。在设计评估指标时,要考虑指标的通用性,因此评估指标不可能过于具体。在实际开展评估工作时,还应为评估指标提出适当的评估问题,以保证在面临多种多样的评估环境和条件时,为评估提供足够的证据支持。评估问题可分为描述性、规范性和影响(因果)性三种,在回答评估问题时需要选择适当的评估策略(evaluation strategy)。评估策略是指回答评估问题的方法,可分为抽样调查、案例研究、现场实验、使用已占有数据四类,每类评估策略都有不同的特点,适用于回答不同的评估问题。提出正确的评估问题和选择适当的评估策略,正是评估方案要解决的主要问题。

　　制定评估方案对于评估的顺利开展是非常重要的。首先,制定适当的评估方案可以提高评估的质量。其次,适当的评估方案可以降低评估成本,保证评估的时间进度(特别是当评估问题复杂困难时)。最后,采用好的评估方案有助于在评估中发现问题,提出好的评估建议,避免苍白无力的教条式批评。

(一)评估问题与评估策略

为了制定评估方案,首先要对评估问题进行分类,然后根据评估策略的特点,为每类评估问题选择适当的评估策略。

评估问题可分为三类:描述性问题、规范性问题,及影响(因果)性问题。顾名思义,描述性问题是要求回答关于特定的条件或事件的描述性信息。规范性问题不同于描述性问题,回答者要将观察到的结果与预计的价值水平比较,侧重于回答应该怎么样,而非实际怎么样。影响(因果)性问题则是为了反映观察到的条件或事情是否有利于项目的进行。对描述性、规范性、影响(因果)性问题,要求采用不同的评估策略。

评估策略分为四类,每类又包含了几个具有某些共性的子类。这四类评估策略分别是抽样调查、案例研究、现场实验、使用已占有数据。评估策略各有其特点,适用于不同的评估问题。表 6-2 说明了评估策略的特点,以及每类评估策略适用的评估问题的类型。

表 6-2　评估策略的特点及适用的评估问题类型

评估策略分类	评估策略的特点			适用的评估问题类型
	信息需求类别	抽样方法	是否需要详细的比较基准	
抽样调查	趋于定量	概率抽样	不需要	描述性、规范性
案例研究	趋于定性,可以定量	非概率抽样	不需要	描述性、规范性
现场实验	定量或定性	概率或非概率抽样	需要,评估方法所必需	影响(因果)性
使用已有数据	最终定量,可以定性	概率或非概率抽样	可能需要,也可能不需要	描述性、规范性和影响(因果)性

由于一定的评估策略只适用于一类或几类特定的评估问题,确定了评估问题就等于选择了一定的评估策略。因此,在为评估指标提出和选择评估问题时,必须考虑对应适用的评估策略在给定的评估条件下是否可行。

(二)评估方案的制定

下面分三个部分来论述评估方案的制定:提出正确的评估问题、为回答评估问题选择适当的评估策略、审查评估方案。

1.提出正确的评估问题

要设计出好的评估方案,首先必须根据评估指标提出正确的评估问题。提出错误的评估问题,会导致评估的方向性错误。

对同一个评估指标,从不同的角度可以提出各种不同的问题,不同的提问方式能导致不同的数据需求、数据来源及项目建议。因此不同的提问方式对评估策略的选择会产生重大的影响,直接影响到变量或量纲的选取,以及如何通过分析来检验原因及其预期结果的关联强度。

可以分两步提出正确的问题(Cronbach,1982,pp.210-44),第一步借助于正确的方法,尽可能形成大量的问题,第二步通过排除从中选择正确的评估问题。

第一步:形成大量的评估问题

第一步应该最大数量、最大范围地考虑可能提出及回答的评估问题,即使它们看起来不是特别合理或可信。如果在形成大量问题的基础上,通过系统地考虑和排除,从中选择出最好的评估问题,评估者就有足够的理由坚持他对问题的最终选择。

评估者可以借助于几种方法形成大量的评估问题。一种方法重点关注于项目的各种情况(目的、目标、启动程序、实施过程、预期结果),针对每种情况提出所有可能的问题。另外还有两种形成大量问题的方法,一种方法重点关注于项目目标的性质——是长期还是短期的,明确还是模糊的,连续还是零散的,是有关行为的还是有关态度的,如此等等;另一种方法重点关注于项目现状的描述,或对照现有的标准审查项目,或指出项目的直接结果等等方面的问题。

第二步:选择正确的评估问题

在形成大量的评估问题后,需要通过排除从中选出正确的评估问题。最重要、最应优先考虑的问题不一定易于回答,要根据回答问题要求的经费、人力、时间和信息是否能够得到合理的满足,来选择评估问题。

在选择评估问题时,首先要考虑回答问题在经费、人力和时间上的要求是否能得到合理满足。评估者不应假定在既定条件下,为回答最应优先考虑的问题而选择的评估策略总是可行的。其次,要考虑回答问题的信息需要是否能得到合理满足。而信息需要的满足不仅需要足够的资源支持,产生一定的成本,而且要受到其他许多评估条件的限制。

由于评估条件的不确定性,在进行大规模的、也许高成本的评估之前,有必要先通过小规模试验对评估问题的正确性进行现场检验。在一个或一个以上具有一定的代表性的地方进行这种检验,可以使评估者确认数据的可获得性、形式和收集方式。它是一种减少不确定性的方法。

2.为回答评估问题选择适当的评估策略

形成正确的问题是取得评估成功的必要而非充分条件,评估者还必须判断评估策略对于评估问题是否适当。对于评估问题来说,适当的评估策略要求数据及其可获得性的假设正确,评估策略与现行法规无冲突,能彻底地回答评估问题。在选择评估策略时,除了要根据表6-2保持评估策略与评估问题的基本匹配外,要充分考虑评估在时间、成本、评估人员技能、评估地点与设施等方面的限制。

(三)审查评估方案

对评估方案的审查是非常重要的。评估者必须清楚地理解选择了什么,忽略了什么,方案的优缺点是什么,客户的需求是什么,是否已经充分、足够地考虑了时间、成本、员工、地点及设施的限制,等等。

美国总审计署评估和方法开发部(Program Evaluation and Methodology Division)使用了一个工作审查系统,对评估方案的审查制定了详细、系统的方法。在这个审查系统中,突出了5个重要问题,我们可以借鉴这5个问题来审查评估方案。

1.评估策略对于评估问题的回答是否适当?

为了说明所有重要的评估问题及回答问题的方法都得到了认真考虑,评估者应该审查评估策略和评估问题是否匹配,主要审查评估策略的优势与回答评估问题所必需的数据之间是否匹配。如果对于评估问题来说,评估策略太强或太弱,就要认真考虑是否应该改变评估策略或是评估问题。

2.评估策略是否充分满足回答"评估问题"的需要?

这里,重点在于审查评估策略的完备性、评估问题答案的准确性、逻辑的严密性、对评估策略和数据分析的局限性等等。首先,通过查阅文献,评估者不仅要知道以前已经问过什么问题,是如何回答的,而且要知道以前用过什么样的评估策略、度量标准及数据分析策略。其次,因为评估问题才是选择评估策略的决定性因素,所以评估策略应该集中于回答评估问题。如前所述,每种评估策略都受到大量因素的限制,认识到这些限制因素并客观地反映出它们可能造成的影响,有助于判断评估策略是否能支持充分地回答评估问题。最后,有必要清楚评估策略的局限性。

3.在给定的时间和资源条件下,评估策略的可行性如何?

如果忽视时间和成本的限制,充分和适当的评估策略的可行性就值得怀疑,因为它可能不切实际。如果评估策略在实施中存在重大的障碍,它的完备性和完美性就不能体现出来。另外,可行性审查可以检验出哪些评估策略是根本无法进行的,防止实施评估时走向失败。

4.评估策略是否满足用户对信息内容、信息深度和时间的要求?

用户需要何种信息? 这种信息要求达到什么深度? 什么时候要求提交信息? 要判断评估策略满足用户需求的程度,需要评估者和用户之间不断沟通,达成高度一致。

5.在评估方案的制订上是否与用户的达成一致?

理解用户需求不等于就能在评估方案上与用户达到一致。如果用户认为要提出因果性问题,而评估者相信只有描述性问题是可行的,并且双方的差距无法缩小,用户对评估结论的满意度很可能非常低,随后的评估报告也可能没有用。另外,用户要参与对评估时间表和评估方案的审查。时间限制关系到最终进行的评估研究的规模、复杂性和完整性,如果在评估时间表上不与用户沟通和协调,评估者所做的全部努力可能都会毫无意义。在审查评估方案时,应该仔细检查与用户的协调情况,保证对评估方案双方有共同的理解和高度的一致。

三、评估步骤

在评估政府机构的 VPC 成熟度时,对成熟度评估模型的正确运用,才能保证做出正确的评估结论,为改善 VPC 提供正确的建议。

使用评估模型进行评估时,应充分考虑政府机构完成关键控制过程的具体方式。模型虽描述了关键控制过程,但没有具体说明政府机构实现关键控制过程的具体方式。当关键控制过程的实现受到环境的较大影响时,可以考虑补充其他的评估指标。使用评估模型时,要求评估人员熟悉评估模型,熟悉投资决策方法和相关的分析工具,掌握关于成熟度的形成、成熟和发展的基本规律,具有运用标准的评估工具评估政府机构的经验。

　　由于"成熟度等级"遵循一定的等级性次序,评估团队首先根据由低到高的顺序,评估"组织要求"、"必要条件",和"活动"等各类评估指标,再据此判断是否完成对应的各个关键控制过程,最后评估成熟度等级。在图 6-7 中总结了评估程序的 5 个步骤。为确保评估团队和被评政府机构管理层充分理解评估过程和方法,支持评估证据的收集,能够在评估过程中得出正确的结论,每个步骤都是必不可少的。

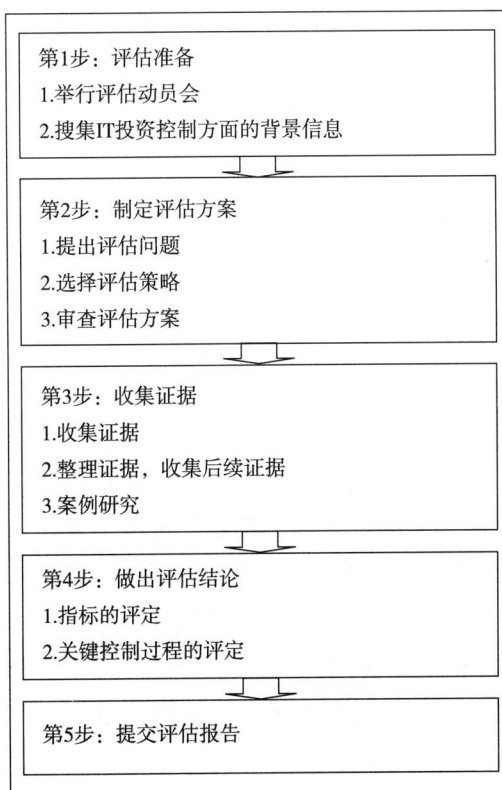

```
┌─────────────────────────────────┐
│ 第1步: 评估准备                  │
│ 1.举行评估动员会                 │
│ 2.搜集IT投资控制方面的背景信息   │
└─────────────────────────────────┘
              ↓
┌─────────────────────────────────┐
│ 第2步: 制定评估方案              │
│ 1.提出评估问题                   │
│ 2.选择评估策略                   │
│ 3.审查评估方案                   │
└─────────────────────────────────┘
              ↓
┌─────────────────────────────────┐
│ 第3步: 收集证据                  │
│ 1.收集证据                       │
│ 2.整理证据, 收集后续证据         │
│ 3.案例研究                       │
└─────────────────────────────────┘
              ↓
┌─────────────────────────────────┐
│ 第4步: 做出评估结论              │
│ 1.指标的评定                     │
│ 2.关键控制过程的评定             │
└─────────────────────────────────┘
              ↓
┌─────────────────────────────────┐
│ 第5步: 提交评估报告              │
└─────────────────────────────────┘
```

图 6-7　评估步骤

第 1 步:评估准备

①举行评估动员会

评估过程的开始,就是要求评估团队设定评估范围(如部门或处室)。评估范围会影响到评估地点(如重要的人员和活动所处的地理位置),请谁参加评估动员会,以及要求文档化的程度。在限定了评估范围之后,团队要在被评估政府机构举行一个评估动员会。在评估动员会上,要介绍总体评估体系、评估过程,及与评估工作相关的其他问题。举行评估动员会的目的,是为了使政府机构对评估有一个统一的认识。

②搜集 IT 投资控制方面的背景信息

为了使评估团队基本理解现有的 VPC,并开始理解基于评估体系的政府机构流程图,政府机构的管理者应给评估团队提供一次机会,对他们的 VPC 进行全面的了解。政府机构的代表有足够的 IT 投资控制方面的知识和经验,能代表政府机构正确地回答问题。团队应考虑在评估期间使用适当的联络方式,认识和接触有调查价值的员工,方便地获得需要的文件副本和其他物理证据。

第 2 步:制定评估方案

在前面已专门论述。

第 3 步:收集证据

第 3 步的目的是为了获取更充分的证据支持,包括政府机构达到每类评估指标和关键控制过程的有关证据,也包括跟踪产生于其他证据源的后续证据。必须制定一个详尽的、反复修订过的数据收集计划。

①收集证据

收集证据的工作,没有必要按照关键控制过程的顺序进行,在某些情况下,团队可能会发现,用其他的方法来收集证据更加富有效果和效率。

如果政府机构在完成一个关键控制过程时,所进行的努力没有包含在评估模型的指标之中,那么对这些指标应该清楚地加以说明,得到政府机构的正式批准,并令人信服地证明它能支持对应的关键控制过程。

②获取可能遗漏的信息

举行收集证据的动员会,集中关注于那些在最初的动员会中未充分论及的关键控制过程和评估指标。应该鼓励与会者主动提供材料。很多情况下,当团队关注于 VPC 的支持证据时,动员会往往会演变成讨论会。

③组织面谈

面谈的目的是为了收集来自政府机构员工的证据,这些员工(如高层管理者、经理、支持人员)直接参与了 IT 投资 VPC。会见各种各样的政府机构员工,帮助团队判断 VPC 的规定和程序在政府机构中宣传的力度。这些会见还可以帮助团队寻找其他的证据(可能存在于投资项目中),指导证据的收集。

④整理和审查证据

这一步的目的是为了审查证据(这些证据说明了 VPC 实际上是如何实施的),并判断证据与评估指标的关联程度。对于政府机构力图达到的每一个评估指标,都要反复进行这一活动。

⑤判断证据是否充分、适当和相关

为了做出准确评估,必须做到:从两个或更多(最好是独立的)来源,收集足够的证据;证据必须与评估指标和关键控制过程直接或逻辑相关;证据要非常全面和适当;原始的证据必须来自于执行 VPC 的直接结果;必须由团队成员或其他可信的、公正的第三方对证据进行确认。

⑥分析证据

分析证据可以帮助团队解释收集到的证据,并使团队成员就评估意见达成一致。分析证据一般包括以下步骤(常常反复多次):

整理、审查和评估已收集的证据。

识别需要进一步分析的评估指标。

团队成员就证据的充分性、初步评估意见达成一致。

如果团队不能达成一致,它就必须识别解决突出问题需要的证据,制定收集所需证据的计划。

⑦进行抽样调查

团队可以选择某些 IT 项目进行抽样调查,以确认证据,更好地理解政府机构的 IT 投资 VPC。是否进行抽样调查取决于 VPC 要求的补充证据。

团队应在每个主要生命周期阶段选择一个或多个投资项目(如 R&D 阶段、全面开发阶段及运维阶段)。每个阶段至少应有一个高成本和(或)高风险的投资项目。团队应跟踪每个项目经历 VPC 的历史。选择项目时还要考虑是否可获得必要的文件。

某些情况下,抽样调查的结果可能与团队的初步评估意见相矛盾。这时,团队应该调查产生矛盾的根源,并在必要时对初步评估意见进行修订。如前所述,抽样调查的目的是为了提供补充证据,以确认初步评估意见。

第 4 步:做出评估结论

一旦完成证据收集工作,团队必须根据证据分析,对控制指标,是否完成某个关键控制过程,集体做出最后的评估结论。

①指标的评定

指标的评估结论分为:"达标"或"未达标"。指标"达标"的标志是:(1)团队判定政府机构实施了指标的重要方面,或(2)政府机构向团队提供了令人信服的证据,表明通过其他的实践取得了同样的效果。"未达标"的标志是:政府机构在指标达标上有重大缺陷,并且没有充分的替代实践。如果团队在评估过程中找不到达标的证据,结果就被评定为"未达标"。在"达标"和"未达标"之间,可以按"优,良,中,差,很差"设置 5 个等级,衡量达标程度,以实现模糊定量评估。

如果一个指标评定为"未达标",应给政府机构一个机会来提供修正或推翻评估结论的证据。通过复核,可以避免团队根据错误的信息得出评估结论。

②关键控制过程的评定

关键控制过程的评估结论可分为:"完成"、"不适用"、"未完成"或"未完成,但正在改进中";也可根据评估指标的量化数据,对关键控制过程进行模糊评判。

如果关键控制过程中的指标都达标,或者具有满意的替代实践,就应评为"完成"。如果政府机构在关键控制过程要求的指标上有重大缺陷,并且没有充分的替代实践,就会被评定为"未完成"。如果指标超过一半、而非全部被评定为"达标",则关键控制过程评定为"未完成,但正在改进中"。这一评定表明政府机构对关键控制过程已取得一定进展,但还没有完成所有的工作。

如同指标一样,可以用替代实践来完成一个关键控制过程。评估替代实践的要点是:达到关键控制过程的控制目标,对替代实践有明确的规定,得到良好的执行,并且被制度化。

③VPC 成熟度等级的评定

如果政府机构要达到某一成熟度等级,那么该等级以及较低等级中所有的关键控制过程必须被评定为"完成"或"不适用"。例如,如果一个政府机构被评定为第 3 级,则第 2 级和第 3 级中的所有关键控制过程必须被评估团队评定为"完成"或"不适用"。

④VPC 成熟度的量化

为了比较不同政府机构 VPC 成熟度,可以根据关键控制过程的量化分值,对 VPC 成熟度进一步量化,具体方法将在四中论述。

第 5 步:提交评估报告

评估过程的最后一步是向政府机构提交评估报告。评估报告包括以下内容:

①逐条列出已经评估和认定的关键控制过程;

②对关键控制过程的评定,对成熟度等级的评定,以及对以上信息的图示和总结陈述;

③对每一关键控制过程中的每一指标的评定;

④以证据为基础的评估理由。

可以用抽样调查来举例说明评估结论。

四、评估结果的量化

为了定量评估 VPC 成熟度,还要对评估数据采用适当的算法进行处理,从而定量计算出 VPC 成熟度的大小。在评估 VPC 成熟度时,对评估指标的达标程度的判断带有明显的模糊(Fuzzy)不确定性,这种模糊不确定性起因于排中律存在破缺。对于 VPC 成熟度评估指标这类模糊概念,需要用模糊集进行刻画,因此模糊数学对于 VPC 成熟度评估作用很大。要正确评价一个具体对象,应当先对这个对象的若干方面(常称为因素)给出适当评语,然后再进行综合。对 VPC 成熟度的评估数据进行处理,就是要对各关键控制过程及其评估指标的进行综合,最后得出 VPC 成熟度的综合评估结果。因此,模糊综合评判是量化 VPC 成熟度的较好方法,下面对此展开详细论述。

(1)建立因素集 $U=(U_1,U_2,\cdots,U_i,\cdots,U_{13})$,其中 U_i 是第 i 个关键控制过程($i=1\sim13$);每因素 U_i 下设 3 个子因素 U_{ij} ($i=1\sim13,j=1,2,3$),表示第 i 个关键控制过程第 j 类指标;每个子因素 U_{ij} 下设若干评估指标(即控制指标)

U_{ijk},表示第 i 个关键控制过程第 j 类指标的第 k 个评估指标。

（2）建立评判集。

$$V = (V_1, V_2, V_3, V_4, V_5) \ ,$$

即 $V = \{优,良,中,差,很差\}$ 。

（3）确立指标权重。

可以采用层次分析法（AHP）来确定各指标的权重,为简化计算,本书假设各评估指标、各类指标、各关键控制过程对 VPC 成熟度的重要程度相同,即具有相同的权重。

（4）综合评判。

先进行单因素评判,即单独从一个评判因素出发,确定评判对象对因素等级的隶属度。通常,评判者的总数 E 不变,故无需考虑因 E 不同而造成的对评判结果的影响。若以 r_{ijkl} 表示评估指标 U_{ijk} 对第 l 个等级的隶属度（$l = 1 \sim 5$）,隶属度可采用 E 足够大时的稳定隶属频率计算,即

$$r_{ijkl} = E_{ijkl}/E \tag{6.1}$$

评判向量即为因素集 $\{U_{ijk}\}$ 上的一个模糊向量,为

$$\underset{\sim ij}{R} = \{r_{ijkl}\} \tag{6.2}$$

由于假设各评估指标、各类指标、各关键控制过程具有相同的权重,则评判矩阵即为因素集 U_{ijk} 上的一个模糊矩阵,为

$$\underset{\sim}{R} = \begin{bmatrix} r_{ij11} & r_{ij12} & r_{ij13} & r_{ij14} & _{ij15} \\ r_{ij21} & r_{ij22} & r_{ij23} & r_{ij24} & r_{ij25} \\ r_{ij31} & r_{ij32} & r_{ij33} & r_{ij34} & r_{ij35} \\ \cdots & \cdots & \cdots & \cdots & \cdots \\ r_{ijk1} & r_{ijk2} & r_{ijk3} & r_{ijk4} & r_{ijk5} \end{bmatrix} \tag{6.3}$$

采用算子 $M(\cdot, \oplus)$,对综合评判矩阵进行总的综合评判,即：

$$\underset{\sim}{B} = \left(\frac{\sum_i \sum_j \sum_k r_{ijk1}}{\sum_i \sum_j k} \quad \frac{\sum_i \sum_j \sum_k r_{ijk2}}{\sum_i \sum_j k} \quad \frac{\sum_i \sum_j \sum_k r_{ijk3}}{\sum_i \sum_j k} \quad \frac{\sum_i \sum_j \sum_k r_{ijk4}}{\sum_i \sum_j k} \quad \frac{\sum_i \sum_j \sum_k r_{ijk5}}{\sum_i \sum_j k} \right)$$

$$\tag{6.4}$$

式中,共同的分母

$$\sum_i \sum_j k$$

即评估指标的个数,可用 m 表示;分子

$$\sum_i \sum_j \sum_k r_{ijkl}, (l = 1 \sim 5)$$

即为所有评判向量之和,可用 r_l 表示。则上式可写为:

$$\underset{\sim}{B} = \frac{1}{m} \times (r_1 \quad r_2 \quad r_3 \quad r_4 \quad r_5) \tag{6.5}$$

(5)综合评判结果处理

以上所得综合评判结果是评判集 {优,良,中,差,很差} 的一个模糊向量,为了便于比较不同政府机构的 VPC 成熟度,需要进一步处理为一个数值。只需将此模糊向量进行规一化后,乘以一个等级权重向量即可,这里按百分制取等级权重向量为(100,75,50,25,0),因此可以计算 VPC 成熟度 M 为:

$$M = \frac{1}{m \sum_{l=1}^{5} r_l} (r_1 \quad r_2 \quad r_3 \quad r_4 \quad r_5)(100 \quad 75 \quad 50 \quad 25 \quad 0)^T \tag{6.6}$$

第 4 节 对样本政府机构的 VPC 成熟度评估

按上节提出的方法评估所有样本政府机构的 VPC 成熟度,包括 VPC 总体成熟度,及立项、实施和后评估各域的 VPC 成熟度。对样本政府机构的 VPC 总体成熟度,可以直接按上节介绍的方法进行评估。对立项、实施和后评估各域的 VPC 成熟度,可以根据隶属各域的关键控制过程的评估指标(即控制指标)进行评估①。

由于篇幅的限制,不可能将所有样本政府机构的 VPC 成熟度评估过程一一展示出来,仅列出代号为 D_7 的政府机构的 VPC 成熟度评估过程作为一个示例。

---

① 表3-4 中给出了关键控制过程与控制域的对应隶属关系。

一、背景分析

样本政府机构 D_7 是某直辖市的一个区县级环保局。随着我国经济、社会的发展和国际社会的重视,21 世纪的环境保护工作已作为实施可持续发展战略的一个重要内容。某区环保市容局(简称环保局)具有环境保护、水利水务、园林绿化、市容环卫、市政设施管理等职能。作为国际化大都市的一个区,率先建设全面应用信息技术的"数字环保"体系,具有积极的现实意义和示范效应。

为了推动区"数字环保"建设,某区环保局建立了比较完善的信息化组织管理结构。环保信息化工作由局统一领导;在确定信息化发展战略方针,制定发展规划,组织协调重大的信息化工程建设实施,宣传并执行相关政策法规,普及信息化知识,培训管理人员信息化应用,发挥了重要的领导作用。在环保市容局主管领导的直接领导下,设立了局信息化领导小组,下设工作小组和信息中心;工作小组和信息中心在信息化领导小组的领导下负责制定局信息化发展规划,组织实施信息化工程建设和应用推广,宣传贯彻相关政策法规,开展培训;信息中心发挥了规划、协调、组织、指导"四位一体"的作用。

某区环保局近年来主要的 IT 投资包括 4 个项目,其中局直属 2 个,海塘署和公用事业管理署各 1 个。

二、VPC 成熟度评估

采用上节介绍的评估方法和步骤,评估团队(10 人)对照评判集｛优,良,中,差,很差｝,对某区环保局的 VPC 成熟度进行模糊评判①。在表 6-3 中,统计了评估团队对每个指标的模糊评判结果,模糊评判结果是一个向量,向量中的每个数字表示认为隶属于｛优,良,中,差,很差｝中每个等级的评估专家人数。

---

① 由于篇幅的限制,没有将具体的评估证据一一列出,有兴趣的读者可以向本人索取。

表 6-3　某区环保局 VPC 成熟度评估统计

关键控制过程	指标类别	评估指标	模糊评判结果	关键控制过程	指标类别	评估指标	模糊评判结果
P_1	U_{11}	U_{111}	10,0,0,0,0	P_7	U_{71}	U_{711}	0,0,0,0,10
		U_{112}	8,2,0,0,0		U_{72}	U_{721}	0,0,0,0,10
	U_{12}	U_{121}	10,0,0,0,0			U_{722}	0,0,0,0,10
		U_{122}	7,2,1,0,0			U_{723}	0,0,0,0,10
		U_{123}	6,2,2,0,0		U_{73}	U_{731}	0,0,0,0,10
	U_{13}	U_{131}	0,0,0,0,10			U_{732}	0,0,0,0,10
		U_{132}	0,0,0,1,9			U_{733}	5,2,3,0,0
		U_{133}	8,2,0,0,0	P_8	U_{81}	U_{811}	0,0,0,0,10
P_2	U_{21}	U_{211}	0,0,0,0,10		U_{82}	U_{821}	0,0,0,0,10
	U_{22}	U_{221}	7,2,1,0,0			U_{822}	0,0,0,0,10
		U_{222}	9,1,0,0,0			U_{823}	6,4,0,0,0
	U_{23}	U_{231}	8,1,1,0,0			U_{824}	0,0,0,0,10
		U_{232}	8,2,0,0,0		U_{83}	U_{831}	0,0,6,3,1
		U_{233}	8,1,0,0,1			U_{832}	0,0,0,0,10
		U_{234}	0,0,1,0,9	P_9	U_{91}	U_{911}	10,0,0,0,0
P_3	U_{31}	U_{311}	0,0,0,0,10		U_{92}	U_{921}	10,0,0,0,0
		U_{312}	0,0,0,0,10			U_{922}	10,0,0,0,0
		U_{312}	8,2,0,0,0		U_{93}	U_{931}	10,0,0,0,0
	U_{32}	U_{321}	10,0,0,0,0			U_{932}	10,0,0,0,0
		U_{322}	0,0,0,0,10			U_{933}	0,0,8,2,0
		U_{323}	0,0,0,0,10	P_{10}	$U_{10,1}$	$U_{10,11}$	0,0,0,0,10
		U_{324}	0,0,0,0,10		$U_{10,2}$	$U_{10,21}$	0,0,0,0,10
	U_{33}	U_{331}	0,0,0,0,10			$U_{10,22}$	0,0,0,0,10
		U_{332}	0,0,0,0,10		$U_{10,3}$	$U_{10,31}$	0,0,0,9,1
		U_{333}	8,1,1,0,0			$U_{10,32}$	0,0,2,5,3
P_4	U_{41}	U_{411}	0,0,0,0,10			$U_{10,33}$	0,0,2,7,1
	U_{42}	U_{421}	0,0,1,2,7	P_{11}	$U_{11,1}$	$U_{11,11}$	0,0,0,0,10

关键控制过程	指标类别	评估指标	模糊评判结果	关键控制过程	指标类别	评估指标	模糊评判结果
		U_{422}	10,0,0,0,0			$U_{11,12}$	0,0,0,0,10
		U_{423}	10,0,0,0,0			$U_{11,21}$	0,0,0,0,10
		U_{431}	10,0,0,0,0		$U_{11,2}$	$U_{11,22}$	0,0,0,0,10
	U_{43}	U_{432}	0,0,8,0,2			$U_{11,23}$	0,0,0,0,10
		U_{433}	0,0,1,7,2			$U_{11,31}$	0,0,0,0,10
		U_{434}	0,0,0,0,10			$U_{11,32}$	0,0,0,0,10
	U_{51}	U_{511}	0,0,0,4,6		$U_{11,3}$	$U_{11,33}$	0,0,0,0,10
		U_{512}	0,0,0,0,10			$U_{11,34}$	0,0,0,0,10
	U_{52}	U_{521}	0,0,0,9,1		$U_{12,1}$	$U_{12,11}$	0,0,0,0,10
P_5		U_{531}	8,2,0,0,0			$U_{12,12}$	0,0,0,0,10
	U_{53}	U_{532}	10,0,0,0,0		$U_{12,2}$	$U_{12,21}$	0,0,0,0,10
		U_{533}	6,4,0,0,0	P_{12}		$U_{12,22}$	0,0,0,0,10
	U_{61}	U_{611}	0,0,0,0,10			$U_{12,31}$	0,0,0,0,10
		U_{612}	0,0,0,0,10		$U_{12,3}$	$U_{12,32}$	0,0,0,0,10
	U_{62}	U_{621}	0,0,0,0,10			$U_{12,33}$	0,0,0,8,2
		U_{622}	0,0,0,0,10		$U_{13,1}$	$U_{13,11}$	0,0,0,0,10
P_6		U_{631}	0,0,0,0,10			$U_{13,12}$	0,0,0,0,10
	U_{63}	U_{632}	0,0,0,0,10	P_{13}	$U_{13,2}$	$U_{13,21}$	0,0,0,0,10
		U_{633}	0,0,0,0,10			$U_{13,31}$	0,0,0,0,10
					$U_{13,3}$	$U_{13,32}$	0,0,0,0,10
						$U_{13,33}$	0,0,0,0,10

根据以上模糊评判结果,建立模糊评判矩阵,然后用第 3 节四中的公式进行计算,分别得到某区环保局的模糊综合评判向量,B_1、B_2、B_3 分别表示立项、实施、后评估各域的模糊综合评判向量, B 表示总的模糊综合评判向量:

$B_1 = (0.263636, 0.039394, 0.030303, 0.046970, 0.619697)$

$B_2 = (0.270909, 0.045455, 0.047273, 0.100000, 0.536364)$

$B_3 = (0.296364, 0.038182, 0.032727, 0.081818, 0.550909)$

$B = (0.244681, 0.031915, 0.040426, 0.060638, 0.62234)$

将此模糊向量乘以百分制等级权重向量 $(100, 75, 50, 25, 0)^{\mathrm{T}}$，可以计算某区环保局的 VPC 成熟度，其中 M_1、M_2、M_3 分别表示立项、实施、后评估各域的 VPC 成熟度，M 表示 VPC 总体成熟度：

$M_1 = 32.00758, M_2 = 35.36364, M_3 = 36.18182, M = 30.39894$。

从以上评估结果可以看出，总的说来，某区环保局已具备了一定的 VPC 成熟度，虽然它的评估得分还很低，但在样本政府机构中已经代表了最高水平，同时也说明了我国政府机构的 VPC 成熟度还有待于大幅度提升。

对样本中所有 8 个政府机构仿照示例进行评估，得到的模糊综合评判向量和 VPC 成熟度评估结果如表 6-4 所示（其中 M_1、M_2、M_3 分别表示立项、实施、后评估各域的 VPC 成熟度，M 表示 VPC 总体成熟度）。

表 6-4　样本政府机构 VPC 成熟度评估结果

政府机构代码		模糊综合评判向量					VPC 成熟度	
D_1	B_1	0.00235	0.29766	0.05789	0.00753	0.634569	M_1	25.64
	B_2	0.00205	0.31423	0.06891	0.01321	0.601598	M_2	27.55
	B_3	0.00213	0.30243	0.07012	0.02187	0.603446	M_3	26.95
	B	0.002123	0.301210	0.067632	0.015157	0.613878	M	26.56
D_2	B_1	0.26731	0.06567	0.01214	0.01321	0.64167	M_1	32.59
	B_2	0.21234	0.07515	0.01845	0.01312	0.68094	M_2	28.12
	B_3	0.23213	0.06213	0.01723	0.01198	0.67653	M_3	29.03
	B	0.236765	0.067180	0.017123	0.013620	0.665312	M	29.91
D_3	B_1	0.05076	0.02487	0.35387	0.06876	0.50174	M_1	26.35
	B_2	0.06191	0.02728	0.39950	0.07853	0.43278	M_2	30.18
	B_3	0.04762	0.01975	0.36543	0.05322	0.51398	M_3	25.85
	B	0.053456	0.022146	0.372678	0.065031	0.486689	M	27.27

政府机构代码	模糊综合评判向量					VPC 成熟度	
D₄	B_1	0.00107	0.17891	0.01856	0.03212	0.76934	M_1	15.26
	B_2	0.00135	0.23412	0.02710	0.02674	0.71069	M_2	19.72
	B_3	0.00106	0.20123	0.02113	0.02823	0.74835	M_3	16.96
	B	0.001078	0.201314	0.020200	0.029369	0.748039	M	16.95
D₅	B_1	0.02856	0.11098	0.15782	0.13987	0.56277	M_1	22.57
	B_2	0.03303	0.15432	0.19865	0.15345	0.46055	M_2	28.65
	B_3	0.02123	0.09987	0.15323	0.14563	0.58004	M_3	20.92
	B	0.028752	0.129525	0.170326	0.146910	0.524487	M	24.78
D₆	B_1	0.01567	0.06821	0.29732	0.01264	0.60616	M_1	21.86
	B_2	0.02589	0.06084	0.38123	0.01231	0.51973	M_2	26.52
	B_3	0.01235	0.05761	0.28234	0.00913	0.63857	M_3	19.90
	B	0.017240	0.061527	0.31500	0.011312	0.594919	M	22.37
D₇	B_1	0.26364	0.03939	0.03030	0.04697	0.61970	M_1	32.01
	B_2	0.27091	0.04546	0.04727	0.10000	0.53636	M_2	35.36
	B_3	0.29636	0.03818	0.03273	0.08182	0.55091	M_3	36.18
	B	0.244681	0.031915	0.040426	0.060638	0.622340	M	30.40
D₈	B_1	0.02356	0.04563	0.14675	0.28212	0.50194	M_1	20.17
	B_2	0.02452	0.04822	0.14562	0.27522	0.50642	M_2	20.23
	B_3	0.02013	0.04738	0.13425	0.26732	0.53092	M_3	18.96
	B	0.022138	0.047839	0.141681	0.275134	0.513208	M	19.76

本章小结

　　本章对过程控制模型进行了详细论述,主要包括过程控制模型的构建、关键控制过程的控制指标设计、VPC 成熟度评估等内容。首先,论述了由控制域、关键控制过程及其控制指标构成的 VPC 层次结构，VPC 控制目标体系、基本要求和资源需求，在此基础上构建了三维的过程控制模型。接着，为各关键控制过程设计了控制指标，这些控制指标是各关键控制过程完善程度的指示器，为关键控制过程的完善程度提供具体详细的指示，为指导 VPC 的建立和完善提供监测的标尺和工具，也是 VPC 成熟度的评估指标。最后，为了进一步完善过程控制模型，对 VPC 成熟度评估问题进行了探讨，提出了 VPC 成熟度评估模型，论述了评估的指标、方案、步骤等问题，并探讨了基于模糊综合评判的 VPC 成熟度定量评估法。VPC 成熟度评估，可以为 VPC 的进一步完善提供改进的方向，并为不同政府机构的 VPC 成熟度提供定量比较。在本章的最后，还应用以上方法，评估了样本政府机构的 VPC 成熟度，包括立项、实施和后评估各域的 VPC 成熟度，及 VPC 总体成熟度。

第7章　价值分析模型

从控制闭环中(见图5-2),可以看出价值分析在VPC框架中处于中心地位。从图5-3所描述的VPC基本原理中也可以看出,在VPC的三个控制域(立项、实施和后评估)的控制步骤中,分别贯穿了事前、事中和事后价值分析活动,根据价值分析的结果选择投资组合、监控投资项目的实施,以及进行全面的后评估,可见VPC是以价值分析为导向的。本章的中心任务,就是根据过程控制对价值分析的需要,构建一个通用于事前、事中和事后价值分析活动的价值分析模型。

第1节　价值分析模型的构建

建立政府IT投资价值分析模型,是为了满足政府机构追求IT投资价值的实现的需要,从业务与经济的视角分析IT投资的价值增值。从实践和学术研究中,可以发现大量关于IT投资价值分析的方法与经验,包括IT投资价值度量、监测和优化的方法,这些方法与经验成为政府IT投资价值分析模型的重要基础。

信息技术在政府业务中发挥着越来越重要的作用,为了维持、增长或变革以IT为核心组件的政府业务,政府必须大力加强IT投资。如果能得到有效的控制,IT投资就能带来重大的机遇,不断为组织创造出新的价值。IT投资的大量成功实践经验表明,在立项、实施和后评估的整个经济周期中,通过正确地选择、有效地控制和客观地评估IT投资,可以最终实现IT投资的预期价值。但是,如果缺乏全生命周期的有效控制,IT投资也可能带来价值的极大损失。2002 年 Gartner 的报告显示①,全世界浪费了 20%的 IT 支出,每年损失约六千亿美元。

IT 投资比其他投资更具复杂性和风险性,因为它往往会引发巨大的 IT 变革,从而遇到前所未有的变革阻力,许多适用于其他投资的控制方法往往并不适用于 IT 投资。只有通过完善的过程控制保证实现投资价值,在全员参与和领导层的高度重视下,才可能取得预期的 IT 投资回报。政府 IT 投资价值分析模型,将致力于在 VPC 中分析、监测和报告 IT 投资的价值,以最小的成本和可以容忍的风险水平,达到过程控制与价值实现的统一,保证实现政府 IT 投资的价值。

一、价值分析的目标、内容与工具

在过程控制的立项、实施和后评估各域反复进行价值分析,是为了达到过程控制与价值实现的统一,保证 IT 投资价值能够得到优化、控制和实现。具体说来,价值分析模型是为了帮助政府机构:

①理解和认识政府 IT 投资的成本、收益、进度和风险,为 IT 投资控制决策提供充分的信息;

②选择最具回报潜力的 IT 项目立项;

③促使 IT 投资的成功实施,取得预期或超过预期的投资回报;

④在实施中及时发现偏差并采取纠偏措施,尽快终止已无法取得预期回报的 IT 项目;

⑤降低 IT 投资风险,提高确保 IT 投资价值的实现。

价值分析通常包括四个方面的内容:

①成本分析。这里的成本是指总体拥有成本(TCO),不仅包括初期投资成本也包括运行维护成本,不仅包括直接成本也包括改进 IT 基础设施、为 IT 员工提供技能培训等带来的间接成本。

②收益分析。政府 IT 投资收益的范围很广,既包括财务收益也包括非财务收益,既包括有形收益也包括无形收益,体现为管理和服务水平的提升、成

---

① Gartner, 'The Elusive Business Value of IT', August 2002.

本的节省,以及新的管理和服务功能的创新。

③价值评估。价值评估是指应用价值分析模型,对照评估指标,对处于立项、实施或后评估阶段的政府 IT 项目,进行事前、事中或事后价值分析,用适当的方法计算出投资价值。

④价值主张。它是指将价值评估时考虑的收益、成本和其他因素综合为一体,通常以时间和优先顺序标准为指导,以假设和支持数据的书面材料为依据提出价值分析结论和意见。应该注意的是,价值评估值不是价值主张考虑的唯一因素,有时价值评估较低的项目也会由于对它的论证而获得较高的优先级,如项目与政府机构的战略更加一致,或者比其他项目更能满足法律或法规的要求。

以下是一些可供选择的价值分析工具:

①Gartner Group 引入的总体拥有价值(TVO)分析法,有助于系统地分析IT 投资价值。

②Microsoft 提供的快速经济评价(REJ)工具,可协助估计升级操作系统的成本和收益。

③Alinean 公司①基于特定行业定制的 ROI 计算器。它由 Alinean 与英特尔共同开发的,帮助用户了解升级 PC 时的投资收益和回报。

④RMS Inc.开发的 FAST ROI 工具,它可以通过网络下载,用于计算 ROI。

⑤英特尔的标准 Business Case 模板,它可以通过 ITSharenet.org 下载,由英特尔量身定制。它以内部会计惯例为基础,不仅提供了制作 Business Case 的电子表格工作簿,而且提供了一种称为价值仪表盘的工具,用于 IT 投资价值评估。

二、价值分析的理论与方法

价值分析的理论与方法主要是指价值评价的理论与方法。从有关文献来看,价值评价的相关理论研究是与"IS 价值悖论"的论争相伴随的。早在 20世纪 60 年代就有关于 IS(信息系统)评价研究,如 1961 年国际信息处理协会

---

①　该公司在 ROI 方面有丰富的经验,并首创了 TCO 概念,被 Gartner 广为接受和传播。

(International Federation of Information Processing)组织了有关信息技术和 IS
评估的国际研讨会,1968 年 E.O.Joslin 所著的《计算机选择》。近年来,学术界
开始对 IS 评价理论进行总结性研究,并提出了大量新观点,如"第四代评价"
理论认为评价在经历了以测度、描述和判断为导向的三个阶段后进入以协商
为导向的评价阶段(Guba,1989);从效益测度、竞争优势和对 IS 的理解等方
面进行 IS 评价(Willcocks,1999);解释性 IS 评价和形成性评价
(Walsham&Remenyi,1999);提出以效率、有效性和理解为重点的三层次 IS 评
估(Moschella,1997)。

评价理论的发展引发了对评价方法的研究热潮,表 7-1 对近年来关于 IT
投资评价方法的研究进行了总结(Egon,2001;Andresen,2001;卢向华,2004)。
这些评价方法分别从不同的角度对 IT 投资进行评价,各有其优缺点和适用
范围。

表 7-1　IT 投资评价方法总结

评价方法		提出者
1. 360	360 度绩效评估	
2. A health check of the strategic exploitation of IT	IT 战略开发的健康检查	Construct IT 1997
3. Accounting rate of return (ARR)	投资回报率分析	Bacon 1992
4. Activity based costing	基于活动的成本计算	
5. Analytic hierarchy process	层次分析法	Saaty 1980
6. Analytic network process	网络分析法	Saaty 1996
7. Application benchmark technique	应用标杆技术	Joslin 1965
8. Application transfer team approach	应用转移队伍方法	InLincoln 1990
9. Automatic value points	自动价值点数	InLincoln 1990
10. Balanced scorecard	平衡记分卡	Kaplan & Norton 1992
11. Bayesian analysis	Bayesian 分析	Kleijnen 1980
12. Bedelle's method	Bedelle 方法	Bedell 1985
13. Benefit assessment grid	受益评估网格	Huigen&Jansen 1991
14. Benefits-risk portfolio	收益—风险组合	McFarlan 1983
15. Boundary values(BV)	边际价值法	InFarbey,Land 1993

续表

评价方法		提出者
16. Bradford information system evaluation method（BISEM）	Bradford IS 分析方法	Wolsternholme, Hendresen 1993
17. Breakeven analysis	盈亏平衡分析	Sassone 1988
18. Business Impact or Time Release Analysis	业务影响或松弛时间分析	InRemenyi,1997
19. Business Process Simulation	业务流程模拟	George,1999
20. Buss's method	Buss 方法	Buss 1983
21. Cobb-Douglas	Cobb-Douglas 生产函数	Brynjolfsson,1993
22. Composite and ad hoc methods	合成方法	InFarbey,Land 1993
23. Cost avoidance	成本避免法	In Sassone 1988
24. Cost benefit analysis(CBA)	成本收益分析	King &Schrems 1978
25. Cost benefit ratio	成本收益比率	Tam 1992
26. Cost displacement	成本替换分析	In Sassone 1988
27. Cost effectiveness analysis	成本效能分析	In Sassone 1988
28. Cost-revenue analysis	成本收入分析	InFarbey,Land 1993
29. Cost-value technique	成本—价值分析技术	Joslin 1968
30. Critical success factors(CSF)	关键成功因素	Rockart 1979
31. Customers resource life cycle	顾客资源生命周期	Ives &Learmonth 1984
32. Decision analysis	决策分析	In Sassone,1988
33. Delphi evidence	德尔菲证明法	In Powell 1999
34. Economic assessment-I/O Analysis	经济评估—投入/产出分析	InRemenyi, Money, 1995
35. EVA（EVA）	经济增加值	Stern & Stewart,1989
36. Executive planning for data processing	数据处理执行计划	InLincoln 1990
37. Fozzy Cognitive mapping	模糊识别匹配法	Irani,2002
38. Functional analysis of office requirements	办公室需求的功能性分析	Schaeffer 1988
39. Fuzzy Cognitive Mapping（FCM）	模糊识别匹配法	Amir M.Sharif,1999
40. Game-playing and role-playing	博弈和角色扮演	InFarbey,Land 1993
41. Hedonic wage model Hedonic	工资模型	In Sassone 1988
42. Information economics(IE)	信息经济学	Parker,1989

续表

评价方法		提出者
43. Information systems investment strategies (ISIS)	IS 投资策略	InLincoln 1990
44. Internal rate of return(IRR)	内部回报率	Brealey & Myers 1988
45. Investment mapping	投资分布图分析方法	Peters 1988
46. Investment portfolio	投资组合	Berghout & Meertens 1992
47. Knowledge based systems for IS evaluation	IS 评估的知识系统	Agarwal &Tanniru 1992
48. Kobler unit framework	Kobler 单位框架	Hochstrasser&riffiths, 1991
49. Lautanala's method	Lautanala 方法	Lautanala,1998
50. Measuring the Benefits of IT Innovation (MBITI)	IT 创新收益测量方法	Construct IT 1998
51. MIS utilisation technique	管理 IS 效用技术	In Powell 1999
52. Multi objective multi criteria (MOMC)	多目标多标准	Vaid-Raizada 1983
53. Net present value(NPV)	净现值	Brealey & Myers 1988
54. Option theory	期权理论	DosSantos 1991
55. Payback period	回收年限	Brealey & Myers 1988
56. Potential problem analysis(PPA)	潜在问题分析	In Powell 1999
57. Process quality management (PQM)	过程质量分析	InLincoln 1990
58. Profitability index method (PIM)	利润指数法	Bacon 1992
59. Proportion of management vision	管理愿景的均衡分析	InRemenyi,Money 1995
60. Prototyping	原型法	InFarbey 1993
61. Quality engineering	质量工程	Hochstrasser 1993
62. Rapid economic justfication	快速经济评估法	Microsoft,1995
63. Relative competitive performance	相对竞争表现 In	Remenyi,Money 1995
64. Requirements-costing technique	需求—成本分析技术	Joslin 1968
65. Return on investment(ROI)	投资回报率	Brealey & Myers 1988
66. Return on management(ROM)	管理回报率	Strassmann 1990
67. Satisfaction and priority survey	满意度和优先级调查	InLincoln 1990
68. SESAME	SASAME 方法	InLincoln 1990
69. Seven milestone approach	七个里程碑方法	Silk 1991

评价方法		提出者
70. Simulation	模拟法	InFarbey 1993
71. Socio-technical project selection	项目社会技术角度选择	Udo &Guimaraes 1992
72. SRA(Systems Resource Approach)	系统资源方法	Mahmood,1993
73. Strategic application search(SAS)	战略应用搜寻	InLincoln 1990
74. Strategic investment evaluation and selection tool Amsterdam (SIESTA)	阿姆斯特丹战略投资评价和选择工具	Irsel & Fuitsma 1992
75. Strategic match analysis and evaluation	战略匹配分析和评价	InRemenyi,Money 1995
76. Strategic option generator	战略机会创造器	Wiseman 1985
77. Structural models	结构模型	In Sassone 1988
78. System dynamics methodology	系统动力学方法	Wolstenholme & Handresen 1993
79. Systems investment methodology(SIM)	系统投资方法	InLincoln 1990
80. Systems measurement	系统测量	Spraque & Carlson 1982
81. TCO	总体拥有成本	BillKirwin,1987
82. TEI	总体经济影响	GIGA 公司,1998
83. Time savings times salary	时间节省与工资乘数	In Sassone 1988
84. Transformate model	变革模型	InRemenyi Money 1995
85. User attitudes	用户态度	InRemenyi Money 1995
86. User information satisfaction (UIS)	用户信息满意度	Miller & Doyle 1987
87. User utility function assessment technique	用户应用功能评估技术	In Powell 1999
88. Value analysis	价值分析	Keen 1981
89. Value chain assessment	价值链评估	Porter 1985
90. Ward's portfolio analysis	Ward 组合分析	Ward 1990
91. Wissema's method	Wissema 法	Wissema 1985
92. Work study assessment	工作研究评估	InFarbey 1993
93. Zero based budgeting	零基预算法	Zmud 1983

　　随着 IT 投资的范围和规模的迅速扩张,其投资价值却越来越不可见,应

用某一种评价方法往往很难全面评估和分析 IT 投资价值,因此上世纪 90 年代中期以来,开始形成一些综合评价理论与方法。同时,价值分析与评价在 IT 投资 VPC 中发挥越来越大的导向作用,得出准确的评价结果虽然重要,但 IT 投资评价过程带来的价值往往更大更多(Farbey,1990)。

综合评价理论与方法主要表现出三个方面的特征:

1.根据 IT 投资的类别、属性和评价的目的等,从不同维度来评价 IT 投资价值。具体表现为:根据 IT 投资分类选择对应的评价模型(Farbey,1993 & Wilcocks,1997);根据不同的 IT 项目属性选择评价方法(Andresen,2001)。根据 IT 导向、用户导向和业务导向等不同的 IT 战略,针对不同的评价任务采用不同的评价机制(Feeny,1998)。

2.通过一系列评价方法的组合,甚至非评价方法的组合进行评价。如 IT 投资生命周期评价法(Willcocks,1994)、战略格理论与信息经济学方法的组合评价法(Ward,1994)。

3.根据 IT 投资价值的实现过程,研究评价在价值形成过程中的角色和活动,保证最终价值的实现。评价不仅是测度 IT 投资价值的工具,更是 IT 投资价值的催化剂(Bram Meyerson,2000)。主要研究成果包括基于过程的形成性评价(Remenyi,1997)与解释性评价理论(Walsham,1993)。

这些评价理论与方法,特别是综合评价理论与方法,为构建 VPC 价值分析模型的提供了理论基础。要建立 VPC 价值分析模型,需要在此基础上专门针对政府 IT 投资价值分析展开研究,更加深入地研究过程控制对价值分析的要求,强调分析与评价的持续性和反馈性,为政府 IT 投资过程控制提供决策导向。

三、价值分析模型的提出

由于价值分析在 VPC 框架中的中心地位,价值分析模型必须满足过程控制对价值分析的基本要求,也就是在立项、实施和后评估构成的控制闭环中,要进行事前、事中和事后价值分析,以满足 IT 投资项目选择、监控和后评估的一般需要。反复制定 IT 战略方向并分配资源,从而启动或终止 IT 项目以支持其战略方向,最大限度地降低成本、增加 IT 投资价值,对政府机构满足其业务要求的能力起着至关重要的作用。

价值分析模型为描述政府 IT 投资价值提供了一种通用的语言,促使政府机构采用标准化流程评估 IT 投资的价值和风险,运用客观的评分方法对 IT 投资进行排序,从而正确地制定 IT 投资控制决策。由于政府 IT 投资具有覆盖面广、投资规模大、投资价值不可见性大的特点,必须应用综合性的评价理论与方法,建立一个综合性的价值分析模型。

要建立价值分析模型,必须提出一个全面评估政府 IT 投资价值的综合性方法。从 IT 投资评价的有关理论和方法中可以看出,评估 IT 投资价值实际上就是评估 IT 投资的收益和成本。其中成本可以用总体拥有成本 TCO 来测算,相对比较容易。而评估收益就要困难得多,因为政府 IT 投资的收益主要表现为间接的、无形的非财务收益,其测算需要特别的方法进行可见量化[①]。以非财务收益和财务收益及其成本为测算对象,可以分别评估出政府 IT 投资的非财务价值和财务价值。

英特尔的 IT 业务价值矩阵[②](Doug Busch,2001)为非财务价值的评估提供了一种全面的方法(如图 7-1 所示),它从业务价值和 IT 效率维度,综合分析和评估 IT 投资价值。IT 业务价值矩阵蕴藏了深刻的投资哲学,要求从业务价值和 IT 效率两个方面对 IT 投资的非财务价值进行较为全面的评价。业务价值衡量项目对业务战略和优先序列的影响;IT 效率衡量投资在使用或增强现有基础设施上的效果。它认为最容易做出的决策是既贡献业务价值又提升 IT 效率的决策。

IT 业务价值矩阵提供了测度 IT 投资非财务价值的全面方法,这对于以间接的、无形的非财务收益为主要收益形式的政府 IT 投资来说,无疑具有很好的借鉴意义。

除了非财务收益外,从政府 IT 投资中也可以取得一定的财务收益,因此要全面分析政府 IT 投资价值,还必须评估从政府 IT 投资中可以获取的财务价值。财务价值的测算是相对成熟的,可以通过 ROI,IRR 和 NPV 等综合财务指标,以及投资规模、期权价值和回收期等其他辅助财务指标来进行测度。

---

① 参见本书第 7 章第 1 节一中收益量化方法的有关论述。
② IT 业务价值矩阵是由作为英特尔 CIO 的 Doug Busch 于 2001 年提出,并在英特尔得到了广泛的成功应用。

业务价值

−	0	+

图 7-1 英特尔的 IT 业务价值矩阵

注:LOB(Line Of Business)表示业务线

从业务价值、IT 效率维度测度非财务价值,以一系列综合财务指标和辅助财务指标来测度财务价值,就可以对政府 IT 投资的非财务价值和财务价值进行全面的分析和评估。以业务价值、IT 效率和财务价值三个维度为基础,可以构建出政府 IT 投资的价值分析模型(如图 7-2 所示)。

在价值分析模型中,使用三个向量对政府 IT 投资的价值进行评估:业务价值(X 轴)、IT 效率(Y)和财务价值(Z 轴)。每个向量都是一个复合指标,包括一系列影响该复合指标的二级指标。其中 X-Y 平面构成政府 IT 投资的非财务价值,Z 维度构成政府 IT 投资的财务价值,X-Y-Z 立体全面描述了包含非财务价值和财务价值的政府 IT 投资价值。

应用价值分析模型,可以在过程控制中有效地跟踪政府 IT 投资价值的变化情况,并且指导立项、实施和后评估域的控制决策。在立项域,根据对政府 IT 投资潜在价值的评估,选择最有价值潜力的项目组成最优投资组合。在实施域,根据预期投资价值的完成情况,决定 IT 投资项目的继续、加快、推迟或

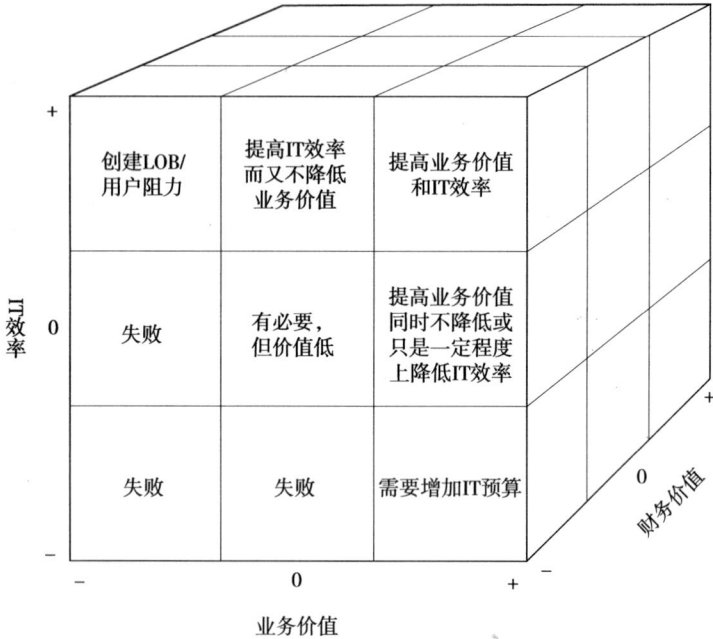

创建LOB/用户阻力	提高IT效率而又不降低业务价值	提高业务价值和IT效率
失败	有必要,但价值低	提高业务价值同时不降低或只是一定程度上降低IT效率
失败	失败	需要增加IT预算

图 7-2　价值分析模型

终止。可以配合阶段性闸控方法,分阶段投入某项投资或项目的资金,定期对投资价值进行反复评估,当项目达到某阶段性目标后,才能获得进入下一阶段的资金,否则项目将被推迟或终止。在后评估域,当项目价值已经完全实现或完全确定时,对项目价值进行全面评估,则可以全面评价项目全生命周期的过程控制效果,总结经验教训进行反馈,在控制闭环中不断提高 VPC 成熟度。

　　价值分析还要对期权价值进行评估,将期权管理方法用于政府 IT 投资过程控制(见本书第 2 章第 4 节一)。期权代表对未来投资的选择权,而当前不必承担全额投资的义务。期权持有者通过支付小额投资,即可获得在未来某一时间决定是否在某一财务状况下进行实际投资的权利。可以说期权投资者是在购买时间,等到投资条件变得更加明朗、信息可以更加充分说明该投资有价值(或价值欠缺)时,再决定是否全额投资。IT 期权投资的价值很难评估,因为包括投资回报、不确定性、风险和无形收益等在内的未知因素太多,对期权价值的精确预测难度非常大。应用价值分析模型可以测量和跟踪 IT 投资组合的期权价值。

价值分析模型是一个非常重要的工具,通过它可以持续、前摄性地保持 IT 投资组合与政府战略的一致,保证在可控的条件下优化和获取 IT 投资的价值。根据三个向量对潜在的投资进行评估,可确保决策者具有全面、平衡的观点。理想情况下,决策者应该选择最佳点的 IT 投资,即既最具非财务价值(由业务价值和 IT 效率测度),又最具财务价值的 IT 投资。

四、成本与收益的测度与量化

要分析和评估政府 IT 投资价值,重点和难点在于成本与收益的测度与量化。政府 IT 投资成本是指总体拥有成本(包含总体连通成本),具体表现为初始投资成本和运行维护成本。而政府 IT 投资收益表现为财务收益和非财务收益,财务收益可以通过投资回报率、净现值、内部回报率和回收期等财务指标测度,但非财务收益表现为无形间接收益,其测度比较困难,需要特殊的量化方法。

(一)成本的测度与量化

政府 IT 投资成本包括初始投资成本和运行维护成本,可以用总体拥有成本(TCO)进行测度。

1.总体拥有成本(TCO)

TCO 概念由 Alinean 公司首创,并在 20 世纪 80 年代和 90 年代早期得到 Gartner Group 的推广和传播,它是为了更好地理解、管理和降低 IT 成本的一种衡量系统和方法。TCO 概念使 IT 机构从理解和管理 IT 成本,迈进到理解 IT 投资可以产生价值。在分析 IT 投资价值的基本方法中,对 TCO 的理解是非常重要的。

在 IT 投资的全生命周期中,自始至终观察和跟踪成本是至关重要的。TCO 包含提供和支持 IT 产品或服务所涉及的成本,通常涉及支持 IT 系统的人、过程和技术等三个核心区域,分为终端用户支持、IT 支持、硬件、软件和其他等 5 类。运行维护成本在全生命周期成本中占有最大的比例,但却往往得不到足够的重视。据 Patrick Martin(2003 年)估计,在硬件上每花费 1 美元,在员工和服务上的花费就达 3 美元。Delta Air Lines 通过图形描绘了初期投资和所有其他运作成本,由于运作成本远远超过初期估计,结果画出的图形看上去就像飞机的尾巴,Delta 称之为"运作尾巴(Operating Tail)"。

TCO 的优势在于识别硬件的直接成本和间接成本,这在近年来 IT 投资间接成本日益攀升的情况下显得尤为重要。间接成本通常存在于 IT 部门之外,并包含可变因素,如终端用户学习使用新 IT 系统所需要的时间。近年 TCO 的分析表明,人力成本往往远远超过软件和硬件的初始购置成本。在 20 世纪 90 年代的分布式计算模式中,技术支持成本的逐渐增加,已经远远超过了人们的预期。随着复杂性和任务危险性的增加,分布式系统的 TCO 通常也会逐渐增加。

2.总体连通成本(TCC)

TCC(总体连通成本)是 TCO 的一个组成部分,它是语音和数据通信成本的总和(如表 7-2 所示)。这一概念可以帮助政府机构管理通信成本,使其能够在组织内部和组织之间比较每位员工的平均连通成本。随着通信方式的增加,TCC 可能会变得越来越重要。随时随地的连通性需求带来通信成本的逐渐增加,导致 IT 投资预算的增加。联结网络的方法包括:无线局域网、传统调制解调器、宽带、虚拟个人网(VPN),或无线广域网解决方案,如 GPRS 和 3G。员工使用固定电话和手机,还可以使用无线 PDA 和传呼设备接收来自任何地方的电子邮件。这些都大大增加了通信预算的服务成本。

表 7-2　总体连通成本

语音成本	数据成本
移动电话/手机 固定电话 电话会议桥接器 电话卡 固定电话	政府连通 有线 LAN 无线 LAN
	家庭连通 PSTN 远程接入 VPN 宽带
	远程连通 传呼机 无线 WAN(2.5/3G) 无线热区 WiMAX(宽带无线)

Gartner Group 的研究表明,在发达国家和发展中国家之间,IT 方案的 TCO 百分比分配会有很大差别。在发达国家,IT 人员工资常常是成本最高的种类,由于通信基础设施通常已经到位,所以 TCC 相对便宜。在发展中国家,硬件、软件和 TCC 成本常常是成本最高的种类,而 IT 人员工资则较低。在开发和配置 IT 投资时应仔细考虑当地成本分配种类。

3. VaR(风险价值)与 TCO 之间的关系

VaR 最初是由 J.P.Morgan 金融服务公司于 20 世纪 70 年代提出来的,是指某个既定方案中如果出现不利的情况将会损失的最大金额(Jorion,2000 年)。

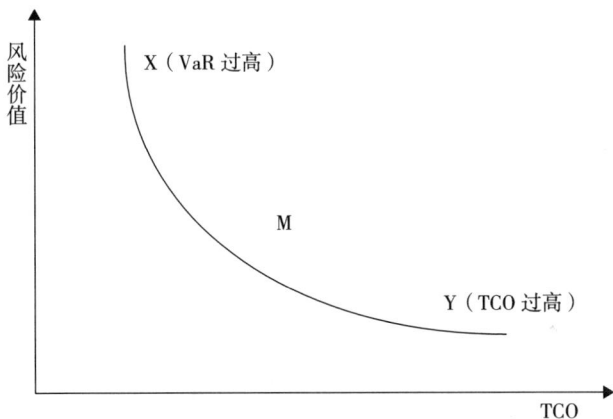

图 7-3 VaR 与 TCO 之间的关系

来源:Tallon(2002 年)

Paul Tallon(2002 年)对 VaR 与 TCO 进行了整合,认为信息系统的 VaR 和 TCO 之间存在一定的联系,TCO 较低将导致 VaR 过高,而过高的 TCO 将导致 VaR 较低。这也就是说,IT 投资的价值越高,其风险价值(VaR)就越高。因此,VaR 与 TCO 之间呈反比关系(如图 7-3 所示)。Tallon 认为,如果无所顾忌地尝试降低 TCO 的方法,IT 系统将给组织带来风险;反过来,任意降低 VaR 也将导致 TCO 过高。

如果 VaR 过高,就应该将其降低到能够容忍的水平。由于 VaR 与 TCO 之间存在反比关系,可以对这两个指标值进行选择以实现某种均衡。如果决策者认为无法接受过高 VaR,则可以通过更可靠的容错解决方案来降低,但这必须以高 TCO 为代价。

理解 VaR 与 TCO 之间的关系对优化 IT 价值很重要。过分追求低 TCO 可能会对组织带来无法容忍的高 VaR,如果政府机构为削减预算而过分降低 TCO,可能会大大增加 VaR,从而导致关键系统出现灾难性的故障。

(二)财务收益的测度与量化

1.投资回报率(ROI)

投资回报(ROI)是价值分析的重要内容,它是衡量投资所得收益或回报的简单方法。作为制定 IT 投资决策的关键工具,ROI 得到了广泛应用,财富 500 强中92%的公司将 ROI 用作 IT 项目评估的财务指标(Bob Violini,1997)。

ROI 是净收益与初期投资相加的和除以初期投资所得的比率。净收益是总收益减去整个投资生命周期中预期的总支出。如果整个项目周期结束后净收益为零,则 ROI 就是 1,表示没有投资回报;ROI 大于 1 表示获得正回报;ROI 小于 1 表示获得负回报。

在立项或实施过程中,由于实际成本带有不确定性,收益也还未出现,需要对成本和收益进行估计才能预测出 ROI,而这是比较困难的。在这种情况下,参考开发商以前为其他同类机构配置 IT 解决方案的 ROI,将有助于确定成本和收益的种类并估计其数值。而当进行后评估时,投资已经实施完毕并获得了全部投资收益,项目的成本和收益已经完全确定,因此这时进行 ROI 分析就相对简单和直接。

但是,ROI 分析也有很多缺点,这表现为:①没有明确考虑资金的时间价值,也不能简单说明一个项目的多个潜在结果;②在评价初期投资结果时,没有考虑投资可能带来的连续投资机会,这需要应用实物期权方法①。

2.净现值(NPV)、内部回报率(IRR)和回收期

净现值(NPV)、内部回报率(IRR)和回收期,是对 IT 投资进行全面财务预测必不可少的 3 个财务指标。它们的一个共同点是只考虑 IT 投资的初期支出(即不含运行维护成本)。

---

① 实物期权方法是 VPC 及其价值分析中用到的一种重要管理技术,在本书文献综述已有介绍。

净现值(NPV)是指一项投资按现值计算的收益和成本的净差异,与 ROI 不同,它考虑了资金的时间价值,即对收益和成本按时间折现。内部回报率(IRR)是指当成本的净现值等于收益的净现值时的贴现率,它也考虑了资金的时间价值。回收期是指累计收益现金流超过累计成本现金流所需的时间,也称为收支平衡点。

一般情况下,一项投资的回收期与净现值存在一定的正向关系,政府机构通常会根据关键财务指标来进行选择。将资产回报作为关键财务指标的政府机构,可能会准备等待较长回收期来取得较大净现值;将增长率作为关键财务指标的政府机构,则可能会选择较短回收期以取得短期回报。

(三)非财务收益的测度与量化

政府 IT 投资价值大量地表现为间接无形的非财务收益,如何让非财务收益是可见是价值分析最困难的地方,必须注重非财务价值的测度和量化方法。仅注重有形收益的财务分析可能无法全面显示 IT 投资回报,从而使某些有潜在价值的 IT 项目被否定或取消。对无形收益的测度和量化可以使价值分析更加精确,这对于以无形收益为主的政府 IT 投资来说显得更为重要。不可否认,量化无形收益不像量化有形收益那样简单,将无形收益换算为金额更是难上加难。应该不断完善方法,尽力量化无形收益。下面介绍几种无形收益量化的方法。

1.衡量业务风险的降低

可以通过衡量业务风险的降低,来处理某些难以量化的重要无形收益。这种方法在德意志银行得到了较好的应用,它将对自己有负面影响的情况定义为事件(event),而此事件的发生概率、德意志银行受此事件影响的概率及此事件将造成的破坏价值的乘积,就是此事件相关的可估计到的风险。对实施和不实施 IT 投资的情况进行风险估计和比较,就能够将重要的无形收益量化。

2.衡量设备整体效率(OEE)的提升

OEE 是设备实际产出与理论最大量之比,具体计算公式为:OEE = 可用性×性能效率×合格率×100。由于设备成本在初期资金投入中所占比例最大,因此提升设备利用率的 IT 投资,不仅可以降低前期资本支出,而且能够不断降低组织运营成本。因此,可以将设备整体效率(OEE)的提升作为衡量无形收益的一个标准。

3.评估政府生产力的提升

政府生产力表现为完成管理和服务职能的能力。生产力是由环境(cont-ect)、关键变量(key variables)和时间范围(time frame)决定的。政府生产力环境是指员工工作时间的价值,业务部门员工工作时间的节省可以直接带来可度量的产出增长。应该注意到,工作的结构化程度会影响员工工作时间的价值,工作的结构化程度越低,员工工作时间的价值越小。政府生产力关键变量是指对应于生产力环境的生产力指标,针对不同的业务类型可以设置不同的生产力指标,如每小时处理的业务量等。政府生产力的时间范围,是指与基线绩效指标比较,通过研究学习曲线来计算政府生产力提升所耗费的时间,因为通过一定时间的学习才能彻底了解系统,才能逐渐提升政府生产力。

IT 投资既可以促使流程自动化,也可以通过改变工作性质来实现业务流程的优化和再造,从而提高生产力价值。通过改变工作性质以提高生产力的方法又称为杠杆作用(Andy Grover,2001),它实际上是通过改变作业方式来提高工作效率,获得产出提升。

可以使用可控的实验性研究方法评估政府生产力提升的价值。进行可控的实验性研究可以确定实际收益和成本,并应用价值权衡矩阵,通过将实验数据与历史数据结合,从 IT 效率的角度出发对 IT 投资进行评价,进行极有说服力的价值分析。在实验期间进行用户研究是评估生产力提升的另一方法。通过跟踪活动日志、测试可用性、与用户进行正式会面,来了解用户情况,并借此评估 IT 带来的影响和效益。借助于软件代理跟踪实验用户的活动,可以监视用户连接到网络的时间、收集连通性时间表,并记录网络链接的速度。

第 2 节　价值评估指标及权重

应用价值分析的重要内容就是进行价值评估。所谓价值评估,就是指应用价值分析模型,对照评估指标,对处于立项、实施或后评估阶段的政府 IT 投资项目,进行事前、事中或事后价值分析,用适当的方法计算出项目的价值评估值。因此,价值评估指标是价值分析模型应该研究的重要内容。

一、评估指标

多位学者专门就 IT 投资价值评估指标进行过研究。James(1990)提出 IT 投资评估标准包括财务标准、管理标准和开发标准三类,共 15 个指标。willcocks(1994)经过调查发现,IT 投资可行性研究中使用最频繁的标准,是系统可用性、组织需求、响应时间、系统能力、业务部门的需要、成本这六个指标。Hochstrasser(1994)建议从可能的效益、带来的机会、可能的障碍、战略集成、风险这五个角度对备选方案进行评估。Parker(1988)提出了著名的信息经济学方法(IE),采用传统的成本效益分析加上管理因素和技术因素,共 11 个指标进行评估。Andresen(2001)认为 IT 投资评估的标准应该包括财务、战略、竞争优势、使用的效果、提高质量、关键需求、用户满意度、外部满意度、技术、风险共 10 个标准。Wang 和 chen(2006)考察不同的生命周期内 ERP 项目成功的标准,认为评估需要考察三个方面内容:系统预期的功能实现程度;关键财务指标实现程度;执行指标是否按时、按预算完成。而分析最为全面的是 Iresel(1992)提出的 SIESTA(strategic Investment Evauation and Selection)方法,提出了二十几条评估标准。

对 IT 投资价值评估的研究中可以看出,不同的研究几乎没有完全相同的评估指标,说明 IT 投资价值评估带有很强的个体特征。但是,从上述研究中也可以看出,IT 投资价值评估指标具备以下一些共性:

①不能用单一的财务指标来衡量 IT 投资价值,因为 IT 投资尤其是政府 IT 投资价值更多地表现为非财务价值;

②IT 投资尤其是政府 IT 投资价值往往表现为 IT 效率的提高,因此在评估 IT 投资价值时,必须考虑新的 IT 投资对已有 IT 投资的影响;

③IT 投资与组织战略目标的一致性是衡量 IT 投资价值的重要标准,而组织战略又是通过业务战略来实现的,因此 IT 投资对业务价值的影响是评估 IT 投资价值的一个重要方面。

也正是基于以上原因,在本章第 1 节三中提出了由业务价值、IT 效率、财务价值构成三维的、适用于 VPC 框架的综合价值分析模型。因此,应该从业务价值、IT 效率、财务价值三个方面来设计政府 IT 投资价值评估指标。业务价值衡量项目对政府机构的业务战略和优先序列的影响,IT 效率衡量投资对现有基础设施和整体 IT 能力带来的影响,财务价值向量应呈现投资的财务价值的完整视图。为了便于用 AHP(层次归纳法)确定各级指标权重,需要对各向量所属的下级指标进行归类,分三级设计政府 IT 投资价值评估指标体系,每级指标数量不宜过多。

在设计业务价值、IT 效率这两个向量的评估指标时,本书主要参照了英特尔为 IT 业务价值矩阵设计的评估指标,在此基础上进行了一定程度的修订。在本书第 1 节三中曾经指出,可以借鉴英特尔的 IT 业务价值矩阵,从业务价值和 IT 效率两个维度,评估政府 IT 投资的非财务价值。英特尔在应用 IT 业务价值矩阵时,为业务价值和 IT 效率这两个向量设计了评估指标(Martin Curley,2003)。本书根据政府 IT 投资的特点和过程控制对价值分析的要求,对英特尔的评估指标进行了修订,主要包括:区分了 IT 部门[①]和非 IT 部门,因为政府机构的 IT 部门和非 IT 部门在战略、用户影响方面具有不同的特点;对不适合政府 IT 投资的评估指标进行剔除、修改;增加对政府 IT 投资的特别适用的评估指标。

在设计财务价值向量的评估指标时,分综合财务指标和其他辅助财务指标两类。综合财务指标旨在衡量 IT 投资的财务价值全貌,包括 NPV,ROI 和 IRR 三个财务指标,其中 NPV 和 IRR 都体现了资金的时间价值。如果这些财务价值还不确定(项目处于立项或实施阶段),为了充分考虑投资风险的影响,进行核算时要根据风险水平对这三个财务指标进行风险折扣(即乘以各自的风险系数,判断项目风险的模拟方法主要由 Monte Carlo 模拟构成)。其他辅助财务指标包括投资规模、期权价值和回收期,是对综合财务指标的补充。投资规模可以衡量风险损失,在同样风险水平下,规模越大的投资风险损失也越大;期权价值衡量本项投资对未来进一步投资的影响,是一种对未来投资的潜在价值;而回收期则与测度回报大小的 ROI 指标相配合,体现了政府机构在关键财务指标上的选择[②]。

---

① IT 部门是政府机构内专门负责 IT 资产的管理部门。
② 见本书第 7 章第 1 节四中对 ROI 和投资回收期的论述。

评估指标的价值导向、整体性和全面性等特点,应该可以满足 VPC 对价值分析的一般要求。但是,针对不同政府 IT 投资项目的特点,以及 VPC 在立项、实施和后评估域对价值分析的目的和要求,有必要对评估指标进行必要的调整和裁剪,以更好地适应各种政府 IT 投资项目及在 VPC 不同阶段的价值分析的特殊性。

表 7-3 列出了为业务价值、IT 效率和财务价值三个向量设计的全部评估指标。

表 7-3 价值评估指标设计

标准			说明
V_1: 业务 价值	V_{11}: 战略 影响	V_{111}:与政府机构战略的一致性	与政府机构战略目标(SO)的一致程度,较大为好
		V_{112}:用户①需求强度	用户对交付物的需求程度——描述请求或需求的容量、强度和影响,较大为好
	V_{12}: 业务 影响	V_{121}:业务能力的增加或增强	提出解决某一业务问题的全新方案,或能力的增强或进一步改善,较大为好
		V_{122}:对业务风险的影响	在业务持续性、安全性、稳定性和灾难恢复方面的改善(总风险=问题的发生带来的损失×问题发生的概率),较小为好
		V_{123}:对关键业务变量的影响	可交付方案对关键业务变量的影响,如业务处理时间的缩短等,较大为好。
	V_{13}: 用户 影响	V_{131}:用户绩效提升	用户生产力、系统性能和质量的改善,较大为好
		V_{132}:用户的创新和学习级别	提供的新技术方法/工具,需要用户学习或培训的时间,较小为好
		V_{133}:用户满意度	用户满意度,较大为好
		V_{134}:用户影响的规模和级别	政府机构内受 IT 项目影响的人数百分比,较大为好
		V_{135}:用户信心	用户对实现业务价值的信心,较大为好

---

① 这里的用户指使用 IT 项目交付物的所有用户,既包括政府机构内部的 IT 部门和非 IT 部门用户,也包括政府机构外部的公民用户。以下在业务价值类指标中的用户均同此,不再另加说明。

标准			说明
V_2：IT 效率	V_{21}：IT 战略影响	V_{211}：IT 部门内部用户需求强度	IT 部门内部用户对此可交付方案的需求程度,包括请求的量和程度,较大为好
		V_{212}：与 IT 战略的一致性	与 IT 战略目标的一致程度,较大为好
	V_{22}：IT 效率影响	V_{221}：单位成本的降低	降低政府业务或服务的单位成本,较大为好
		V_{222}：配置时间	配置 IT 产品和服务的时间,较短为好
		V_{223}：对 IT 员工生产力的影响	衡量 IT 员工工作效率的提升、项目实施速度的加快以及解决方案的质量提高,较大为好
	V_{23}：IT 员工影响	V_{231}：IT 部门内部用户的创新和学习级别	提供的新技术方法/工具,需要 IT 部门内部用户学习或培训的时间,较短为好
		V_{232}：IT 员工满意度	在项目对 IT 员工福利、发展和成长的影响方面,IT 员工的满意度,较大为好
		V_{233}：IT 员工的成功信心	衡量 IT 员工对按承诺交付的信心级别,较大为好
		V_{234}：对 IT 员工影响程度	受到项目影响的 IT 员工人数,较大为好
V_3：财务价值	V_{31}：综合财务指标	V_{311}：净现值(NPV)	NPV 是根据投资的回收期对投资进行衡量的一种计算方法,此计算需要四个评估值:回收金额、回收期、贴现率和投资金额,也有可能出现负的 NPV 值,出现的原因可能是投资回收少于投资,或者贴现系数忽略了资金回收,NPV 在本质上就是一定时期内的货币价值。NPV 较大为好。
		V_{312}：内部回报率(IRR)	投资的实际回报率(预计的或已实现的),资金的时间价值也考虑在内,(IRR)是使投资完全等于一定时期内投资回收额的贴现率),较大为好
		V_{313}：投资回报率(ROI)	净收益加上投资成本/投资成本,净收益是减去运营成本后的收益。数字 1 表示收支平衡,该值越大越理想
	V_{32}：其他财务指标	V_{321}：投资规模	需要的总投资——允许评估针对特定预算进行多少投资,包括初始成本和生命周期成本,适度为好
		V_{322}：期权价值	NPV 中没有反映的潜在未来价值,较大为好
	V_{32}	V_{323}：回收期	初期投资和收回总投资之间的时间,适度为好

二、权重分配

价值分析的关键是确定影响投资价值的各种因素的相对重要程度。需要对特定 IT 投资的价值进行评估时,应该复核评估指标的适用性并作适当裁剪,为评估指标分配权重。确定权重时可以采用 AHP(层次分析法)。

1.建立层次结构

根据价值评估指标,建立如表 7-3 所示从 $V-V_i-V_{ij}-V_{ijk}$($i=1-3$,$j=1-3$,$k=1-5$)的层次结构。

2.构建判断矩阵

为了使各准则之间进行比较得到量化的判断矩阵,引入 1-9 标度。根据心理学家的研究指出:人们区分信息等级的极限能力为 7±2,特制定如表 7-4 所示的标度方法。

表 7-4　标度方法

标度 a_{ij}	定义
1	i 因素与 j 因素相同重要
3	i 因素比 j 因素略重要
5	i 因素比 j 因素较重要
7	i 因素比 j 因素非常重要
9	i 因素比 j 因素绝对重要
2, 4, 6, 8	为以上两判断之间的中间状态对应的标度值
倒数	i 因素与 j 因素比较,得到判断值为 $a_{ji}=1/a_{ij}$,$a_{ii}=1$

建立判断矩阵 $V-V_i$,V_i-V_{ij},$V_{ij}-V_{ijk}$。

3.层次单排序及其一致性检验

若以 $\bar{A}$ 代表判断矩阵,W 代表判断矩阵的特征向量,则由 $\bar{A}W=\lambda_{max}W$,可以求得特征向量 W,经过归一化后即为同一层次相关指标对于上一层次某指标相对重要性的排序权值,这一过程称为单排序。然后进行一致性检验:

4.层次总排序

计算同一层次所有指标对于最高层相对重要性的排序,称为层次总排序。这一过程是由最高层次到最低层次逐层进行的。

5.层次总排序一致性检验

这一步骤也是从高到低逐层进行的。

由层次分析法可以确定各层指标 V_i、V_{ij}、V_{ijk} 的权重向量 $A = (a_i)$,$A_i = (a_{ij})$,$A_{ij} = (a_{ijk})$。

由 AHP 法确定的评估指标权重分配方案如表 7-5 所示。

表 7-5　权重分配

一级指标权重		二级指标权重		三级指标权重	
V_1	0.385	V_{11}	0.346	V_{111}	0.534
				V_{112}	0.466
		V_{12}	0.306	V_{121}	0.345
				V_{122}	0.321
				V_{123}	0.334
		V_{13}	0.348	V_{131}	0.213
				V_{132}	0.186
				V_{133}	0.206
				V_{134}	0.197
				V_{135}	0.198
V_2	0.287	V_{21}	0.326	V_{211}	0.498
				V_{212}	0.502
		V_{22}	0.323	V_{221}	0.337
				V_{222}	0.319
				V_{223}	0.344
		V_{23}	0.351	V_{231}	0.245
				V_{232}	0.256
				V_{233}	0.243
				V_{234}	0.256

一级指标权重		二级指标权重		三级指标权重	
V_3	0.328	V_{31}	0.578	V_{311}	0.343
				V_{312}	0.339
				V_{313}	0.318
		V_{32}	0.422	V_{321}	0.335
				V_{322}	0.331
				V_{323}	0.334

第 3 节　价值的灰色系统分析

上节提出了价值评估指标及权重,本节要论述如何根据评估指标及权重进行评估和计算,得出可以进行相互比较的项目投资价值。根据我国著名学者邓聚龙教授提出的灰色系统理论,灰色系统是指既含有已知信息又含有未知信息的系统,是控制论的方法延伸到社会、经济、环境的产物。由于 IT 投资价值的影响因素错综复杂且所利用的信息是不完备的,作为评价对象的政府 IT 投资价值系统具有典型的灰色性。因此对于政府 IT 投资价值,可用灰色系统方法来分析处理。

一、建立评价样本矩阵

将评估指标 V_{ijk} 按是否能量化划分为定量和定性指标,对定量指标进行归一化处理,然后按 5 分制折算其得分,具体方法是:

①对于越小越好的指标,按下限效果测度计算:

$$d_{ijkl}^{(s)} = 5 \times \frac{\min_s u_{ijkl}^{(s)}}{u_{ijkl}^{(s)}} \tag{7.1}$$

式中 $u_{ijkl}^{(s)}$ 表示第 l 位评估者对第 $s(s=1,2,\cdots,n)$ 个项目在指标 V_{ijk} 上的

定量评估值，$d_{ijkl}^{(s)}$ 表示第 l 位评估者对第 s 个项目在指标 V_{ijk} 上按 5 分制折算的评分结果，下同。

②对于越大越好的指标，按上限效果测度计算：

$$d_{ijkl}^{(s)} = 5 \times \frac{u_{ijkl}^{(s)}}{\max\limits_{s} u_{ijkl}^{(s)}} \qquad (7.2)$$

③对于适中为好的指标，按适中效果测度计算：

$$d_{ijkl}^{(s)} = 5 \times \frac{\min(u_{ijkl}^{(s)}, u_0)}{\max(u_{ijkl}^{(s)}, u_0)} \qquad (7.3)$$

式中

$$u_0 = \frac{1}{n} \sum_{s=1}^{n} u_{ijkl}^{(s)} \, 。$$

对于定性指标，则按其优劣等级统一划分为"优"、"良"、"中"、"差"和"很差"等 5 种标准，其分值分别为 5、4、3、2、1 分；指标等级介于两相邻等级之间，相应评分为 4.5、3.5、2.5、1.5 分。

设评估者序号为 $l=1,2,\cdots,p$，即有 p 位评估者，对 s 个项目按评估指标 V_{ijk} 的评分等级标准评分。

根据 p 位评估者对第 s 个项目的评分结果 $d_{ijkl}^{(s)}$，求得第 s 个项目的评价样本矩阵 $D^{(s)}$

$$D^{(s)} = \begin{bmatrix} d_{1111}^{(s)} & d_{1112}^{(s)} & \cdots & d_{111p}^{(s)} \\ d_{1121}^{(s)} & d_{1122}^{(s)} & \cdots & d_{112p}^{(s)} \\ \cdots & \cdots & \cdots & \cdots \\ d_{ijk1}^{(s)} & d_{ijk1}^{(s)} & \cdots & d_{ijkp}^{(s)} \end{bmatrix} \qquad (7.4)$$

二、建立灰色评价权矩阵

设评价灰类序号为 e，$e=1,2,\cdots,5$，即有 5 个评价灰类（$g=5$），它们分别是"优"、"良"、"中"、"差"和"很差"，其相应的灰类及白化权函数如下：

第 1 灰类"优"（$e=1$），灰数 $\otimes_1 \in [5,\infty)$，白化权函数：

$$f_1(d_{ijkl}^{(s)}) = \begin{cases} d_{ijkl}^{(s)}/5, & d_{ijkl}^{(s)} \in [0,5] \\ 1, & d_{ijkl}^{(s)} \in [5,\infty) \\ 0, & d_{ijkl}^{(s)} \notin [0,\infty) \end{cases}$$

第 2 灰类"良"（$e=2$），灰数 $\otimes_2 \in [0,4,8]$，白化权函数：

$$f_2(d_{ijkl}^{(s)}) = \begin{cases} d_{ijkl}^{(s)}/4, & d_{ijkl}^{(s)} \in [0,4] \\ \dfrac{d_{ijkl}^{(s)}-8}{-4}, & d_{ijkl}^{(s)} \in [4,8] \\ 0, & d_{ijkl}^{(s)} \notin [0,8] \end{cases}$$

第 3 灰类"中"（$e=3$），灰数 $\otimes_3 \in [0,3,6]$，白化权函数：

$$f_3(d_{ijkl}^{(s)}) = \begin{cases} d_{ijkl}^{(s)}/3, & d_{ijkl}^{(s)} \in [0,3] \\ \dfrac{d_{ijkl}^{(s)}-6}{-3}, & d_{ijkl}^{(s)} \in [0,6] \\ 0, & d_{ijkl}^{(s)} \notin [0,6] \end{cases}$$

第 4 灰类"差"（$e=4$），灰数 $\otimes_4 \in [0,2,4]$，白化权函数：

$$f_4(d_{ijkl}^{(s)}) = \begin{cases} d_{ijkl}^{(s)}/2, & d_{ijkl}^{(s)} \in [0,2] \\ \dfrac{d_{ijkl}^{(s)}-4}{-2}, & d_{ijkl}^{(s)} \in [2,4] \\ 0, & d_{ijkl}^{(s)} \notin [0,4] \end{cases}$$

第 5 灰类"很差"（$e=5$），灰数 $\otimes_5 \in [0,1,2]$，白化权函数：

$$f_5(d_{ijkl}^{(s)}) = \begin{cases} 1, & d_{ijkl}^{(s)} \in [0,1] \\ \dfrac{d_{ijkl}^{(s)}-2}{-1}, & d_{ijkl}^{(s)} \in [1,2] \\ 0, & d_{ijkl}^{(s)} \notin [0,2] \end{cases}$$

对于评估指标 V_{ijk}，第 s 个项目属于第 e 个评价灰类的灰色评价系数记为 $X_{ijkl}^{(s)}$，属于各个灰类的总灰色评价系数记为 $X_{ijk}^{(s)}$，则

$$X_{ijke}^{(s)} = \sum_{l=1}^{p} f_e(d_{ijkl}^{(s)}), \quad X_{ijke}^{(s)} = \sum_{l=1}^{p} f_e(d_{ijkl}^{(s)}), \quad (g=5)$$

所有评估者就评估指标 V_{ijk}，对第 s 个项目主张第 e 个评价灰类的灰色评

价权：

$$r_{ijke}^{(s)} = \frac{X_{ijke}^{(s)}}{X_{ijk}^{(s)}} \tag{7.5}$$

据此,第 s 个项目的评估指标 V_{ijk},对于各评价灰类的灰色评价权向量为：

$$r_{ijk}^{(s)} = (r_{ijk1}^{(s)}, r_{ijk2}^{(s)}, r_{ijk3}^{(s)}, r_{ijk4}^{(s)}, r_{ijk5}^{(s)}) \tag{7.6}$$

从而可得二层指标 V_{ij} 下属指标 V_{ijk} 对于各评价灰类的灰色评价权矩阵为：

$$R_{ij}^{(s)} = (r_{ijke}^{(s)})_{m \times g} \tag{7.7}$$

其中 m 为二级指标 V_{ij} 下属指标 V_{ijk} 的个数。

三、计算综合评价值

对第 s 个项目的二级指标 V_{ij} 综合评价结果记为 $B_{ij}^{(s)}$,

$$B_{ij}^{(s)} = A_{ij} \cdot R_{ij}^{(s)} = (b_{ij1}^{(s)}, b_{ij2}^{(s)}, b_{ij3}^{(s)}, b_{ij4}^{(s)}, b_{ij5}^{(s)}) \tag{7.8}$$

由 V_{ij} 综合评价结果 $B_{ij}^{(s)}$ 得第 s 个项目 V_i 所属指标 V_{ij} 对于各评价灰类的灰色评价矩阵为：

$$R_i^{(s)} = \begin{bmatrix} B_{i1}^{(s)} \\ B_{i2}^{(s)} \\ \cdots \\ B_{ij}^{(s)} \end{bmatrix} = \begin{bmatrix} b_{i11}^{(s)} & b_{i12}^{(s)} & \cdots & b_{i15}^{(s)} \\ b_{i21}^{(s)} & b_{i22}^{(s)} & \cdots & b_{i25}^{(s)} \\ \cdots & \cdots & \cdots & \cdots \\ b_{ij1}^{(s)} & b_{ij2}^{(s)} & \cdots & b_{ij5}^{(s)} \end{bmatrix} \tag{7.9}$$

于是,对第 s 个项目 V_i 的综合评价结果：

$$B_i^{(s)} = A_i \cdot R_i^{(s)} = (b_{i1}^{(s)} \quad b_{i2}^{(s)} \quad \cdots \quad b_{i5}^{(s)}) \tag{7.10}$$

由 V_i 的综合评价结果 $B_i^{(s)}$ 得第 s 个项目 V 所属指标 V_i 对于各评价灰类的灰色评价矩阵为：

$$R_i^{(s)} = \begin{bmatrix} B_{i1}^{(s)} \\ B_{i2}^{(s)} \\ \cdots \\ B_{ij}^{(s)} \end{bmatrix} = \begin{bmatrix} b_{i11}^{(s)} & b_{i12}^{(s)} & \cdots & b_{i15}^{(s)} \\ b_{i21}^{(s)} & b_{i22}^{(s)} & \cdots & b_{i25}^{(s)} \\ \cdots & \cdots & \cdots & \cdots \\ b_{ij1}^{(s)} & b_{ij2}^{(s)} & \cdots & b_{ij5}^{(s)} \end{bmatrix}$$

$$\tag{7.11}$$

于是,对第 s 个项目 V 的综合评价结果:

$$B^{(s)} = A \cdot R^{(s)} = (b_1^{(s)} \quad b_2^{(s)} \quad \cdots \quad b_5^{(s)}) \tag{7.12}$$

第 s 个项目的综合评价结果 B^s 是一个向量,可以按其提供的信息根据最大原则确定投资项目所属灰类等级,但根据这种判断原则往往会因丢失太多信息而失效,而且 B^s 不能直接用于投资项目排序选优,因此需要对 $B^{(s)}$ 作单值化处理,即计算第 s 个项目的综合评价值。

设将各灰类等级按"灰水平"赋值,得各种评价灰类等级化向量 $C = (d_1, d_2, d_3, d_4, d_5)$,本书按百分制取 $C = (100, 75, 50, 25, 0)$ 。于是,第 s 个项目的综合评价值为:

$$Z^{(s)} = B^{(s)} \cdot C^T \tag{7.13}$$

综合评价值 $Z^{(s)}$ 就是投资的综合价值。

综合价值评估法可以满足 VPC 对价值分析的基本要求。在立项阶段的事前价值分析中给待选项目排序选优,确定最优投资组合;也可在实施阶段的事中价值分析中,对实施中的项目计算 $Z^{(s)}$ 值,并根据其大小决定对实施中的项目继续、推迟或终止;在后评估阶段的事后价值分析中,根据实施完毕项目的 $Z^{(s)}$ 值大小全面评价投资项目价值,并总结经验教训反馈完善 VPC。对不同政府机构的 IT 投资项目进行统一的价值分析,还可以比较其 IT 投资项目及其组合的相对价值。

第 4 节 对样本 IT 投资价值的评估

价值分析模型既是在过程控制中进行事前、事中和事后价值分析的通用工具,也可用于比较不同政府机构的 IT 项目及其投资组合的相对价值。

利用以灰色系统分析为基础的价值定量评估法,对样本中的 22 个 IT 项目(分属 8 个政府机构)按统一标准给价值评估指标评分,计算每个项目的评价样本矩阵和灰类评价系数,求得灰色评价权矩阵(已在本书附录 2 列示)。然后根据各级指标权重逐级综合评价,得到每个项目的综合评价结果,将各灰类等级按"灰水平"赋值,求得灰类等级化向量(结果如表 7-6 所示),对综合评价结果进行处理后获得每一项目的最终综合评价值。以项目的投入比重为权重,计算各政府机构所属项目价值的加权平均值,作为其 IT 投资价值总评分(结果如表 7-6 所示)。

表 7-6   样本政府机构的 IT 投资价值评估结果

政府机构代号	项目代号	评价灰类等级化向量					综合评价值	
							项目	总评
D₁	D₁₁	0.137	0.132	0.149	0.158	0.424	35.00	35.83
	D₁₂	0.142	0.157	0.158	0.167	0.376	38.05	
	D₁₃	0.101	0.103	0.157	0.254	0.385	32.03	
D₂	D₂₁	0.127	0.129	0.223	0.141	0.380	37.05	38.52
	D₂₂	0.156	0.176	0.133	0.182	0.353	40.00	
D₃	D₃₁	0.081	0.097	0.013	0.081	0.728	18.05	16.87
	D₃₂	0.076	0.070	0.012	0.102	0.740	16.00	
D₄	D₄₁	0.162	0.152	0.171	0.154	0.361	40.00	39.25
	D₄₂	0.112	0.123	0.126	0.132	0.507	30.03	
D₅	D₅₁	0.012	0.076	0.102	0.121	0.689	15.03	13.63
	D₅₂	0.008	0.018	0.131	0.133	0.710	12.03	
D₆	D₆₁	0.439	0.446	0.070	0.007	0.038	81.03	80.92
	D₆₂	0.401	0.494	0.031	0.011	0.063	78.98	
	D₆₃	0.443	0.425	0.113	0.007	0.012	82.00	
	D₆₄	0.368	0.547	0.058	0.012	0.015	81.03	
	D₆₅	0.387	0.507	0.059	0.013	0.034	80.00	
D₇	D₇₁	0.558	0.361	0.011	0.012	0.058	83.73	88.31
	D₇₂	0.739	0.252	0.002	0.002	0.005	92.95	
	D₇₃	0.647	0.165	0.152	0.011	0.025	84.95	
	D₇₄	0.688	0.237	0.021	0.012	0.042	87.93	
D₈	D₈₁	0.015	0.162	0.121	0.012	0.690	20.00	17.46
	D₈₂	0.011	0.053	0.109	0.176	0.651	14.93	

本章小结

　　本章构建了 VPC 框架中的价值分析模型,并对价值评估的指标及权重、价值定量评估法等有关问题进行了探讨。首先,提出了价值分析的目标、内容与工具,研究了有关价值评估的理论与方法,在此基础上构建了价值分析模型,并探讨了成本与收益的测度与量化方法。其次,设计了价值评估指标,并提出了确定评估指标权重的 AHP 法。再次,论述基于灰色系统分析的综合价值定量评价法,通过建立评价样本矩阵、灰色评价权矩阵来计算综合评价值。价值分析模型满足了在过程控制中进行事前、事中和事后价值分析的需要,为不同 IT 项目及其投资组合价值提供了定量比较的方法。最后,还应用上述方法评估了 8 个样本政府机构的 22 个 IT 项目的价值。

第 8 章　价值货币化

本书第 7 章所提出的 VPC 框架中的价值分析模型,要求在立项、实施和后评估构成的控制闭环中,要进行事前、事中和事后价值分析,以满足 IT 投资项目选择、监控和后评估的一般需要。在其评估方法中,将评估指标 V_{ijk} 按是否能量化划分为定量和定性指标,对定量指标进行归一化处理,然后按 5 分制折算其得分;对于定性指标,则按其优劣等级统一划分为"优"、"良"、"中"、"差"和"很差"等 5 种标准,其分值分别为 5、4、3、2、1 分。然后用灰色系统方法来分析处理,进行综合价值评估。这样评估得出的政府 IT 项目价值,具有一定的局限性,主要表现在:

1.评估得出的价值稍嫌粗略。对评估指标进行 5 个等级的简单划分后,进行灰色系统分析计算综合评价值,其结果的精确度不能完全满足实践需要。

2.评估值为得分,没有进行货币化,不能直观反映出政府 IT 投资项目的净收益,因此其评估结果只能用于同类项目的得分比较,不能完全满足政府信息化决策和政府 IT 投资价值的控制与实现的需要。

因此,本章进一步提出对政府 IT 投资项目的价值进行货币化处理,并提出其基本原理和具体的处理方法①。

第 1 节　成本效益分析

本书提出对政府 IT 投资价值进行货币化处理的基本原理是成本收益分

---

① 本章所提出的价值货币化方法,在作者 2011—2012 年主持进行的"佛山市行政审批事项的评估方案与指标体系研究"课题中,曾得到成功应用,但由于本章内容属于后续扩展性研究,所以未在下一章检验 VPC 框架有效性的实证研究中加以应用。

析(BCA)和成本效率分析(CEA),我们把这两种方法统称为成本效益分析。

成本收益分析(BCA)的一个显着特点是收益和成本都用货币单位表示。通过评估政府 IT 项目的收益和成本增量,可以评估政府 IT 项目的净效益。当收益或成本不能以货币单位表示,应该尝试用其物理单位来衡量。如果不可能用物理单位来衡量,应该对收益和成本进行定性分析。在这种情况下,要通过成本效率分析(CEA)来提供对所有相关收益和成本的全面评估。

进行成本效益分析时,必须准确界定评估范围。分析重点是与政府 IT 项目有关的收益和成本,因此分析时应该尽量保持其他环境变量不变,只就政府 IT 项目设立前后的差别进行评估。分析的时间范围应该足以涵盖所有的因政府 IT 项目导致的重要的收益和成本。

评估时需要设立收益和成本的比较基准,即如果不设立政府 IT 项目,所能得到的最佳结果,通过与这一基准比较,得出设立政府 IT 项目后引起的效益和成本变化。选择一个适当的评估基准,需要考虑市场的变化、引起预期收益和成本的外部因素的变化、政策及其执行情况的改变等一系列重要因素,以剔除非政府 IT 项目因素对评估结果的影响。

评估的结果要有助于对政府 IT 项目改革提供建议。评估时要观察影响评估结果的各种因素,分析调查对象的反馈信息,提供保留还是取消政府 IT 项目,以及关于该政府 IT 项目改革的其他建议。

一、成本效益分析的内容

需要分析政府 IT 项目系统因果关系,寻找政府 IT 项目可能影响的收益和成本指标,以及政府 IT 项目是如何影响的收益和成本指标的。为便于评估政府 IT 项目的净效益,应该尽可能得到政府 IT 项目的收益和成本的货币化价值。评估时应分析收益和成本的类型,以及产生这些收益和成本的时间。对确实不能货币化的收益和成本,应尽可能能量化,并注意产生这些收益的时间因素;对不能量化的收益和成本,要给以适当的说明和描述。评估时要以调查所得数据为依据,通过适当的统计分析和计算得出收益和成本的数值,并在评估报告中加以说明。

1.货币化收益和成本的评估

对于已经通过市场货币化的收益和成本,直接统计计算即可。这里主要是研究非市场的收益和成本如何评估。通过比较,确定使用条件价值评估法(Contingent Valuation Method,CVM)来评估非市场的收益和成本。CVM 是一种利用假想市场评估物品价值的方法,是非市场价值评估的常用方法,也是研究公共产品的一种重要量化方法。这种方法在 1989 年 3 月瓦迪兹油轮泄漏事故中被两位诺贝尔经济学奖得主肯尼斯·阿罗和罗伯特·索洛引入[1],并逐渐成为环境经济学和环境政策评估的一种基本方法,近年来在公共产品领域也得到了普遍的应用。尽管其可信性受到了很大的争议,但 CVM 是国际上非场价值评估技术中最为重要的、应用最为广泛一种方法,在公共产品领域的非市场价值评估方面显示出了巨大的优势和潜力[2]。

条件价值评估法本质上是一种模拟市场的技术方法,其核心是直接调查咨询人们对政府 IT 项目的支付意愿或受偿意愿,并以此评估政府 IT 项目的经济价值。

2.非货币化收益和成本的评估

有效的收益和成本的量化分析优于定性分析,因为这样有助于决策者了解政府 IT 项目的净效益。但是,一些重要的收益和成本可能难以量化或货币化。对于不能量化的收益和成本应该仔细地评估。一些行政机构将这些非量化和非货币化影响称为“无形”价值。

(1)难以货币化的收益和成本

评估时应当尽可能地采用货币化方法,用适当的货币单位对收益和成本货币化。如果不可能货币化,应当解释其原因,并提供所有可用的定量信息。例如,对环境审批引起的水质变化和鱼群数量变化,可以量化但不能货币化,可以描述水质得以改善的河流长度,和钓鱼比赛中钓鱼量的增加等进行量化。评估时要描述引起上述变化的时间和产生上述影响的可能性。评估时还要注

---

① Arrow, K., et al., "Report of the NOAA Panel on Contingent Valuation". National Oceanic and Atmospheric Administration Report, Federal Register, 1993, vol. 58, no. 10, pp. 4601-4614.

② 邓崧、彭艳:《论 CVM 法在电子政务评估中的适用》,《云南师范大学学报(哲学社会科学版)》2008 年第 3 期。

意避免重复计算。

（2）难以量化的收益和成本

如果评估指标难以量化，你应当描述出项目引起变化的所有有关信息。如生态环境收益、生活质量改善、美感等。

由于收益和成本不总是同时发生，因此，不考虑时间因素而简单地累加预期净收益或成本是不正确的。如果收益或成本在时间上不一致，在相关分析中必须加上时间因素。应当确定收益和成本发生的预计时间，并用适当的贴现率贴现。

在确定收益和成本时，要避免通货膨胀的影响。

二、成本效益分析的重点和难点

1.不应当漏算的成本

在评估时应当计算下列成本，必要时还要估计货币价值：

企业、个人或机构的遵守成本；

政府行政管理成本；

消费者或生产者剩余的收益或损失；

不适或不便成本和收益；

时间收益或损失。

2.注意区别转移的成本（或收益）

在成本评估中，分清成本（或收益）增量与转移的成本（或收益）之间的差异是非常重要的，因为人们容易将转移支付的成本（或收益）作为政府 IT 项目的影响指标来计算。政府 IT 项目评估要求计算由事项引起的收益和成本增量，当收益和成本仅仅从一部分人转移到另一部分人时，如某些政府 IT 项目会导致价格上涨，从而使收益从买家向卖家转移，但这并未使总收益增加，不应当做为收益增量计算。

3.不确定性的处理

当不能确定政府 IT 项目的某些收益和成本时，可以分析其发生的概率，尽早的进行不确定性分析。评估时要注意分析政府 IT 项目可能引起潜在的收益和成本的变化，以及政府 IT 项目对收益和成本的概率分布的影响。在政府 IT 项目评估中,可以结合这些概率分布去估计收益和成本。

4.敏感性分析

如果收益或成本估计很大程度上取决于某些假设,应该明确这些假设并进行敏感性分析,以确定哪些假设是合适的。因为不同的评估方法可能隐藏有不同的假设,应该仔细分析,以明确任何隐藏的假设并分析这些假设对评估结果的影响。

第 2 节 CVM 的基本原理

一、CVM 概览

(一)CVM 的发展史

早在 1947 年,经济学家 Ciriacy Wantrup 提出可以采用直接访问的方式来了解人们对公共物品的支付意愿和需求情况,这是 CVM 技术的雏形。1963 年,Robert K Davis 首次应用 CVM 研究美国缅因州一处林地的休憩、狩猎的娱乐价值圈。1979 年,美国水资源委员会(AWRA)将 CVM 作为评估项目效益 3 种推荐方法之一,并建立了将 CVM 方法应用于娱乐问题的指导原则、标准和程序。1986 年,美国内务部(DOI)把 CVM 确定为用于计量"综合环境反应、赔偿和责任法案"(CERCLA,超级基金法)的费用效益分析方法,并推荐 CVM 作为评价自然资源和环境的存在价值和遗产价值的基本方法。尤其是 1984 年美国加州大学 Hanemann 教授建立了 CVM 与 Hicks 等价剩余、补偿剩余和支付意愿等概念的有效联系,为 CVM 奠定了坚实的经济学基础。

20 世纪 80 年代以来,CVM 研究进入了一个迅速发展时期。其中最具影响的是 Corson 等对 1989 年著名的美国阿拉斯加州 Exxon Valdez 油轮海上溢油事故对环境造成损失的评估研究。1992 年,诺贝尔经济学奖获得者 Kenneth Arrow 和 Robert Solowy 对 CVM 进行了深入审视和评判,肯定 CVM 是一种有效的自然资源价值评估方法,并推荐了标准的评估框架。20 世纪 80 年代 CVM 研究引入英国、挪威和瑞典,90 年代引入法国和丹麦。欧洲联盟国家过去 20 余年的研究表明,CVM 在帮助公共决策方面是一个很有潜力的技术。40 余年来,CVM 在不断的争议中迅速发展和完善,已经成为一种评价非市场环境物品与资源的经济价值的最常用和最有用的工具,Davis、Hanemann、Loomis 等人为此做出了重要贡献。

CVM 的经验大多在发达国家积累起来,20 世纪 90 年代末才引入我国,目前国内采用该方法评估环境物品的经济价值的研究工作尚处于探索阶段。近年来我国 CVM 研究的典型案例,涉及包括生态系统服务功能恢复价值评估、森林、大气、水、医疗卫生、基础公共设施等多个领域,发展十分迅速。相比较而言,我国的研究案例无论从理论方法上还是实践研究上与国际的差异还非常明显,研究范围大多局限于生态系统的价值评估,研究模式一般集中在 WTP 计算、经济价值评估和影响因素分析等方面,更深层次的理论特别是有效性、可靠性的相关研究探讨较为缺乏。

(二)CVM 的优势

表 8-1 对 CVM 与传统的成本效益分析法进行了比较。通过比较发现,CVM 能解决传统成本效益分析不能解决的问题,具有自身的优势,如果与传统成本效益分析法结合起来,则能解决政府 IT 投资价值分析中所有市场价值和非市场价值评估的问题。

表 8-1　CVM 与传统成本效益分析法的比较

比较项目	传统的成本效益分析	CVM
技术性质	解决效益可以量化的市场技术	解决效益不可以量化的非市场技术
评价目标	经济可行性	公平性、参与性、可持续性、经济可行性
评价角度	项目本身	不同利益群体
评价对象	可以直接量化的成本效益	不可以直接量化的成本效益
评价方法	BCA、CEA	CVM
理论基础	BCA、CEA	新古典经济学的需求理论
价值构成	项目的使用价值	项目的非使用价值
计量参数	成本、收益、效率	WTP、WTA
存在问题	法对不能直接量化的成本效益进行核算	基于假象市场技术,不可避免存在偏差

比较项目	传统的成本效益分析	CVM
两者结合应用	通过对 CVM 方法得到的平均支付意愿进行效益转换后再用成本效益分析进行价值评估	

在评价方法方面,传统的公共项目经济评价对于间接效益主要以定性分析为主,很少直接参与经济评价。运用环境经济学的直接市场法、替代市场法及条件价值评估法进行量化,直接参与经济评价,逐渐显现出巨大的应用前景。CVM 是一种直接评价方法,是环境价值评估的最后一道防线。任何不能通过直接市场技术也找不到合适的替代市场技术的公共物品尤其是自然资源与环境物品,都可以采用 CVM 进行。从这个意义上来说,CVM 似乎是一种万能的方法,CVM 正成为一种极有用的工具,被越来越广泛地用于公共物品的评价研究,这主要是基于公共项目本身的特征及公共项目经济评价的目标。

条件价值评估法的理论基础源于公共物品理论,即具有非竞争性和非排他性的资源。只要一项公共物品得到供给,那么再多一个人使用该公共物品的边际成本为 0,且没有人会被排除在享用范围之外。从投资项目产出品的属性看,公共项目本质上是提供公共品的投资项目,由于公共品的非排他性和非竞争性,即公共物品可以集体消费,而且是免费消费,使得公共项目评价不能用常规的项目评价方法解决。

公共项目评价是以福利经济学和公共部门经济学作为理论基础的,效用价值理论和消费者剩余理论是其直接的理论依据。福利经济学家认为某产品价值的最完全表述是意愿支付值,即人们愿意为获取一种产品、一次机会和一种享受而自愿支付的货币数量。公共项目的总价值由使用价值和非使用价值构成,非使用价值在很多情况下占据较大的比重。比如,城市公共图书馆,其中使用价值通过利用图书馆的资源而获得,这一部分相对便于统计;而非使用价值是指图书馆在知识的传播、缩小信息鸿沟、保证每一个读者的平等享受等方面的

作用,这类价值由于不存在实际的交易"市场",很难用传统的市场价格机制等方法进行度量。

二、CVM 的理论基础

所谓"公共物品",是指具有"非竞争性"和"非排他性"的物品:只要一项公共物品已经得到供给,那么再多一个人使用该公共物品的边际成本为零,且没有人会被排除在对其的享用之外。公共物品的总效用,等于消费该公共物品的所有个体获得的效用的总和。而个体获得的效用可以用支付意愿来衡量,因此,将所有个体的支付意愿相加就可以得到公共物品的总效用。

新古典经济学原理中由 Hicks 首次提出的以效用恒定为基础的福利计量理论,是 CVM 的直接依据。衡量福利变化的基本指标是消费者剩余(Consumer Surplus,CS),消费者剩余是消费者从购买中得到剩余的满足,等于所愿意支付的价格和实际支付的价格之差。CVM 所要调查的支付意愿(WTP)或接受补偿意愿(WTA),源自 Hicks 衡量消费者剩余的两个指标:等量变差(equivalent variation)和补偿变差(compensating variation)。

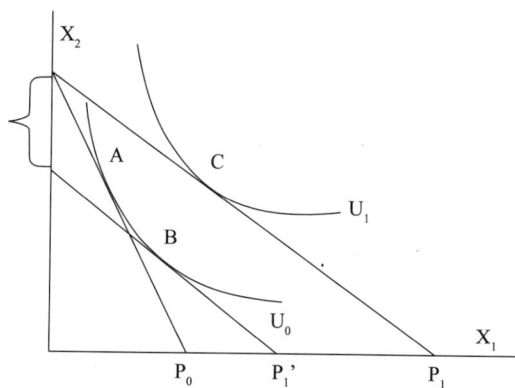

图 8-1　补偿变差 CV

假定投资者来自被评价的公共政策的收益为 X_1,而其他所有的物质、金钱以及精神收益表示为 X_2,补偿变差 CV 是使投资者对某个初始状态和可能的政策变动后的新状态下感受无差别时所需要的支付或者收费的数额。如图 8-1 所示,当 X_1 价格由 P_0 下降到 P_1(意即该政策带来额外收益)时,为维持原来的效用水平 U_0 所需扣减的金额 CV 是为获得该项政策的最大支付意愿

（WTP），这一支付等于政策所能带来的好处，使新的状态下福利不变；当政策恶化导致收益减少时，CV 是为防止政策导致的福利（效用水平 U_1）减少而愿意接受的补偿（WTA）。等量变差 EV 等价于因政策变化而导致的福利收益。

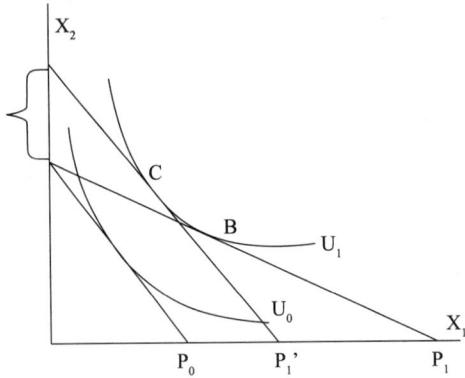

图 8-2   等量变差 EV

如图 8-2 所示，EV 表示当 X_1 价格由 P_0 下降到 P_1（意即该政策带来额外收益）时，投资者放弃这种收益所要求的最小补偿（WTA）；当政策恶化导致收益减少时，为了避免这一福利损失所愿意支付的最大数额（WTP）。这两种计量标准的差别在于，补偿变差将效用的初始水平作为参照点，而等量变差评价的是与事后的效用水平相比所产生的变化。当保持原有政策（效用）不变时，受益人的支付意愿或受害人的获赔意愿等于 EV 值；当政策发生恶化时，受益人的支付意愿或者受害人的获赔意愿等于 CV 值。CV、EV 和 WTP、WTA 间的关系如表 8-2 所示。

表 8-2   CV、EV 和 WTP、WTA 间的关系

政策预期	CV	EV
福利损失	福利损失发生后的接受补偿意愿 CV = WTA	为避免损失而支出的收入损失 EV = WTP
福利改进	支持福利改进而支出的收入损失 CV = WTP	福利改进不发生的接受补偿意愿 EV = WTA

三、CVM 的经济学原理

条件价值评估法从西方经济学演变发展而来,它的一个重要的经济学思想就是效用,即商品带给消费者的满足度。具体的讲,它的经济学原理是:个人对市场中的各种商品(包括服务)以及环境舒适性具有消费偏好。

消费者的效用函数 U 受到可进行市场交换的商品 x,个人无法支配的公共物品 q,个人偏好 s 及随机误差 ε(如个人偏好和测量误差等)的影响。消费者在其可支配收入 y 和商品价格 P_i 的约束下,力图获得最大效用,即 MaxU(x,q)的值,约束条件为:$\sum p_i x_i \leqslant y$;假定 p,y 不变,某种公共物品或服务 q 从 q_0 到 q_1,相应地,个人效用函数从 $U_0 = F(p,q_0,y)$ 到 $U_1 = F(p,q_1,y)$。假设这种变化是正向改进,即 $q_1 > q_0$,则 $U = F(p,q_0,y-c) = F(p,q_0,y)$。补偿系数 c 是当 q_0 变化到 q_1 时,为保持效用不变个人愿意支付的货币数量。CVM 试图引导被调查者得出个人的 WTP 或 WTA,由于物品或服务的公共特性,总 WTP/WTA 值由个人的 WTP/WTA 加总获得。

(一)随机效用最大化原理

1984 年 Hanemann 第一次将起源于交通领域的随机效用最大化原理(Random utility maximization,RUM)理论引入单边界 CVM,为 CVM 奠定了经济学基础。Hanemann 认为受访者对二分式问卷核心估值问题的离散相应(discrete response)在本质上是消费者个人的效用最大化过程。假定消费者的个人效用 U 是自然资源状态 q、消费者个人收入 y 和社会经济信息特征 s 的函数,即:U = F(q,y,s)。虽然消费者明确自然资源对自身的效用函数,但由于随机因素的存在,分析者对每个消费者的偏好难以确定。通常将上式写成偏好的确定项和随机项的加和,即 U = F(q,y,s) + ε(ε 为随机项,并服从 Weibull 分布)。则自然资源两种不同状态 q_0、q_1 下的效用函数为:

$$U_0 = F(q_0,y,s) + \varepsilon_0 \tag{8-1}$$

$$U_1 = F(q_1,y,s) + \varepsilon_1 \tag{8-2}$$

E_0、ε_1 为独立变量。拟实施项目使资源状态由状态 q_0 转变至 q_1,假定状态的改变是一种改善,即 $q_1 > q_0$。为实现这种损失避免(或状态改善),消费者应做出收入变化以维持福利水平不变。DC-CVM 问卷询问受访者是否愿意支付由调查者随机选择的数额 A,受访者只需回答"是"或"否"。由于效用 U 是个人收入 y 的严格单调递增函数,如果受访者接受 A(回答"是"),根据 RUM 理论,有效用差 $\Delta U \geqslant 0$,即:

$$F(q_1, y-A, s) + \varepsilon_1 \geqslant F(q_2, y, s) + \varepsilon_0 \tag{8-3}$$

则任一受访者接受随机选定的数额 A 的概率可理解为:

$$\Pr(\text{"yes"}) = pr\{F(q_1, y-A, s) + \varepsilon_1 \geqslant F(q_0, y, s) + \varepsilon_0\} \tag{8-4}$$

式中,pr("yes")为调查者接受数额 A 的概率。利用 Hicks 等价剩余概念对上式的等价解释为:

$$\Pr(\text{"yes"}) = pr\{F(q_1, y-E, s) + \varepsilon_1 = F(q_0, y-E, s) + \varepsilon_0\} \tag{8-5}$$

若等价剩余 $E = E(q_1, q_0, y, s)$ 是受访者的 WTP,则上式等价为:

$$pr(\text{"yes"}) = pr\{E(q_0, q_1, y, s) = WTP \geqslant A\} \tag{8-6}$$

WTP 中点值 E^{+} 和平均值 E^{+} 通常作为保护自然资源以避免损失时福利计量的主要表征尺度。

(二)消费者偏好的分布函数模型

由于询问受访者的 A 值由调查者从预先设计好的投标数额系列里随机选定,类似需求曲线,利用统计学方法通过分析大量二分数据获得受访者数额 A 的概率和 A 值之间的数量关系。定义式中 $\Delta U = F(q_1, y, s) - F(q_0, y, s)$ 为效用差函数的确定项,$\varepsilon = \varepsilon_0 - \varepsilon_1$ 为随机项,定义 $F_s(\Delta U)$ 为随机变量 ε 的分布函数,则受访者接受 A 的概率为:

$$pr(\text{"yes"}) = pr(\Delta U - \varepsilon \geqslant 0) = pr(\varepsilon \leqslant \Delta U) = F_s(\Delta U) \tag{8-7}$$

Cameron 则更直观地提出了 WTP 的分布函数形式 $G_{WTP}(A)$,但本质上 WTP 的分布与上述消费者偏好的分布是相同的,即:

$$G_{WTP}(A) = pr(WTP \leqslant A) = F_s(\Delta U) \tag{8-8}$$

Macfadden 认为两个服从 Weibull 分布的随机变量的差应服从 logistic 分布函数,则受访者接受 A 值的概率为:

$$pr(\text{"yes"}) = \Lambda\Delta(\Delta U) = [1 + \exp(-\Delta U)]^{-1} \tag{8-9}$$

对于效用差 ΔU,Bishop 和 Heberlein 首次提出如下 Adhoc 对数现行模型:

$$\Delta U = \alpha - \beta \ln A \tag{8-10}$$

Hanemann 提出的线性效用差模型：

$$\Delta U = \alpha - \beta A \tag{8-11}$$

Hanemann 曾指出 Adhoc 效用差模型不符合经济学原理，只是对线性效用差的一种逼近，但在后来的研究中 Hanemann 肯定了 Adhoc 对数效用差模型。结合式（8-10）和（8-11），受访者接受 A 的概率：

$$pr(\text{"yes"}) = [1+(-\alpha+\beta \ln A)]^{-1} \tag{8-12}$$

$$pr(\text{"yes"}) = [1+\exp(-\alpha+\beta A)]^{-1} \tag{8-13}$$

式（8-12）、（8-13）分别为 log-logistic 模型和 logistic 模型，对 logisic 模型变形得到在 CVM 研究中更为常用的 Logit 形式：

$$\ln\left[\frac{pr(\text{"yes"})}{1 - pr(\text{"yes"})}\right] = \alpha - \beta A \tag{8-14}$$

式中 α 为常数项，β 为所求系数，我们注意到上式右边实质为线性效用差。有时亦用标准整台分布代替 logistic 分布，则在对数效用差函数条件下，称消费者偏好呈对数 logistic 和对数正态分布。应该指出 logit 回归模型和 Probit 回归模型并无优劣之分，Logit 回归所以目前被广泛应用主要是因为其分析计算上的相对简便。

沿用 Cameron 对 WTP 分布函数的直观假设，Kristron 提出表决型 CVM 福利计量对 WTP 分布函数作如下 Spike 模型（不考虑负 WTP）：

$$F_{WTP}(A) = \begin{cases} [1+\exp(\alpha)]^{-1} & A = 0 \\ [1+\exp(\alpha-\beta A)]^{-1} & A > 0 \end{cases} \tag{8-15}$$

对于上述离散选择模型，一般采用最大似然估计法求其回归系数。比较我们注意到，经典的参数估计模型在本质上是 Spike 模型的特殊形式。

（三）支付意愿两种集中趋势的数学推导

平均值和中点值是描述支付意愿数据集中趋势的两种主要方法。在大多数 CVM 研究中，一般认定自然资源的状态变化是一种改善并"合理"的假设 WTP 非负。我们把 WTP 的数学期望看做平均值。以目前较为常用的 Logit 模型为例，设 A 是 Logit 回归的唯一解释变量，则 WTP 的数学期望 E^+ 为：

$$E^+ = \int_0^{+\infty} [F_S(\Delta U(A))] dA = \int_0^{+\infty} [1 + \exp(-\alpha + \beta A)]^{-1} dA \tag{8-16}$$

上式积分结果即 WTP 平均值 E^+ 定义：

$$E^+ = \frac{1}{\beta}\ln(1 + e^\alpha) \qquad\qquad (8-17)$$

根据 WTP 中点值定义有：

$$Fs(\Delta V) = [1+\exp(-\alpha+\beta A)]^{-1} = 0.5 \qquad (8-18)$$

得 WTP 中点值 E⁺定义：

$$E^+ = \alpha/\beta \qquad\qquad (8-19)$$

支付意愿的平均值和中点值是 CVM 加总自然资源个人福利并计算其总经济福利的两种主要表征尺度。比较（8-17）、（8-19）我们发现，WTP 的平均值将始终大于中点值（如果以整个实数集为积分区间，则平均值等于中点值）。按上述算法亦可推导 Probit 模型和基于非线性效用差的 Log-logit 和 Log-probit 模型下的 WTP 平均值和中点值。

由于不同偏好分布函数下的参数模型对数据拟合情况可能并不相同，支付意愿平均值和中点值也将受到分布函数假定的影响。同时，是支付意愿平均值还是中点值作为环境与自然资源（生态系统服务）改善的总经济福利的衡量尺度，也是 CVM 研究一个较为重要的争论议题。对 CVM 研究起了重要推动作用的 Hanemann 等人基于社会公正的角度坚持以中点值作为福利计量（经济价值）的尺度，而进入 20 实际 90 年代以来 Duffield 和 Loomis 等人则主张采用平均值。本书采用第二种观点，现阶段的大多都采用平均值作为计量尺度。

第 3 节　CVM 的应用研究

一、CVM 的研究步骤

CVM 通常随机选择部分家庭或个人作为样本，以问卷调查的形式通过询问一系列假设的问题，通过模拟市场来揭示消费者对资源环境等公共物品和服务的偏好，引出受访者对一项环境改善效益的支付意愿（Willingness to pay，WTP）或者对环境质量损失的接受赔偿意愿（Willingness to accept，WTA）。通过计算受访者的平均支付（受偿）意愿，并把样本扩展到研究区域整体，用平均支付(受偿)意愿乘以生态系统服务范围人口数(户数),获得计划项目所带来的经济效益或损失。在此基础上结合其他相关信息进行计划项目的费用效益分析(cost-benefit analysis,CBA),论证计划项目的可行性。

CVM 研究的基本步骤可以归纳为:

1.设计问卷,建立假象市场。对相关环境变化进行必要说明,使被调查者能充分了解相关信息。包括:

a. 对政府 IT 项目设立前的状况和环境变化的描述;b. 政府 IT 项目设立后状况的描述,这两类描述应该尽量精确,应该包含参与者所需要的所有相关信息;c. 帮助调查者得出支付意愿或补偿意愿的引导信息。引导技术可以分为开放式和封闭式两种类型,投标卡式是开放式问卷的变种;d. 问卷同时需包含年龄、受教育程度和家庭人均收入等可能影响估值的因素。

2.问卷调查。问卷调查是指通过邮寄、电话采访和面对面调查等多种不同的方式发放和回收问卷,收集调查对象反映的信息。在问卷调查中,接受调查对象被要求就某一环境状况变化回答其支付意愿或接受补偿意愿。

3.计算平均支付意愿或平均接受补偿意愿。用相关的经济及统计方法推算所有被调查者的平均支付意愿。

4.估计标价曲线。目的是了解支付意愿或补偿意愿的决定因素,对意愿调查法的总结果及有效性进行判断

5.数据分析。数据分析是指在分析问卷有效性,补充或处理缺失值的基础上,用 SPSS 软件统计样本分布、CVM 估值的统计特征值、频率百分比,对估值和各影响因素进行灰色关联分析,以 CVM 估值的平均值的作为评估指标的无偏估计。

二、CVM 问卷设计

条件价值评估中用于导出最大支付意愿的引导技术或者问卷格式是 CVM 研究中的重要手段。按核心估值问题的设计模式将 WTP 引导技术分为连续型条件价值评估(continuous CV)和离散型条件价值评估(discrete CV)两大类。

连续型方法包括开放式问题格式(open-ended question format,OE)和支付

式（payment-card，PC）。开放式问题格式中，回答者自由说出自己的最大WTP。由于环境等公共物品是非市场商品，所以被调查者在回答问题上存在一度，他们很难确定自己的最大WTP，容易在问卷上留下空白，形成抗议性偏差。支付卡又有非锚定型支付卡（unanchored payment card）和锚定型支付卡 nchored payment card）两种方式。非锚定型支付卡要求被调查者从一系列的价值数据中选择他们的最大支付意愿数量，也可以写出他们自己的最大支付意愿数量；锚定型支付卡向调查者提供了一些背景资料，在调查中同时询问他其他公共项目中的支付意愿，以便为正在进行的调查提供一些约束性背景数据。支付卡的问卷格式虽然能够克服开放式问卷调查中存在的一些困难，但有人认为支付卡上提供的报价范围及其中点可能影响被调查者的支付意愿。卡上的数值范围及其中点可以在预调查中采用开放式问题格式的调查来确定。

离散型条件价值估值采用的是封闭式问题格式（closed-ended question format），又包括二分式选择（dichotomous choices，DC）问题格式和不协调性最小化（dissonance-minimizing，DM）问题格式。目前二分式选择问题格式被 NOAA（美国国家海洋和大气局）认为是合适的 CVM 问卷格式。它有单边界（single-bound）二分式选择、双边界（double-bound）二分式选择（或公民复决投票，referendum）等多种问题格式。二分式选择问卷在一定数额范围内随机给出一个具体值询问受访者是否愿意支付该数目。被要求就给定的最大 WTP 回答"是"或"不是"，并不能提供最大 WTP 的直接估计。双边界二分选择格式是根据第一个问题的答案的是或否，接着询问更高或者更低的价格。二分式选择问题格式的优点是模拟了消费者熟悉的市场定价行为，问卷格式设计成针对某一假想商品的给定价格选择"是"和"不是"的格式。二分式选择问卷能提供人们讲真话的激励因素，但是设计投标数量的范围和计算支付意愿比较复杂。

目前，CVM 的分析方法和问卷模式己从早期的单边界约束，发展到现在的双边界、多边界问卷模式，评价项目和范围也逐渐发展到多目标和多阶段的支付意愿研究。虽然双边界/多边界模式的 CVM 问卷在统计效率上有一定程度提高，给实际调查和数据分析带来了困难，对研究的经费和时间提出了更高的要求。同时，双边界/多边界模式 CVM 支付意愿的数据分析工作的复杂程度也大为增加。基于上述原因,目前单边界问卷在各类 CVM 研究中仍然是应用最为广的问卷格式。典型的单边界问卷核心估值问题包括表决问题(referendum question)和估价问题(valuation question),表决问题询问受访者是否愿意出资支持计划项目,这将有效区分零 WTP 和正 WTP;估价问题则随机给出一个具体投标额,询问受访者是否愿意支付该数目。

从直接调查回答者的最大 WTP 的开放式问题格式向封闭式问题格式的转移,问卷设计和数据分析的统计方面已经成为 CVM 研究的关键。采用开放式问题格式的问卷调查结果,由于提供了被调查者最大 WTP 的直接测量,而本身并不需要进一步的分析,所以对统计技术要求不高,可以直接用非参数方法获得样本的平均最大 WTP。在非参数方法中,首先应该进行样本特征分析,然后根据样本特征值画出支付意愿分布频率图,在此基础上可以计算出最大平均支付意愿的期望值:

$$E(MWTP) = \sum_{i=1}^{s} p_i b_i \quad (8-20)$$

式中:E(MWTP)为最大平均支付意愿,p_i 为在 i 个投标值的概率;b_i 为投标值。

利用支付卡问题格式的调查数据,我们可以用参数方法和非参数方法获得样本的平均最大 WTP,环境物品或服务的总经济价值,就等于样本的平均最大 WTP 与相关总户数的乘积(如果样本的单位为"户"的话)。采用封闭式问题格式的问卷的调查结果,被调查者的回答并不是一定数量的金钱,而是针对某些给定的金钱数量的判断,回答"是"或"不是",因此需要采用一定的统计技术来推导最大 WTP,对统计技术要求很高。由于封闭式问题格式的"是"或"不是"的回答结果为一种离散变量,因此需要适当的经济统计模型来定量这种问题,Probit 和 Logit 模型就是在离散反映的条件价值评估的数据分析中日益得到广泛应用的两种模型。

在二分式选择问题格式的调查中,被调查者对某一给定的货币数量的回答有"是"或"否"两种情况。Hanemann 指出,被调查者对某一给定的货币数量愿意支付的可能性可以用 Probit 或 Logit 模型进行统计估计。基本的关系式如下:

$$prob(yes) = 1 - \{1 + \exp[B_0 - B_1(X)]\}^{-1} \quad (8-21)$$

式中:B_0、B_1是采用 Logit 或 Probit 函数回归的系数,X 是被调查者被要求支付的某一投标数量。其他系数还可以包括对一些态度性问题,或者回答者的统计信息,例如年龄、受教育程度等问题的回答。当 W T P 大于或等于零时,Hanemann 从方程(8-20)给出了计算 W T P 期望值的公式:

$$E(WTP) = (1/B_1) * \ln(1 + \exp B_0) \qquad (8-22)$$

式中:B_1是估计的最大金钱支付数量对回答"是"概率的影响系数。如果回归方程中没有其他独立变量的影响,则 B_0 是估计方程中的常数项,如果还有其他独立变量的影响,则 B_0 是常数项与其他独立变量的回归估计系数与其平均值乘积的和。

三、主要偏差分析

构建假想市场既是 CVM 的特点,也是其缺点所在。由于它是在假想市场情况下,直接询问调查人们的支付意愿或者接受赔偿意愿,而不是通过客观的行为来体现的,其评估结果的有效性和可靠性会由于其内在的偏差而受到质疑。表 8-3 概括汇总了国际上 CVM 研究中提出的各种偏差及处理方法。

表 8-3　CVM 偏差及处理方法

偏差类型	偏差描述	减少偏差的方法
投标起点偏差	某些 CVM 研究的投标格式建议了投标起点,建议的出价起点的高低会被回答者误解为"适当的"WTP 范围。	可通过预调查确定这种投标格式的起点值和数值间隔及范围,以建校起点偏差。
策略性偏差	回答者试图影响调查结果和实际决策过程,而在投标时故意说高或说低自己的真实支付以原始便产生策略性偏差	对调查结果进行分析前,剔除边缘投标(outlying bids,即超过收入 5% —10%的投标)来得到核心投标值
信息偏差	提供信息的数量、质量和顺序会影响投标数量,信息不足会使不了解情况的回答者难以给出恰当的支付意愿	给回答者提供的信息和描述的情景尽可能符合所要评估的对象的真实情况

偏差类型	偏差描述	减少偏差的方法
抗议反映偏差	回答者倾向于反对假想的市场和支付工具而引起的偏差	在问卷中专门设计一个问题以辨明 0 支付的原因;在数据分析中剔除抗议投标样本(比例不超过总样本的 10%)
问题顺序偏差	在有多个估值问题的问卷中,各个相关问题的不同出现次序对结果的可能影响	提醒被调查者对问题前后参照并修正前面所做出的估值判断,来减少问题顺序的影响
调查方式偏差	邮寄信函、电话、面对面采访等不同调查方式对结果的影响。面对面采访是最精确的调查方式,但成本最高;信函、电话调查成本低,但反映率也低	在信函调查中用下列方法提高反映率:在第 1 份信后再分别寄出第 2 和第 3 份信(或打电话);在第 1 封信中附记一定费用;用印刷精美的图表刺激回答者的反映动机

四、有效性与可靠性检验

当前,国际上对 CVM 的研究重点已逐渐转向有效性与可靠性的检验问题上。有效性与可靠性是针对各种可能偏差的系统检验方法。有效性是指各种工具或方法能够实现预期的目的,包括预测有效性、收敛有效性、内容有效性和理论有效性四个指标。预测有效性是将 CVM 调查结果与实际情况相对比;收敛有效性指对同一研究对象,采用不同的方法获得的结果的一致性程度;内容有效性指关于 CVM 调查本身的客观性和中立性,这主要体现在问卷设计中;理论有效性指 CVM 的调查结果与传统经济学理论的一致性,对一些悖论的研究有很大的参考价值。

CVM 的可靠性检验主要衡量方法的可重复性和稳定性。比如采用同样的调查手段,对被调查者在首次试验一定时间后再进行调查,并检验前后两次结果的一致性,以此衡量公众的偏好有无变化;或在同一时间、同一条件下,采用相同的 CVM 问卷调查两个不同样本并比较结果。

同时还可以进行支付意愿的敏感性检验。通常,支付意愿与收入、文化程度、熟悉程度有较显著的关系:文化程度越高,熟悉程度越大,支付的 WTP 值也越高。在二分式的问卷格式中,可以根据 Logistic 回归模型,分析支付意愿的敏感程度,为决策提供依据。

五、CVM 的研究模式

(一)研究范围的界定

公共投资项目大多数集中于为社会发展服务的公益性项目,社会公益性项目是指那些不以获取经济利润为主要目的,具有社会福利性质的项目,常见的有两类:一类是环保投资项目。环保项目是指以防治环境污染、改善生态环境、保护自然资源为目的所进行的技术开发、产品开发、资源利用、信息服务等活动。比如我们投资在处理生活垃圾、工业废渣方面的污染防治项目,城市的集中供热、城市中心绿地的建设,自然生态环境保护方面的投资项目等。这些投资项目以环境保护为主要目标,同时获取一定的环境效益、社会效益和经济效益。另一类就是社会福利性质的建设项目。比如交通基础设施建设项目,文化教育类的基础设施建设项目,还有公园、城市广场建设等等。以上所述的这些公益性质的项目都是站在社会和经济可持续发展的角度,服务于全社会的工程。随着社会的进步、科技的发展,公益类项目发展迅猛,政府已经把公益类项目作为城镇建设的一个重要环节。因此,本书将着重以公益性项目为对象进行分析。

(二)CVM 的逻辑框架体系

传统的成本效益分析方法对于公共项目的评价,是建立在权衡基础上的评价方法,在非市场价值的货币化评估中,具有很大的局限性。公共项目的目标是社会发展与改善福利,而在其建设实施过程中又存在着不公平、社会和环境影响等方面问题,我们将建立基于 CVM 的评价框架(如图 8-3 所示),使在公共项目经济评价中将经济、社会和环境三个方面融为一体,使经济可行、有效参与、社会公平、环境可持续的发展概念得以实现。

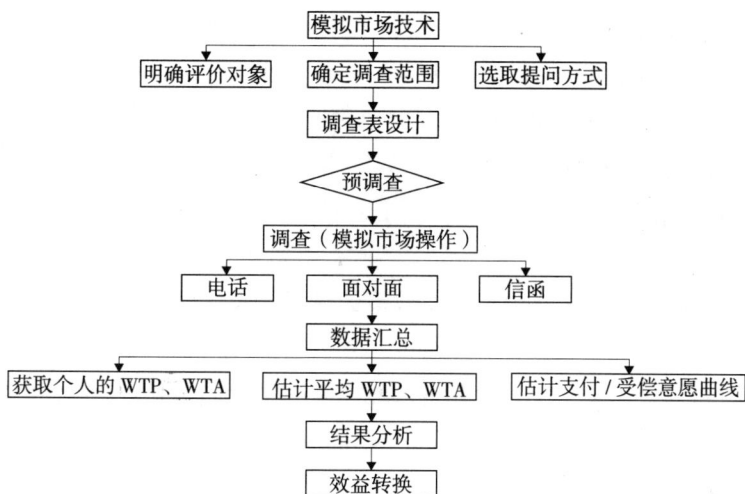

图 8-3　CVM 评价框架

六、CVM 的方法学原则

(一)NOAA(1993)的总体原则

CVM 问卷的设计精确与否将直接影响研究结果。Cummings,Bateman 和
Turmer 都曾就此问题提出若干原则。最有影响的 CVM 问卷设计及调查原则
由美国大气与海洋管理局(NOAA)提出。1993 年 NOAA 两位诺贝尔经济学
奖获得者 K.Arow 和 R. Solow 负责的"蓝带小组"(blue ribbon panel)就 CVM
问卷设计与研究提出了著名的 15 条原则,其中对研究结果可能产生较大影响
的主要原则包括问卷的格式、预调查和环境信息的提供等。NOAA 提出的原
则虽然是针对环境价值损失评估,但其中大部分原则对不同领域的 CVM 研究
均具有较强的指导性意义。15 条主要原则具体如下:

(1)环境质量损失评估研究中应采用概率抽样方式(probability sam-
pling);

(2)尽量降低问卷调查的无响应率(non-response rate);

(3)采用面访调查形式(personal interview),而不是邮寄问卷或电话调查
形式;

(4)调查者偏差(interviewer effect)采用预调查的形式克服;

(5)对样本整体、抽样框架、抽样无响应率应有明确定义;

(6)问卷应经过预调查(pretesting);

(7)对受访者的不确定回答应估计其保守数值(conservative value);

(8)采用支付意愿(WTP)而不是受偿意愿(WTA)作为价值测度尺度:

(9)使用单边界二分表决模式问卷(referendum format)而不是开放式问卷(open-ended);

(10)向受访者提供计划项目或政策的详细相关信息(information);

(11)描述计划项目情景的照片或图片(photographs)应经过预调查:

(12)提醒受访者关于受损环境物品可能的替代品及其状态(status);

(13)给调查者充分的考虑时间(adequate time),对计划项目是否可行做出判断:

(14)要求受访者在回答表决问题之后,表明回答"是"或"否"的具体原因;

(15)问卷应包括受访者的社会经济信息变量(social-economic variables)。

(二)核心估值问题的若干原则

CVM 问卷设计中最关键的环节在于估值问题的设计。对于 PC 问卷,投标数额的起点及投标数额的范围及间距是设计的重点,但由于 PC 问卷在后来的研究中为 DC 模式替代,关于其问卷设计的具体原则鲜见文献报道。对于 DC 问卷,为界定受访者 WTP 的有效范围并提高 WTP 平均值的统计效率,Bateman 等在单边界 CVM 问卷在核心估值问题的设计中应遵循以下 3 个大致原则:

(1)投标数额数目。可供受访者随机选择的投标数额应在 10 个左右。

(2)最小和最大投标数额。最小投标数额应满足大多数(90%)能接受,同时最大投标数额应满足大多数不能接受(90%)。

(3)投标数额的数值。投标数额不宜采用"过分精确"的数字(如 $ 3, $ 7, $ 11),应采用受访者在日常生活中较为常见并容易接受的"分类数值"(如 $ 5, $ 10, $ 50)。

本章小结

本章进一步研究了政府 IT 投资价值货币化问题,提出了以成本效益分析为理论基础的价值货币化理论与方法,并通过引入条件价值评估(CVM)来评估具有非竞争性和非他性的公共产品或服务的非市场价值。主要内容包括:成本效益分析的内容、重点和难点,CVM 的基本原理(包括理论基础和经济学原理),CVM 的应用研究(包括 CVM 的研究步骤、CVM 问卷设计、主要偏差、有效性分析与可靠性检验、研究模式和方法学原则)。本书提出的价值货币化理论与方法,不但可以使政府 IT 投资价值得到货币化,对于所有其他政府项目、公共产品与服务的货币化价值评估与控制也具有普遍的指导意义,对提高政府决策的精确性、准确性与科学性具有重大的理论与实践意义,同时也代表了在政府项目、公共产品与服务价值评估理论与方法上的一种新的发展趋势。

第9章　VPC框架的检验

在本书第5、6、7章中详细论述了VPC框架和它的两个基本模型,并且认为VPC框架的实际作用是通过建立和完善VPC并不断提高其成熟度,来改善政府IT投资价值实现过程的效率,从而促使政府IT投资价值的实现。但是,再好的理论如果得不到实践的检验,也只能是纸上谈兵,VPC框架的实际作用需要得到检验①。

第1节　检验VPC框架的基本方法

由于时间和条件的限制,不能在短时间里通过大量应用VPC框架来检验其实际作用,比较现实的做法是:根据本书第1章第2节三中提出的基本假设、推论及因果链,要检验VPC框架促使政府IT投资价值实现的实际作用,只须验证基本假设是否成立,即VPC成熟度与价值实现过程效率间是否存在显著的正相关性。

首先,选取有代表性的样本。在本书第1章第3节二中已对样本选取的结果和理由进行了讨论,即选取某市某信息化先进区的8个政府机构的一共22个IT项目作为样本,每个政府机构都有两个或两个以上IT项目。

其次,研究样本政府机构的IT投资价值实现过程的效率。本书通过比较后选择DEA(数据包络分析,Data Envelopment Analysis),作为研究投入—产出过程(即价值实现过程)效率的方法。把样本政府机构作为IT投资决策单元(De-

―――――――――

① 研究受到上海市科技基金资助,项目名称:信息系统绩效评价模型研究,项目号:03DZ05025;抽样分析受到上海市浦东新区科技基金资助,项目名称:浦东新区信息应用系统后评估指标体系研究,项目号:9312006R1213,查询报告号:200631C0000190。

cision Making Unit, DMU),通过输入和输出指标的综合分析,可以得出每个 DMU(决策单元)的 IT 投资价值实现过程的效率。输入指标即政府 IT 投资的各种投入,主要是政府 IT 投资成本(包括建设成本和运维成本)。输出指标是指政府 IT 投资实现的价值,在本书第 7 章第 4 节中已经对样本政府机构的 IT 投资价值,用基于灰色系统分析的综合价值定量评估法进行了评估(结果见表7-6)。

然后,评估样本政府机构的 VPC 成熟度。在本书第 6 章第 4 节中曾经用基于模糊综合评判的 VPC 成熟度定量评估法,评估了样本政府机构的 VPC 成熟度,包括立项、实施和后评估各域的 VPC 成熟度、VPC 总体成熟度(结果见表6-4)。

最后,分析 VPC 成熟度与 IT 投资价值实现过程效率的相关性,包括立项、实施和后评估各域的 VPC 成熟度,以及 VPC 总体成熟度与价值实现过程效率的相关分析。如果立项、实施和后评估各域的 VPC 成熟度,以及 VPC 总体成熟度与价值实现过程效率之间存在显著的正相关关系,则基本假设(VPC 成熟度与价值实现过程效率间存在显著的正相关性)成立。

根据本书第 1 章第 2 节三中的论述,如果基本假设成立,则推论"提高 VPC 成熟度是改善价值实现过程效率的有效途径"可以成立,因果链"VPC 的不断建立和完善→VPC 成熟度的提高→价值实现过程效率的改善→政府 IT 投资价值的实现得以保证"也可以成立。由以上因果链就可以得出结论:VPC (框架)具有促使政府 IT 投资价值实现的实际作用。

第 2 节　价值实现过程效率的 DEA 分析

要利用上述方法检验 VPC 框架的实际作用,首先必须分析样本中所有政府机构的 IT 投资价值实现过程的效率。通过比较研究发现,DEA 能较好地分析 IT 投入—产出过程(即价值实现过程)的效率。

一、DEA 方法及其应用

DEA 是由著名的运筹学家 A.Charnes 和 W. W.Cooper 等人以相对效率概

念为基础发展起来的一种崭新的系统分析方法,是在运用和发展运筹学理论与实践的基础上,逐渐形成的主要依赖于线性规划技术、用于经济定量分析的非参数方法。具体来说,DEA 是使用数学规划模型比较 DMU 之间的相对效率,对决策单元做出评价。通过输入和输出数据的综合分析,DEA 可以得出每个 DMU 综合效率的数量指标。据此将各 DMU 定级排队,确定有效(即相对效率高)的 DMU,并指出 DMU 非有效的原因和程度,给主管部门提供管理信息。DEA 还能判断各 DMU 的投入规模是否适当,并给出各 DMU 调整投入规模的正确方向和程度。

应用 DEA 的各种模型评价各 DMU 从输入指标(IT 投入)到输出指标(产出,即价值)的转换过程(即价值实现过程)的效率,就可以分析政府 IT 投资价值实现过程的效率。

在 DEA 的各种模型中,对分析政府 IT 投资价值实现过程效率最有用的是 C^2R 模型,用它可以判断哪些 DMU 已经达到了"技术有效"和"规模有效",并计算各 DMU 的综合效率。利用 DEA 的 C^2R 模型,通过计算可以得出样本中所有政府机构的 IT 投入—产出过程的综合效率(不妨用 C^2R 表示),它可以比较全面、准确地反映样本中所有政府机构的 IT 投资价值实现过程的效率。而利用 DEA 的 C^2GS^2 模型,可以对 C^2R 模型的分析结果做进一步分析,即指出在 DEA 有效(C^2R)的单元中,有哪些是已达到"技术有效"(C^2GS^2),但未达到"规模有效"。

(一)C^2R 模型

假定有 n 个政府机构作为 IT 投资决策单元(DMU)参加评价,每个决策单元 $D_j(1 \leq j \leq n)$ 的输入、输出向量分别为:

$$x_j = (x_{1j}, x_{2j}, \ldots, x_{mj})$$
$$y_j = (y_{1j}, y_{2j}, \ldots, y_{sj}) \ , j = 1, 2, \ldots; n$$

输入和输出的权向量分别为:

$$v = (v_1, v_2, \ldots, v_m)$$
$$u = (u_1, u_2, \ldots, u_s)$$

定义 1:将下式

$$h_j = \frac{uy_j^T}{vx_j^T} = \frac{\sum\limits_{k=1}^{s} u_k y_{kj}}{\sum\limits_{i=1}^{m} v_i y_{ij}}, \ j = 1, 2, \ldots, n \tag{9.1}$$

称为第 j 个决策单元 D_j 的效率评价指数。

在这个定义中,总可以选取适当的 u 和 v,使得 $h_j \leqslant 1$。h_j 越大,表明 D_j 能够用较少的输入得到较多的输出。因此,可以通过考察当尽可能地变化 u 和 v 时 h_j 的最大值来检验 D_j 是否为最优。可以构造出 C^2R 模型:

$$\begin{cases} \max \dfrac{\sum\limits_{k=1}^{s} u_k y_{kj}}{\sum\limits_{i=1}^{m} v_i x_{ij}} = v_p \\[2em] s.t. \dfrac{\sum\limits_{k=1}^{s} u_k y_{kj}}{\sum\limits_{i=1}^{m} v_i x_{ij}} \leqslant 1, \quad j = 1, 2, \ldots, n \\[2em] u_k \geqslant 0, \quad k = 1, 2, \ldots, s \\[0.5em] v_i \geqslant 0, \quad i = 1, 2, \ldots, m \end{cases} \tag{9.2}$$

这是一个分式规划问题,可以利用 Charnes-Cooper 变换,将分式规划转化为线性规划。令:

$$t = \frac{1}{v^T x_0}$$
$$\omega = tv \tag{9.3}$$
$$\mu = tu$$

则有:

$$\mu^T y_0 = \frac{u^T y_0}{v x_0^T}$$

$$\frac{\mu^T y_j}{\omega^T x_j} = \frac{u^T y_j}{v^T x_j} \leqslant 1 \tag{9.4}$$

$$\omega^T x_0 = 1$$

$$\omega \geqslant 0$$

$\mu \geqslant 0$

于是可以变成以下的线性模型：

$$\begin{cases} \max \mu^T y_0 = V_p \\ s.t. \quad \omega^T x_j - \mu^T y_j \geqslant 0, j = 1,2,\ldots,n \\ \qquad \omega^T x_0 = 1 \\ \qquad \omega \geqslant 0, \mu \geqslant 0 \end{cases} \qquad (9.5)$$

定理 1 给出了分式规划模型(9.2)与线性规划模型(9.5)解的相互关系：

定理 1：规划模型(9.2)与规划模型(9.5)在下述意义上等价：

(1)若 v^*，u^* 为规划模型(9.2)的解,则 $\omega^* = t^* v^*$，$u* = t * u^*$ 为规划模型(9.5)的解,并且两个规划模型的最优值相等。

(2)若 ω^*，μ^* 为规划模型(9.5)的解,则 ω^*，μ^* 也是规划模型(9.2)的解。并且两个规划模型的最优值相等。

由于线性规划模型(9.5)可以表示成：

$$\begin{cases} \max(\omega^T \mu^T) \begin{pmatrix} 0 \\ y_0 \end{pmatrix} = V_p \\ s.t. \omega^T x_1 - \mu^T y_1 \geqslant 0 \\ \quad \omega^T x_2 - \mu^T y_0 \geqslant 0 \\ \qquad \ldots \\ \quad \omega^T x_n - \mu^T y_2 \geqslant 0 \\ \qquad \omega^T x_0 = 1 \\ \qquad \omega \geqslant 0, \mu \geqslant 0 \end{cases} \qquad (9.6)$$

根据线性规划的对偶理论可知,线性规划模型(9.6)的对偶规划模型为：

$$\begin{cases} \min(\lambda_1', \lambda_2', \ldots, \lambda_n', \theta) \begin{pmatrix} 0 & 0 & \ldots & 0 & 1 \end{pmatrix}^T = V^p \\ s.t. \sum_{j=1}^n \lambda_j' x_j + \theta x_0 \geqslant 0 \\ -\sum_{j=1}^n \lambda_j' y \geqslant 0, \lambda j' \leqslant 0, \theta \ 无字符限制 \end{cases} \qquad (9.7)$$

引入新的变量 $s^+, s^- \geqslant 0$,并令 $-\lambda_j' = \lambda_j$，可将对偶模型(9.7)表示成：

$$
\begin{cases}
\quad\min\theta = v_D \\[2mm]
s.t. \displaystyle\sum_{j=1}^{n} \lambda_j x_j + s^- = \theta x_0 \\[4mm]
\quad \displaystyle\sum_{j=1}^{n} \lambda_j y_j - s^+ = y_0 \\[4mm]
\lambda_j \geqslant 0, \quad j = 1,2,\dots,n \\[2mm]
\quad s^- \geqslant 0, s^+ \geqslant 0
\end{cases}
\tag{9.8}
$$

并直接称(9.8)为模型(9.7)的对偶规划。

定理 2：规划模型(9.6)和规划模型(9.8)均存在解，并且最优值 $V_D = V_P \leqslant 1$。

(二) C^2GS^2 模型

1985 年，A·Charnes，W·W·Cooper，B·Golany 和 J·Stutz 等学者提出了不考虑生产可能满足锥性的 DEA 模型，一般简记作 C^2GS^2，这种模型比较接近于客观实际，也是建立资源优化配置评价模型的基础。

C^2GS^2 模型具体如下：

$$
\begin{cases}
\quad\min\theta = V_D \\[2mm]
s.t. \displaystyle\sum_{j=1}^{n} \lambda_j x_j \leqslant \theta x_o \\[4mm]
\quad \displaystyle\sum_{j=1}^{n} \lambda_j y_j \geqslant y_0 \\[4mm]
\quad \displaystyle\sum_{j=1}^{n} \lambda_j = 1 \\[4mm]
\lambda_j \geqslant 0, \quad j = 1,2,\dots,n
\end{cases}
\tag{9.9}
$$

$$
或
\begin{cases}
\min\theta = V_D \\
s.t. \displaystyle\sum_{j=1}^{n} \lambda_j x_j + s^- = \theta x_0 \\
\displaystyle\sum_{j=1}^{n} \lambda_j x_j - s^+ = y_0 \\
\displaystyle\sum_{j=1}^{n} \lambda_j = 1 \\
\lambda_j \geqslant 0, \quad j = 1,2,\dots,n \\
s^- \geqslant 0, \quad s^+ \geqslant 0
\end{cases}
\tag{9.10}
$$

其中 $s^+ \in R^m, s^- \in R^s$，模型(9.9)和(9.10)的对偶问题为：

$$
\begin{cases}
\max\mu^T y_0 + \mu_0 = V_p \\
s.t. \quad \omega^T x_j - \mu^T y_j - \mu_0 \geqslant 0, \quad j = 1,2,\dots,n \\
\omega^T x_0 = 1 \\
\omega \geqslant 0, \mu \geqslant 0
\end{cases}
\tag{9.11}
$$

其中 $\omega \in R^m, \mu \in R^s$。

定义 2：若规划模型(9.11)的最优解 ω^*, μ^*, μ_0^* 满足：

$$V_p^* = \mu^{*T} y_0 + \mu_0^* = 1$$

则称 D_{j0} 为弱 DEA 有效(C^2GS^2)。

定义 3：若规划模型(9.11)不仅有 $V_p^* = 1$，而且 $\omega^* > 0, \varpi^* > 0$，则称 D_{j0} 为 DEA 有效(C^2GS^2)。

规划模型(9.11)与(9.8)都存在最优解，且最优值 $V_p^* = V_D^* \leqslant 1$，并且有 n 个 D_j 中必存在 DEA 有效(C^2GS^2)的决策单元。

定义 4：若规划模型(9.9)和(9.10)的最优解为 $\lambda^*, s^{*-}, s^{*+}, \theta^+$，则

(1)若 $\theta^* = 1$，则 D_{j0} 为弱 DEA 有效(C^2GS^2)；

(2)若 $\theta^* = 1$，并且 $s^{*+} = s^{*-} = 0$，则 D_{j0} 为弱 DEA 有效(C^2GS^2)。

应用 DEA 分析研究政府 IT 投资价值实现过程的效率，关键在于准确定义和计算政府 IT 投入与产出指标，即输出与输入指标。输出指标即政府 IT

投资实现的价值,已在第 7 章第 4 节中用价值评估模型得出结果(如表 7-6 所示)。输入指标是指政府 IT 投资的各种投入,下面予以统计计算。

二、输入指标统计

输入指标是指政府 IT 投资的各种投入,主要包括政府 IT 投资成本,包括建设成本和运维成本两部分。

1.建设成本

建设成本包括硬件成本、软件成本、需求成本、上线成本、环境成本、工资成本、安全成本、网络成本、培训成本和咨询成本等。硬件成本是购买硬件设备如计算机、服务器、外设等费用;软件成本是用于外购软件的费用,如软件购买费、license 费、升级费、相关软件如操作系统、数据库费用等;需求成本是获取需要以及调整需求的成本,以及需求改变后,重新获取的成本;上线成本是上线过程中发生的如基础数据的整理费用、调整机构的费用等;环境成本是系统对环境要求的成本,如防静电地板、配套的机柜等费用;工资成本是因为实施系统需要额外支付的人员工资,如加班工资、津贴等;安全成本是为保证系统的安全性,额外的安全软硬件措施以及人员费用;网络成本是搭建网络的成本,如布线、工作站、网线、交换器等费用;培训成本是项目生命周期中所有培训费用的总计;咨询成本是外界专家或咨询公司顾问的辅导费用。

为便于计算建设成本,实际操作时一般按项目验收时实际发生的总费用来计算。对于隐含成本[①],一般不需直接计算,而是按建设成本的一定比例进行计算。

2.运行维护成本

运行维护成本一般包括维护成本、运营成本、系统更新与修改成本,还包括估计的部分隐含成本。维护成本用于日常对系统的维护,如长期的软硬件厂商维护合约、紧急备份、在系统维护期间需要额外支付的人员工资、津贴等;运营成本是指日常系统运转所需要的费用,如电费、网络接入费等;系统更新

---

① 隐含成本是指那些没有意识到、但实际已发生的成本,如寻找或替换专业人员的费用、获取最新技术信息的成本、设备快速折旧的成本、机会成本(资金、时间、人员等)等。

与修改成本包括对系统进行更新或修改所需要的各种费用以及工资成本。

把每个样本政府机构作为一个 DMU,对每个 DMU 的 IT 投资成本进行统计(如表 9-1 所示)。

表 9-1　输入指标统计

政府机构(DMU)		项目		输入指标(投入,万元)		
代码	名称	代码	名称	建设成本	运维成本	合计成本
D_1	经济贸易局	D_{11}	电子政务系统	62	16	78
		D_{12}	安全生产管理信息系统	144	45	189
		D_{13}	旅游会展网	40	50	90
D_1 投入合计				246	111	357
D_2	劳动和社会保障局	D_{21}	劳动和社会保障管理服务系统	128	50	178
		D_{22}	行政区划信息系统	124	60	184
D_2 投入合计				252	110	362
D_3	发展计划局	D_{31}	国民经济发展辅助决策支持系统	60	15	75
		D_{32}	市民服务地理信息系统	52	45	97
D_3 投入合计				112	60	172
D_4	科学技术协会	D_{41}	电子科普画廊—科普信息网络发布与管理系统	1526	125	1651
		D_{42}	网上培训、管理系统	73	60	133
D_4 投入合计				1599	185	1784
D_5	司法局	D_{51}	法律服务保障信息系统	50	25	75
		D_{52}	学法网校二期	45	18	63
D_5 投入合计				95	43	138
D_6	建设局	D_{61}	建设管理地理信息系统	377	188	565
		D_{62}	城建科技管理系统	35	16	51
		D_{63}	执法监督地理信息管理系统	40	35	75
		D_{64}	住宅地理信息系统	60	30	90
		D_{65}	陆上运输管理信息系统	90	45	135

续表

政府机构（DMU）		项目	输入指标（投入，万元）		
D_6投入合计			602	304	916
D_7	环保局	D_{71} 综合信息系统	95	75	170
		D_{72} 政务和社会服务平台	195	90	285
		D_{73} 海塘监测系统信息处理平台	141	12	153
		D_{74} 公用事业管理信息系统一期	142	75	217
D_7投入合计			573	252	825
D_8	宣传部	D_{81} 文化稽查综合信息管理系统	75	25	100
		D_{82} 媒体舆情综合应用系统	55	48	103
D_8投入合计			130	73	203

三、DEA 分析

计算出各 DMU 的输入和输出指标，为 DEA 分析准备了足够的数据，现在可以着手进行 DEA 分析。

首先将各输入、输出指标值初值化。假定有 n 个政府机构（DMU）参加评价，每个 DMU 都有 m 个输入指标和 s 个输出指标，令 X_{ij} 表示第 j 个决策单元 D_j 的第 i 个输入的投入量，$X_{ij} > 0 (i = 1,2\cdots\cdots,m; j = 1,2\cdots\cdots,n)$；$Y_{rj}$ 表示第 j 个决策单元 D_j 的第 r 个输出的产出量，$Y_{rj} > 0 (r = 1,2\cdots\cdots,s; j = 1,2\cdots\cdots,n)$。

对第 j 个决策单元 D_j 的第 i 个输入量，第 r 个输出量，令

$$X_{0i} = \min_{1 \leqslant j \leqslant m} \{X_{ij}\}, Y_{0j} = \max_{1 \leqslant j \leqslant s} \{Y_{rj}\}$$

初值化后有：

$$\overline{X_i} = \left(\frac{X_{i1}}{X_{oi}}, \frac{X_{i2}}{X_{oi}}, \ldots, \frac{X_{in}}{X_{oi}}\right)^T \underset{=}{\Delta} (\overline{X_{i1}}, \overline{X_{i2}}, \ldots, \overline{X_{in}})^T \tag{9.12}$$

$$\overline{Y_i} = \left(\frac{Y_{i1}}{Y_{oi}}, \frac{Y_{i2}}{Y_{oi}}, \ldots, \frac{Y_{in}}{Y_{oi}}\right)^T \underset{=}{\Delta} (\overline{Y_{i1}}, \overline{Y_{i2}}, \ldots, \overline{Y_{in}})^T \tag{9.13}$$

然后根据 DEA 的 C^2R 和 C^2GS^2 两个模型，用 DEAP2.0 软件分别计算各

DMU 的综合效率(C^2R)和技术效率(C^2GS^2),计算结果如表9-2所示。

表 9-2　DEA 综合计算表

DMU	输入指标 1	输入指标 2	输出指标	C^2R	C^2GS^2
D_1	2.59	2.58	0.4058	0.945	0.953
D_2	2.65	2.56	0.4363	0.999	1.000
D_3	1.18	1.40	0.1911	0.977	1.000
D_4	16.83	4.30	0.4445	0.606	0.607
D_5	1.00	1.00	0.1544	0.931	1.000
D_6	6.34	7.30	0.9164	0.872	0.872
D_7	6.03	5.86	1.0000	1.000	1.000
D_8	1.37	1.70	0.1978	0.871	0.891

DEA 分析表明,只有 D_7 达到了 DEA 综合有效(C^2R),其 IT 投资价值实现过程达到了最佳效果,即具有最高的综合效率(技术有效和规模有效)。而 D_2、D_3、D_5 仅达到了技术有效(C^2GS^2),未达到规模有效。由于 C^2R 是一个综合效率指标,它能全面测度政府 IT 投资价值实现过程的效率。

第 3 节　VPC 成熟度与价值实现过程效率的相关分析

在第 2 节中对决策单元的 IT 投入—产出过程(即价值实现过程)的效率进行了 DEA 分析,求出了价值实现过程的综合效率 C^2R,在第 6 章第 4 节中又对所有决策单元立项、实施和后评估各域 VPC 成熟度,及 VPC 总体成熟度进行了评估,本节要对立项、实施和后评估各域的 VPC 成熟度 M_1、M_2、M_3,及 VPC 总体成熟度 M,与价值实现过程效率(C^2R)的关系进行分析,并求出相关系数,最后还要进行相关关系的显著性检验。

将表 6-4 所示的立项、实施和后评估各域的 VPC 成熟度 M_1、M_2、M_3,及 VPC 总体成熟度 M,与表 9-2 所示的价值实现过程综合效率(C^2R)的数据组汇集到一起,并按 C^2R 的升序排列,如表 9-3 所示。

表 9-3　VPC 成熟度与 C^2R 数据汇集与排序

DMU	D_4	D_8	D_6	D_5	D_1	D_3	D_2	D_7
M_1	15.26	20.17	21.86	22.57	25.64	26.35	32.59	32.01
M_2	19.72	20.23	26.52	28.65	27.55	30.18	28.12	35.36
M_3	16.96	18.96	19.90	20.92	26.95	25.85	29.03	36.18
M	16.95	19.76	22.37	24.78	26.56	27.27	29.91	30.40
C^2R	0.606	0.871	0.872	0.931	0.945	0.977	0.999	1.000

一、相关分析

在进行相关分析时,首先需要绘制散点图来判断变量之间的关系形态,如果是线性关系,则可以利用相关系数来测度两个变量之间的关系强度,最后对相关系数进行显著性检验,以判断样本所反映的关系能否用来代表两个变量总体上的关系。

将表 9-3 所示的数据组记为 $(x_i, y_i)(i=1\sim8)$,用水平坐标轴代表 x(M_1、M_2、M_3、M),用纵向坐标轴代表 $y(C^2R)$,每组数据 (x_i, y_i) 用在坐标系中用一个点表示,得到的散点图如图 6-1 至图 6-4 所示。

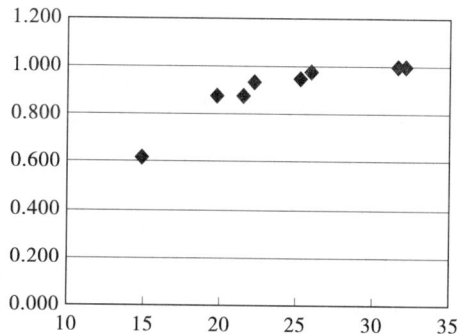

图 9-1　立项域 VPC 成熟芭与 C^2R 散点图

从散点图可以看出,M_1(立项域 VPC 成熟度)、M_2(实施域 VPC 成熟度)、M_3(后评估域 VPC 成熟度)、M(VPC 总体成熟度)与 C^2R(价值实现过程的综

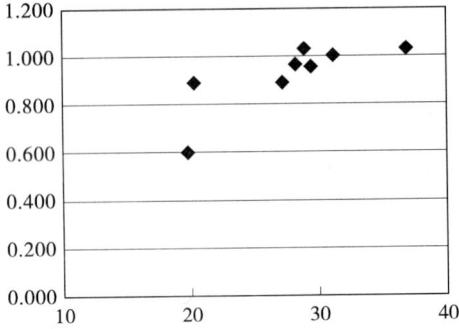

图 9-2   实施域 VPC 成熟度与 C^R 散点图

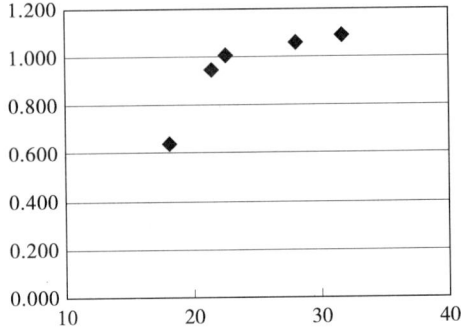

图 9-3   后评估域 VPC 成熟度与 C^2R 散点图

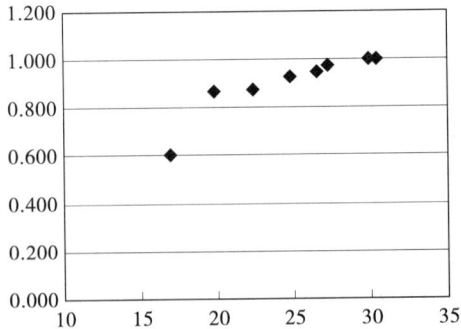

图 9-4   VPC 总体成熟度与 C^2R 散点图

合效率)之间均具有较为密切的正线性关系。虽然通过散点图可以判断两个变量之间有无相关关系,并对变量间的关系形态作出大致的描述,但散点图不能准确地反映变量之间的关系强度。因此,为准确度量两个变量之间的关系强度,需要计算相关系数。

样本相关系数的计算公式为:

$$r = \frac{\sum_{i=1}^{n} (x_i - \bar{x})(y_i - \bar{y})}{\sqrt{\sum_{i=1}^{n} (x_i - \bar{x})^2 \sum_{i=1}^{n} (y_i - \bar{y})^2}} \qquad (9.14)$$

为了根据原始数据计算,可由上式推导出下面的简化计算公式:

$$r = \frac{n \sum_{i=1}^{n} x_i y_i - \sum_{i=1}^{n} x_i \sum_{i=1}^{n} y_i}{\sqrt{n \sum_{i=1}^{n} x_i^2 - \left(\sum_{i=1}^{n} x_i\right)^2} \sqrt{n \sum_{n=1}^{n} y_i^2 - \left(\sum_{i=1}^{n} y_i\right)^2}} \qquad (9.15)$$

按上式计算得到 M_1、M_2、M_3、M 与 C^2R 之间的 Pearson 相关系数分别为 $r_1 = 0.86679$, $r_2 = 0.78187$, $r_3 = 0.73115$, $r = 0.89343$。

二、相关关系的显著性检验

由于 Pearson 相关系数是根据样本数据计算出来的,它受到抽样波动的影响。由于抽取的样本不同,样本相关系数的取值也就不同,因此 Pearson 相关系数是一个随机变量。这就需要考察样本相关系数的可靠性,也就是进行显著性检验。

如果对样本相关系数服从正态分布的假设成立,可以应用正态分布来检验。但对样本相关系数的正态分布假设具有很大的风险,因此通常情况下不采用正态检验,而采用 R·A·Fisher 提出的 t 分布检验,该检验可以用于小样本,也可以用于大样本。检验的具体步骤如下:

第 1 步 提出假设:

$H_0: \rho = 0$; $H_1: \rho \neq 0$

式中 ρ 表示总体相关系数。

第 2 步 计算检验的统计量:

$$t = |r| \sqrt{\frac{n-2}{1-r^2}} \sim t(n-2) \qquad (9.16)$$

根据上式计算得 M_1、M_2、M_3、M 与 C^2R 之间相关显著性检验统计量分别是: $t_1 = 4.258, t_2 = 3.072, t_3 = 2.625, t = 4.872$。

第 3 步　进行决策。根据给定的显著性水平 $\alpha = 0.05$ 和自由度 $df = n - 2 = 8 - 2 = 6$,查 t 分布表得临界值 $t_{0.025}(6) = 2.447$。由于 M_1、M_2、M_3、M 与 C^2R 之间相关关系显著性检验统计量 $t_1 = 4.258, t_2 = 3.072, t_3 = 2.625, t = 4.872$,它们均大于 $t_{0.025}(6) = 2.447$,所以拒绝接受原假设 H_0,说明 M_1、M_2、M_3、M 与 C^2R 之间均存在显著的正线性相关关系。

第 4 节　VPC 框架的检验结论

通过以上抽样分析,可以得出如下结论:

①VPC 总体成熟度与价值实现过程效率间,存在显著的正线性相关关系。

②立项、实施和后评估各域的 VPC 成熟度与价值实现过程效率间,均存在显著的正线性相关关系。

③立项域的 VPC 成熟度与价值实现过程效率间的相关系数最大,实施域次之,后评估域再次之。

以上结论表明:

①无论是 VPC 总体成熟度,还是立项、实施和后评估各域的 VPC 成熟度,都与价值实现过程效率间存在显著的正相关性,这就验证了本书提出的基本假设,根据本书第 1 章第 2 节三中提出的因果链,也就初步检验了 VPC 框架保证实现政府 IT 投资价值实现的实际作用。

②由于立项、实施和后评估各域的 VPC 成熟度,与价值实现过程效率间的相关系数不同,因此在建立和完善 VPC 时应注意优先次序。首先,应该提高立项域的 VPC 成熟度。其次是提高实施域的 VPC 成熟度。再次,一般应在立项、实施域的 VPC 具备一定基础后,再着重提高后评估域的 VPC 成熟度。

如果不能选择最具价值潜力的 IT 项目及其投资组合,就失去了实现政府 IT 投资价值的前提,因此提高立项域的 VPC 成熟度是改善价值实现过程效率的首要任务。抽样分析表明,由于各政府机构的相对重视,实施域的 VPC 成熟度相对较高,但对其成熟度的进一步提高仍然是改善价值实现过程效率的重要途径。在抽样分析中也发现,有些政府机构在立项、实施域的 VPC 成熟度还不高时,就开始建立和完善后评估域的 VPC,但这样做可能会削弱后评估在改善价值实现过程效率上的作用。

本章小结

　　本章旨在通过抽样分析,检验 VPC 框架促使政府 IT 投资价值实现的实际作用。在本书第 1 章第 2 节三中提出的因果链表明,只要能验证基本假设(即 VPC 成熟度与价值实现过程效率之间存在显著的正相关性),即能检验 VPC 框架的实际作用,因此本章的主要任务是验证基本假设。应用 DEA 的 C^2R 模型和 C^2GS^2 模型,分析样本政府机构的 IT 投入-产出过程,其结果 C^2R 全面准确地评价了价值实现过程的综合效率,而 C^2GS^2 则对 C^2R 的结果做了进一步分析;根据本书第 6 章第 4 节对样本政府机构在立项、实施和后评估各域的 VPC 成熟度,及 VPC 总体成熟度的定量评估结果,以及本章对样本政府机构的价值实现过程综合效率的定量分析结果,通过相关分析表明:立项、实施和后评估域的 VPC 成熟度,以及 VPC 总体成熟度,与价值实现过程效率之间均存在显著的正相关性。这就验证了本书的基本假设,根据因果链,也就初步检验了 VPC 框架促使政府 IT 投资价值实现的实际作用。

第 10 章　结论与展望

第 1 节　研究结论

　　本书通过对国际先进理论和成功实践的归纳和演绎,结合我国政府 IT 投资的战略目标、行政运作机制和实际控制水平,建立了政府 IT 投资价值控制框架(VPC 框架),并通过抽样分析对 VPC 框架的实际作用进行了初步验证。总结起来,本书的主要研究结论如下:

　　首先,VPC 框架综合利用过程控制与结果(价值)控制的优势,通过建立和完善 VPC 并提高其成熟度来改善价值实现过程效率,从而促使政府 IT 投资价值的实现。将全生命周期的价值分析贯穿于 VPC 各控制域(立项、实施和后评估)中,就能实现过程控制与结果(价值)控制的有机结合,将价值实现与过程控制统一起来。因此,VPC 框架应该兼具过程控制和价值分析两个功能,从而应该具有与之对应的两个基本模型:①过程控制模型,②价值分析模型。模型①立足于立项、实施和后评估的控制闭环,以价值分析为导向,具体指导 VPC 的建立、完善和成熟度评估,不断提高 VPC 成熟度。模型②是 VPC 框架的必要组成部分,贯穿于立项、实施和后评估各域的事前、事中和事后价值分析,是进行控制决策的基本依据,模型②正好提供了一个满足 VPC 要求的通用价值分析工具,为过程控制提供决策导向,并提供不同项目及投资组合价值的相对定量比较。

　　其次,立项、实施和后评估构成了以价值分析为中心的控制闭环,控制域、关键控制过程及其控制指标构成了 VPC 的层次结构。在控制闭环中,根据关键控制过程及其控制指标的具体要求,通过 VPC 的不断建立和完善,提高 VPC 成熟度;VPC 成熟度评估为 VPC 的建立和完善提供了经验教训的反馈,帮助政府机构制定有效的 VPC 改善计划,通过一轮又一轮的闭环控制,促使 VPC 成熟度的螺旋式不断提高。

总之,以贯穿各控制域的价值分析为导向,根据 VPC 层次结构的具体要求,指导 VPC 的建立、完善及其成熟度评估,通过闭环控制不断提高 VPC 成熟度,改善价值实现过程的效率,促使政府 IT 投资价值的实现。

最后,抽样分析验证了立项、实施和后评估各域的 VPC 成熟度,以及 VPC 总体成熟度,与价值实现过程效率之间均存在显著的正相关性,这就验证了本书的基本假设,根据在本书第 1 章第 2 节三提出的因果链,也就初步检验了 VPC(框架)促使政府 IT 投资价值实现的实际作用。

第 2 节 未来研究展望

任何理论与方法的建立与完善都有一个过程,本书建立的 VPC 框架也不例外。虽然国际上有美国等国家经过长期的理论和实践探索,掌握了一些政府 IT 投资价值管理和过程控制的规律,我们可以加以借鉴,但这种规律在不同国家、不同行政制度下是否普遍有效,是值得怀疑的。再加上我国在政府 IT 投资价值管理和过程控制方面的研究还处于起步阶段,在实践中也缺乏成功的案例,因此,不可能在短时间里建立一个完善的 VPC 框架。

总结起来,需要在今后的研究中进一步探索的方面有:

(1)研究和制定一套切合我国实际的 VPC 标准,它是实行过程控制和价值分析的依据,是实现程序化控制的关键。

(2)控制闭环理论有待于进一步完善。如何疏通信道,减少信息的丢失和失真,是值得深入研究的问题。

(3)VPC 框架的实际应用价值还有待于进一步检验。在本书中,虽然通过抽样分析在验证了基本假设,但这只能间接检验框架的实际作用。只有通过对 VPC 框架的大量实际应用,然后对实际应用效果进行实证研究,才能最终证实 VPC 框架的实际作用。

(4)如何在价值分析中进行货币化处理,还有等于进一步深入研究和实践。本书第 8 章提出的价值货币化理论与方法,曾经在作者主持的佛山市行政审批事项评估项目中得到过成功应用,但在政府 IT 投资价值分析中的应用还需要下一步进行。

本书所做的研究,只是对 VPC 的一次粗浅探索,许多问题和细节尚待以后进一步研究,而且框架的实用性也有待于进一步检验。衷心希望 VPC 框架有助于提高我国政府机构的 VPC 成熟度,改善价值实现过程的效率,保证实现政府 IT 投资价值。一方面,能进一步验证 VPC 框架的实际作用;另一方面,也为进一步完善 VPC 框架提供契机。

致　　谢

"雄关漫道真如铁,而今迈步从头越。"在同济大学攻读博士学位的三年时间转瞬即逝,终于又到了瓜熟蒂落,水到渠成的时刻。博士论文的孕育和诞生经历了一段漫长而痛苦的时期,其间几度犹豫几度彷徨,令我饱尝"山重水复疑无路,柳暗花明又一村"的郁闷与喜悦。论文始终得到恩师胡克瑾教授的悉心指导,对于她渊博的学识、敏锐犀利的眼光与独到的见解,以及慈母般对学生的关爱,不是用"钦佩"、"感谢"等词句可以言表得了的。滴水之恩,当涌泉相报,对于恩师的不倦教诲,只能用我今后对社会、对学术的微薄贡献以报其万一了。

同济大学是一片美丽的净土,得益于她百年孕育的文化底蕴、严谨求实的学术氛围和同舟共济的协作精神,从中浸润濡染的纯朴学风与大家风范,是我今后漫漫学术苦旅中闪闪的北斗。同济独具匠心的一草一木、一砖一瓦和一景一观都深深铭刻于心,令我流连忘返,不敢或忘。无论今后漂泊于何时何地,我总会想起你,牵挂你——我亲爱的同济。

还有三年来战斗在一个战壕的同窗学友,为了同一个目的来自于五湖四海,大家同悲同喜,几多欢喜几多忧愁,纯洁的友谊和互助的和谐将是我一生的悠长回忆。我要特别感谢同门吉猛、杨洋、肖荣、朱可、韩辉、刘晓文和夏凌云等师兄弟的帮助和鼓励。还要感谢同班熊焰、陈英存、谢福泉、胡莲、缪成、沈群力和易华等同学。

感谢经管学院的邱灿华、龚福琴、藤桦和赵红等老师。

衷心感谢评阅本人博士论文的所有专家教授。

本书的研究成果,是在本人博士论文研究的基础上,经过大量后续研究后加以修改、补充和完善而成的。这些后续研究,大部分是在华南师范大学南海校区(学院)工作期间,以及在山东大学理论经济学博士后流动站进行博士后研究期间完成。因此,还要感谢以上两个单位的领导和同事。特别要感谢我的博士后合作导师、教育部长江学者特聘教授、山东大学经济研究院院长黄少安教授,在我博士后研究期间曾经得到过他的悉心指导与鼎力支持。还有南海学院法政系的杨俊凯博士、郝新东博士、张惠博士、喻少如博士(教授)、张军副教授等同事,他们在后续研究中是我的合作伙伴。

最后,还要感谢我的家人,特别是我的妻子栗宏和女儿杨承宇,没有她们的支持与理解,我很难渡过这六年脱产攻读硕士和博士学位的研究生生涯。

参 考 文 献

中文文献：

1.[美]A.普雷姆詹德：《预算经济学》，周慈铭等译，中国财政经济出版社 1989 年版。

2.[美]CharlesA. O'ReillyⅢ、DavidF. Caldwell、WilliamP. Barnett：《工作群体人口背景、社会融合程度和员工流动性》，见徐淑英、张维迎编：《〈管理科学季刊〉最佳论文集》，北京大学出版社 2005 年版。

3.[美]拉乌夫·G.加塔、桑德拉·L.麦基：《实用项目管理》，王增东、杨磊译，机械工业出版社 2003 年版。

4.[美]沃德、戴伦、德西尔瓦：《项目分析学》，卢有杰译，清华大学出版社 2001 年版。

5.[美]约翰·索普等：《信息悖论信息技术的商业价值》，陈劲译，东北财经大学出版社 1999 年版。

6.本刊评论员：《一万亿给我们带来了什么》，《IT 时代周刊》2003 年第 15 期。

7.陈学中、李光红：《投资项目选择的目标规划模型及其应用》，《数量经济技术经济研究》2001 年第 2 期。

8.迟国泰、王际科、杜娟：《基于灰色系统理论的商业银行竞争力评价模型》，《控制与决策》2006 年第 3 期。

9.[英]丹·雷曼伊：《拯救 IT——运用风险管理终止 IT 项目失败》，杨爱华等译，机械工业出版社 2002 年版。

10.丁娟，姚洪兴：《加速反馈和延迟反馈控制一个新的混沌系统》，《合肥工业大学学报(自然科学版)》2005 年 8 月。

11.董臻圃：《数学建模方法与实践》，国防工业出版社 2006 年版。

12.范龙振、唐国兴：《投资机会的价值与投资决策——几何布朗运动模型》，《控制与决策》1998 年第 3 期。

13.范世涛：《技术创新的制度分析》，南京：南京农业大学博士论文 2001 年。

14.方德英：《IT 项目风险管理理论与方法研究》，天津大学 2003 年博士学位论文。

15.冯恭已、杨义群：《组合投资的优化方法》，《数量经济技术经济研究》1995 年第 8 期。

16.冯品如：《过程控制工程》，中国轻工业出版社 1995 年版。

17.顾平安：《发展中的电子政府》，上海交通大学博士论文 2004 年。

18.顾平安:《发展中的电子政府》,上海:上海交通大学 2004 年博士学位论文。

19.郭少友:《美国政府信息化建设及对我国的启示》,《情报杂志》2003 年第 5 期。

20.韩军、吴云洁:《混沌控制综述》,《计算机仿真》2006 年第 6 期。

21.韩军海、吴云洁:《混沌控制综述》,《计算机仿真》2006 年第 6 期。

22.郝晓玲:《基于平衡记分卡的企业信息系统全过程评价体系研究》,同济大学 2004 年博士学位论文。

23.何海燕、张建宾:《网络时代的政府管理变革》,《中国软科学》2002 年第 4 期。

24.何新贵、王纬、王方德:《软件能力成熟度模型》,清华大学出版社 2000 年版。

25.侯宇、谢黎文、王谦:《美国电子政府联邦事业架构刍议》,《特区经济》2006 年第 12 期。

26.胡程顺:《水电工程施工进度优化及控制方法研究》,天津大学 2005 年博士学位论文。

27.计世资讯(CCWResearch):《2006 年中国政府行业信息化建设与 IT 应用趋势研究报告》,2005 年。

28.李怀祖:《管理研究方法论》,西安交通大学出版社 2004 年版。

29.刘静岩:《房地产投资分析及其混沌控制研究》,天津大学 2002 年博士学位论文。

30.刘艳:《日本政府信息化建设的现状》,《信息网络安全》2005 年第 5、6 期。

31.卢向华:《基于评价的 IS 价值促生模式研究》,复旦大学 2004 年博士学位论文。

32.罗伯特·S.平狄克、丹尼尔·L.鲁宾费尔德:《微观经济学》,王世磊译,中国人民大学出版社 1997 年版。

33.马承霈、岳琳:《经济增长的要素贡献测算新方法》,《南京经济学院学报》2001 年第 1 期。

34.马璐:《企业战略性绩效评价系统研究》,华中科技大学 2004 年博士学位论文。

35.马庆国:《管理统计》,科学出版社 2002 年版。

36.毛建:《IT 项目管理的理论与方法研究》,北京航空航天大学 2001 年博士学位论文。

37.孟祥林:《美、德风险投资比较研究——金融体制、科教体制、政府行为、人文环境对风险投资的影响》,中国社会科学院研究生院 2000 年论文。

38.欧立雄、袁立军、王卫东:《神舟项目管理成熟度模型》,《管理工程学报》2005 年第 19 期(增刊)。

39.彭祖赠、孙锱玉:《模糊(Fuzzy)数学及其应用》,武汉大学出版社 2002 年版。

40.盛昭瀚、朱乔、吴广谋:《DEA 的理论、方法与应用》,科学出版社 1996 年版。

41.孙先定、李颖:《基于期权思想的产业投资结构的控制与优化》,《控制与决策》2003 年第 1 期。

42.涂序彦、王枞、郭燕慧:《大系统控制论》,北京邮电大学出版社 2005 年版。

43.涂植英、陈今润:《自动控制原理》,重庆大学出版社 2004 年版。

44.汪培庄、李洪兴:《模糊系统理论与模糊计算机》,科学出版社 1996 年版。

45.王爱广:《过程控制原理》,中国轻工业出版社 1999 年版。

46.王和:《保险投资创新研究》,厦门大学 2004 年博士学位论文。

47.王伟:《资产管理理论与实践》,中国社会科学院研究生院 2001 年论文。

48.王毓芳:《过程控制与统计技术》,中国经济出版社 2001 年版。

49.魏权龄:《评价相对有效性的 DEA 方法》,中国人民大学出版社 1988 年版。

50.吴瑞鹏、陈国青、郭迅华:《中国企业信息化中的关键因素研究》,《南开管理评论》2004 年第 7 期。

51.吴新博:《中外政府信息化比较研究》,《山西财经大学学报(高等教育版)》2005 年第 4 期。

52.徐仁辉:《制度变迁与美国预算改革》,台湾《东吴经济商学学报》2004 年第 12 期。

53.徐志明:《社会科学研究方法论》,当代中国出版社 1995 年版。

54.颜光华:《实用经济控制论》,立信会计出版社 1994 年版。

55.杨干生:《广佛同城下政府服务提供方式的选择——基于交易效率的研究》,《制度经济学研究》2013 年第 3 期。

56.杨干生:《要素视角下的个人信息——双重权利载体的保护与立法》,《武汉大学学报(哲学社会科学版)》2010 年第 2 期。

57.杨干生:《政府 IT 投资价值的过程控制研究》,《学术研究》2010 年第 9 期。

58.杨干生:《基于模糊综合评判的政府战略规划评估模》,《统计与决策》2008 年第 5 期。

59.杨干生、胡克瑾:《IT 产品政府采购的价格机制分析与案例研究》,《价格理论与实践》2004 年第 4 期。

60.杨吉江、邢春晓:《美国电子政务通用框架模型研究》,《电子政务》2006 年第 2 期。

61.杨印生、张魁元:《工业企业综合经济效益审计评价的合谐分析方法》,《当代审计》1996 年第 6 期。

62.姚洪兴、盛昭瀚、田立新:《经济管理混沌模型的控制域研究》,《管理科学学报》2003 年第 5 期。

63.易小国:《美国电子政务绩效评估介绍和评析》,《电子政务》2005 年第 12 期。

64.尹贻林、闫孝砚:《政府投资项目管理模式研究》,南开大学出版社 2002 年版。

65.袁光华:《绩效考核指标的选取与组织目标一致性的实现》,清华大学 2005 年博士学位论文。

66.袁立军、欧立雄、王卫东:《神舟飞船项目管理成熟度模型研究》,《中国空间科学技术》2005 年第 5 期。

67.袁婷:《公共项目的条件价值评估方法及其应用研究》,天津大学 2008 年博士学位论文。

68.张丽坤、王海宽、刘开第:《企业组织变革阻力评价的模糊综合评判模型》,《数量经济技术经济研究》2004 年第 2 期。

69.张启人:《通俗控制论》,中国建筑工业出版社 1992 年版。

70.张云波:《工程项目工期延误原因及其预警模型研究》,天津大学 2003 年博士学位论文。

71.张长春:《政府投资的管理体制——总体框架、近期改革重点与促进措施》,中国计划出版社 2005 年版。

72.章婷芳、姚洪兴、耿霞:《Chen 混沌系统的反馈控制方法与分析》,《系统工程理论与实践》2005 年第 8 期。

73.赵国忻:《中国风险投资公司运作机理研究》,西安交通大学 2001 年博士学位论文。

74.周得孚:《管理控制》,上海财经大学出版社 1998 年版。

75.朱晓波:《税务行政管理目标模式的确立及相关要件选择》,东北财经大学 2002 年博士学位论文。

76.庄新田、黄小原:《委托代理框架下实物期权最优投资策略研究》,《控制与决策》2003 年第 3 期。

77.邹韶禄:《基于战略导向的企业全面预算管理体系研究》,中南大学 2004 年博士学位论文。

外文文献:

1.BViolino:"Return on Investment",Information Week,6-30,1997.

2.B.Farbey:"Movin IS evaluation forward:Learning themes and research issues",Journal of strategic information system,(8),1999. pp.189-207.

3. Barry White:"Performance and Accountability Reports:Revealing Government's Results",The Journal of Government Financial Management,54(3),2005. pp.32.

4.Berkovitch. E.,R. Israel:"Why the NPV Criterion Does not Maximize NPV",Working Paper, University of Michigan,1999.

5.Bery Bellman1,Felix Rausch:"Enterprise Architecture for e-Government",2004.

6.Bienvenu Michael,Shin Insub,Levis Alexander H:"C4ISR Architecture:Ⅲ. An Object-Oriented Approach for Architecture Design",Systems Engineerng,3(4),2000. pp.288-311.

7.Bohrer K.A.:"Architecture of the San Francisco Frameworks",IBM Systems Journal,37(2),1998. pp.156-169.

8.Boster Mark,Liu Simon,Thomas Rob:"Getting the Most from Your Enterprise Architecture",IEEE IT Pro,2(4),2000. pp.43-50.

9.Bram Meyerson:"Using a Banlanced Scorecard Framework to Leverage the value Delivered by IS",Idea Group Publishing,2000.

10.Buchanan Richard:"META Group Report:Assessing Enterprise Architecture Program Value:Part 2,",www.metagroup.com,37075.

11.Bureau of Land Management: "Plan Needed to Sustain Progress in Establishing IT Investment Management Capabilities",

12.C. Council: "A Practical Guide to Federal Enterprise Architecture, Version 1.0, 2001.",

13. Carlson W, Mcnurlin B: "United Communication group: Measuring the value of information systems",

14.Christopher G.Reddick: "Canadian Provincial Budget Outcomes: Along-run and Short-run Perspective", Finacial Accountability & Management, 18(4), 2002. pp.0267−4424.

15.Cohen L: "Quality Function Development: How to Make QFD Work for You", Mass: Addison-Welsley Publishing Company, 1995.

16.D Busch: "Plan 2000 Presentation", Intel Inter Document, 9, 1999.

17. D. C. Moschella: "Waves of Powers: Dynamics of Global technology leadership", NewYork: AMA COM, 1997.

18.DanRemenyi, Micheal Sherwood-Smith.: "Achieving Maximum Value from IS: a Process Approach", New York: John Wiley & Sons Ltd, 1997.

19.DanRemenyi, Micheal Sherwood-Smith: "Achieving Maximum Value from IS: a Process Approach", New York: John Wiley & Sons Ltd, 1997.

20.David FFeeny, Leslie P Willcocks: "Core IS capabilities for exploiting information technology", Sloan Management Review, Spring, 1998. pp.9−11.

21.Davis F D: "Perceived Usefulness, Perceived Ease of Use and User Acceptance of InformationTechnology", MIS Quarterly, 13(3), 1989. pp.319−34.

22.Delone W H, McLean E R: "Information Systems Success: The Quest for the Dependent variable", Information Systems Research, 3(1), 1992. pp.60−95.

23.Dutta. S., S. Reichelstein: "Controlling Investment Decisions: Depreciation and Capital Charges", Review of Accounting Studies, (7), 2002. pp.253−281.

24.E.GGuba: "Fourth Generation Evaluation Sage: Newbury Park", 1989.

25.Egon Berghout, Theo-Jan Renkema: "Methodologies for IT Investment Evaluation: A Review and Assessment", 2001.

26.Ertambang Nahartyo: "Budgetary Participation and Stretch Targets: the Effects of Procedural Justice on Budget Commitment and Performance Under A Stretch Budget Condition", University of Kentucky, 2003.

27.Federal CIO Council: "CIO Council Strategic Plan", Federal CIO Council Report, 1998.

28.Federal Government CIO Council: "Federal Enterprise Architecture Framework Version 1. 1, Federal Government of the United States Report", 1999.

29.Finkelstein Clive, Perkins Alan: "A Visible Solution: Enterprise Architecture Engineering", Visible Systems Corporation Report, http:// members. ozemail. com. au/ ~ visible/

paper/ bipaper. htm,2000.

30. Francalani C: "Predicting the Implementation Effort of ERP Projects: Empirical Evidence on SAP/R3",Journal of Information Technology,16(1),2001. pp.33−49.

31. Geunjoo Lee: "The performance impacts of information technology in public organizations- The case of state governments",Indiana University,1999.

32.Grady Jeffrey.O:"System Integration",Boca Raton:CRC Press,1994.

33.Harmon Paul:"IBM's Patterns for E-Business Component Development Strategies",VX (11),2000. pp.1−16.

34.Hinton Matthew,Kaye Roland:"Investing in information technology: A lottery?",Management Accounting,74(10),1996. pp.52.

35. Information Technology::"FAA Has Many Investment Management Capabilities in Place, but More Oversight of Operational Systems Is Needed",2004.

36.Iresl HGP:"IT Investment Evaluation: Aligning Supply and Demand",IT Investment Evaluation Informatie,1992. pp.716−726.

37.J Mooney:"A process Oriented Framework for Assessing the Business Value of Information Technology",Proceedings of the 16th International Conference on Information Systems,Amsterdam,1995. pp.17−27.

38.Jagdish Pathak:"IT Audit Approach, Internal Controls, and Audit Decisions of an IT Auditor - Part 3",http:// www. theiia. org/ itaudit/ index. cfm? fuseaction= forum&fid= 128, 12−01,2000.

39.James Knight:"Performance measurement and strategy",Faulkner & Gray,1996.

40.Jan L Andresen: "the framework for selecting an IT evaluation method::Danmarks Teknisk University,2001. ",

41. Jayanth J: "Supply chain management: A strategic perspective",The International Journal of Logistics Management,8(1),1997. pp.15−34.

42.Jiang JJ, Klein G: "Project Selection Criteria by Strategic orientation",Information system & management,(36),1999. pp.63−75.

43.Jillian M. Morganwalp:"A System of Systems Focused Enterprise Architectural Framework",George Mason University,2002.

44.JL Andresen: "The Framework for Selecting an IT Evaluation Method:",Denmark: Denmark's Teknisk University,2001.

45. Kohli R, Deveraj S: "Realizing the Business Value of Information Technology Investments: an Organizational Process",MIS Quarterly Executive,3(1),2004. pp.53−68.

46.Liang. P.:"Accounting Recognition, Moral Hazard, and Communication",Contemporary Accounting Research,(17),2000. pp.457−490.

47.Lubbe S,Remenyi D:"Management of Information Technology Evaluation— the Development of a Managerial Thesis",Logistics Information Management,121(2),1999.

48.M Parker,R Benson,E H Trainor:"Information Economics:vLinking Business Performance",London:Prentice — Hall,1998.

49.Maier Mark W.,Emery David E.,Hillard Richard:"ANSI/IEEE 1471 and Systems Engineering",Proceedings of the 2002 INCOSE Annual Symposium, Las Vegas, NV,2002.

50.Maier Mark W.:"Architecting Principle for Systems-of-Systems",Systems Engineering,1(4),1998. pp.267-284.

51. MarkConxidine, Jenny M. Lewis:"Bureaucracy, Network, or Enterprise? Comparing Models of Governance in Australia, Britain, the Netherlands, and New Zealand",Public Administration Review,63(2),2003.

52.MartinCurley:"Managing Information Technology for Business Value Practical Strategies for IT and Business Managers",Intel Corporation, Intel Press,2003.

53.Meta Group, Inc.:"Enterprise Architecture Straegies:The Three Dimensions of Architecture Process Metrics",www. metagroup. com,1998.

54.Microsoft Corporation:"Microsoft Announces Two New Enterprise Services Frameworks (PressPasss)",www.microsoft.com,July 23, 1998.

55.Microsoft Corporation:"Microsoft Solutions Framework Overview White Paper",www.microsoft.com,December 10, 1999.

56.Microsoft Corporation 发布:"Enterprise Architecture Essentials:Achieving Business Value With IT:Microsoft Corporation",www.microsoft.com,April 1998.

57.Mo Adam Mahmood:"Measuring information system investment payoff:contemporary approaches",London:Idea group publishing,1998.

58.Mooney J G, Vijay Gurbaxani, Kenneth L Kraemer:"A Proeess oriented framework for assessing the business value of information technology", ACM SIGMIS Database, 27(2), 1996. pp.68-81.

59.Nah F,Lau J:"An lmpractical Study on critical Success Factors for Enterprise System Implementation",University of Nebraska-Lincoln,2002.

60.Nah F,Lau J:"Critical Factors for Successful implementation of Enterprise System",Business Process Management journal,7(3),2001. pp.285-296.

61.Norris G:"IT education:what are the objectives?",Mortgage Finance,(3),1991. pp.46-48.

62.OMB:"Enterprise Architecture Assessment Framework Version 1. 5",38473.

63.pJorison:"Value at Risk:The New Benchmark for Managing Financial Risk",McGraw-Hill,2000.

64.pTallon:"Beyond TCO— Designing Storage Strategies through Value at Risk",Boston College,2002.

65.RANDALL B. HAYES,WILLIAM R. CRON:"Changes in Task Uncertainty Induced by Zero-Base Budgeting: Using the Thompson and Hirst Models to Predict Dysfunctional Behaviour",ABACUS,24(2),1988.

66.Rogerson. W.:"Inter-Temporal Cost Allocation and Managerial Investment Incentives: A Theory Explaining the Use of Economic Value Added as a Performance Measure", Journal of Political Economy,(105),1997. pp.770-795.

67.Ron A W:"Information System Audit and Control",Prentice Hall,1999.

68.Saarinen T:"An Expanded Instrument for Evaluating Information System Success",Information and Management,1996(3).

69.Schw artz E S.:"The stochastic behavior of commodity prices: Imp licat ion for valuation and hedging",J Finance,92(3),1997. pp.923-973.

70.Seddon:"Respecification and Extension of the DeLone and MeLean Model of 15 Success",Proeeedings of the Australian Conference on Information Systems, 1(9), 1995. pp. 109-118.

71.Sheila E. Murphy:"Mirroring Instructional Techniques: a Process Evaluation Model", Training and Development Journal,1987:104-107.

72.Sherer.S.,Chowdhury.D.N:"Assessing Information technology investments with an integrative process framework",Proceedings of the 35th Annul International conference on System Sciences,Haiwie,2002.

73.SIMON LEE:"The Governance of Fiscal Policy in the United Kingdom and Canada", Journal of Comparative Policy Analysis: Research and Practice,(5),2003. pp.167-187.

74.Soh C,Markus ML:"How IT Creates Business Value: A Proces Theory Synthesis",Procedings of the Sixtenth Intemational Conference on Information Systems,Amsterdam,The Netherlands,1995.

75.Stratopoulos T, Dehning B.:"Does Successfull investment in Information Technology Solve the Productivity Paradox?",Information & Management,(38),2000. pp.103-117.

76.Susan Pentecost:"Capital Planning and Investment Control: the Role of the Financial Manager",The Journal of Government Financial Management,54(1),2005. pp.25.

77.The IT Governance Institute (ITGI):"The Val IT Framework",Enterprise Value: Governance of IT Investments,www.itgi.org,2006. pp.13.

78.The IT Governance Institute (ITGI):"The Val IT Framework",Enterprise Value: Governance of IT Investments,www.itgi.org,2006. pp.31.

79.Walter K. Vance:"Financial Management Information Produced as A Result of the CFO Act and Its Use by Federal Government Agencies, the OMB and Congress",George Mason University,2003.

80.Wang TG, Chen HF:"The Influence of Governance Equilibrium on ERP project success",Decision Support systems,41(26),2006. pp.708-727.

81. Weill P:"The Relationship Between Investment in Information Technology and Firm Per-
formance: AStudy of the Value Manufacturing Sector",Information Systems Review,3(4),1992.

82. X.Y. Zhou,G Yin:"Markowitz's mean-variance portfolio selection with regime switching:
A continuous -time mode",SIAM Journalof Control Optimization,(42),2003. pp.1466-1482.

83. Lai,Kam-Wah:"The Sarbanes-Oxley Act and Auditor Independence: Preliminary Evi-
dence from Audit Opinion and Discretionary Accruals",Working paper, City University of
HongKong,2003.

84. Li, Haidan, MortonPincus, and Sonja Olhoft Rego:"Market reaction to events surround-
ing the Sarbanes-Oxley Act of 2002: Overall and as a function of earnings management and audit
committee effectiveness",working paper, Tippie College of Business,2003.

85. Mooney,J.G. et:"A Process Oriented Framework for Assessing the Business Value of In-
formation Technology",Proceedings of sixteenth International Conference on Information System-
sAmsterdam, The Netherlands,December 10-13, 1995. pp.17-27.

86. OMB: " Budget Highlights ", http:// www. whitehouse. gov/omb/egov/ g-9-budget_
highglights. html.

87. United States Postal Service:"Opportunities to Strengthen IT Investment Management
Capabilities",2002.

附录 1:VPC 成熟度评估指标汇总表

级别	等级	关键控制过程	控制目标	指标类别	评估指标体系
初始级	1				仅有非常规的(或非程序化的)VPC,经常导致项目成本超支、项目风险失控和项目进度延误,降低 IT 投资的业务价值。虽然在 IT 投资控制中也可能有好的业绩,但是缺少有组织、可执行及连续性的 VPC,可能导致 IT 投资结果不可预测。
项目级	2	P_1(设立投资控制部门)	设计和建立 IT 投资控制部门的组织的结构和运作程序。	组织要求	由 IT 及业务部门的主要负责人组成 IT 投资控制部门,负责设计和实行 VPC。
					有控制部门运作程序的文件。
				必要条件	提供足够的资源(包括人、资金及工具),支持每个控制部门的运作。
					控制部门成员掌握 IT 投资控制的政策、程序、工具和技术。
					明确规定各控制部门的权力和责任范围,避免出现权责断层。
				活动	由控制部门负责审查 IT 投资控制文件的制定和修订。
					各控制部门根据其授予的权力和责任来运行。
					建立管理控制机制,确保各控制部门的决定得以贯彻执行。
		P_2(满足业务需求)	确保 IT 项目(系统)满足政府机构的业务和用户需求。	组织要求	有识别能满足业务需求(现在或未来的)的 IT 项目(系统)的政策和程序文件。
				必要条件	有规定政府机构业务目标的文件。
					提供足够的资源(包括人、资金和工具),确保 IT 项目(系统)满足业务和用户需求。
				活动	明确新的及在建的 IT 项目(系统)的业务需求并形成文件。
					识别 IT 项目(系统)的特定用户和其他受益人。
					用户参与 IT 项目(系统)的全程控制。
					控制部门定期评估 IT 项目(系统)与政府机构战略目标的一致性,当发现不一致时采取纠正行动。

级别	等级	关键控制过程	控制目标	指标类别	评估指标体系
项目级	3	P_3（选择投资）	使用规定的VPC,选择新的IT投资或重新选择在建投资。	组织要求	有关于选择新的 IT 项目的政策和程序的文件。
					有关于重新选择在建 IT 项目的政策和程序的文件。
					有联系资金与立项过程的政策和程序文件。
				必要条件	为识别和选择 IT 项目及系统提供足够的资源(包括人力、资金,及工具)。
					制定了分析、评估及选择新 IT 项目的标准。
					制定了分析、评估及重新选择在建 IT 项目的标准。
					存在保持项目选择标准。与政府机构目标持续一致的机制。
				活动	根据预定的选择过程(包括预定的选择标准),选择新的 IT 投资。
					根据预定的选择过程(包括预定的选择标准),重新选择在建 IT 投资。
					高层的资助决策应与立项决策一致。
		P_4（监督投资）	用规定的标准和检查点,审查 IT 项目(系统)的进展,判断是否达到成本、进度、风险及收益目标,当出现偏差时采取补救措施。	组织要求	有关于监督 IT 项目(系统)的政策和程序的文件。
				必要条件	为监督 IT 项目(系统)提供足够的资源(包括人力、资金,及工具)。
					IT 项目(系统)(包括运维中的)有通过批准的项目控制计划,计划包含预期成本及进度里程碑、定量化的收益和风险预期。
					在每个控制部门的权力和责任范围的划分上,应尽量避免控制部门之间的权责真空。
				活动	为相应的控制部门提供关于项目实际价值的数据(包括成本、进度、收益,及风险价值)。
					投资控制部门能根据经过确认的数据,对照项目预期目标定期审查 IT 项目的价值。
					对于未达预期价值的 IT 项目(系统),根据有关监督标准、规定和程序的文件,采取适当的纠正行动,或终止该项目(系统)。
					对于每个未达预期价值的项目,投资控制部门应定期跟踪纠正行动的实施情况,直到纠正行动完成。

级别	等级	关键控制过程	控制目标	指标类别	评估指标体系
项目级	3	P_5（获取投资信息）	为决策者提供充分的信息，评估 IT 投资产生的影响和带来的机会。	组织要求	有识别和收集 IT 项目(系统)信息，支持 VPC 的政策和程序。
					指派官员负责确保满足 VPC 的信息需要。
				必要条件	为清点 IT 项目(系统)、收集相关投资信息提供足够的资源，包括人力、资金及工具。
				活动	对政府机构的 IT 项目(系统)进行清点，收集支持决策的详细信息。
					决策者和其他相关人员易于获得和理解收集的信息。
					投资决策者和其他相关人员使用数据信息库来支持投资控制。
投资组合级	4	P_6（制定投资组合选择标准）	制定和修订 IT 投资组合选择标准，保证标准符合政府机构任务、战略及业务优先次序。	组织要求	有制定和修订 IT 投资组合选择标准的政策和程序文件。
					对制定和修订标准的管理责任有明确规定。
				必要条件	为标准的制定和修订提供足够的资源(包括人力、资金及工具)。
					指定工作团队负责制定和修订 IT 投资组合选择标准。
				活动	政府机构的最高投资控制部门批准 IT 组合选择的核心标准，即包括 CBSR(成本、收益、进度及风险)在内的价值标准。
					项目管理人员及其他相关人员熟悉投资组合选择标准。
					政府机构最高投资控制部门根据经验和事件驱动的数据，定期审查 IT 投资组合选择标准，对标准进行适当的修订。
		P_7（选择投资组合）	按照政府机构的投资组合选择标准来分析 IT 投资，确保选择优化的 IT 投资组合，使投资组合的风险和回报易于管理。	组织要求	有分析、选择和维护投资组合的规定和程序文件。
				必要条件	为投资组合选择过程提供足够的资源，包括人力、资金及工具。
					投资控制部门成员具有投资组合选择的丰富知识。
					比较项目(系统)实际价值与预期价值，将比较信息提供给投资控制部门。
				活动	每个 IT 投资控制部门检查新的和在建的投资组合，以及这些组合的相关数据，分析和选择将要资助的投资。
					投资控制部门批准或修订 IT 投资的价值预期。
					收集和维护投资组合的立项、实施及后评估域使用的信息，以备将来参考。

级别	等级	关键控制过程	控制目标	指标类别	评估指标体系
投资组合级	4	P_8（审查投资组合价值）	定期审查投资组合的价值,适当调整资源分配。	组织要求	有审查、评估及改善投资组合价值的政策和程序文件。
				必要条件	为投资组合及项目审查提供足够的资源(包括人力、资金和工具)。
					投资控制部门成员熟悉评估和改善投资组合价值的过程。
					为投资控制部门提供 P_4(监督投资)的相关结果。
					定期制定、审查和修订价值评估指标(即投资组合选择标准)以反映价值预期现状。
				活动	根据价值评估指标定义和收集价值评估数据。
					根据投资组合的实际价值调整 IT 投资组合。
		P_9（后评估）	在完成投资后,比较实际与预期结果,总结 VPC 的经验教训。	组织要求	有进行 PIR 的政策和程序文件。
				必要条件	为 PIR 提供足够的资源(包括人力、资金及工具)。
					评估人员熟悉 PIR 的政策和程序。
					由控制部门决定要求实施 PIR 的项目。
				活动	收集 PIR 需要的定量和定性数据,对数据的可靠性进行评估和分析。
					总结经验教训,对完善 VPC 提出建议,以文件形式向所有利益相关者传达。
高级	5	P_{10}（改善投资组合价值）	评估和改善 IT 投资组合的价值。	组织要求	有评估和改善投资组合价值的政策和程序文件。
				必要条件	为评估和改善投资组合价值提供足够的资源。
					负责监督投资组合和完善 VPC 的控制部门成员有足够的知识和能力。
				活动	用适当方法定义和收集 IT 投资组合的综合价值数据。
					分析价值数据的总体趋势。
					对改善投资组合价值和完善 VPC 提出建议。

级别	等级	关键控制过程	控制目标	指标类别	评估指标体系
高级	5	P_{11}(继承管理)	定期评估 O&M 阶段的 IT 投资,决定是否应保留、修改、替代或剔除。	组织要求	有 IT 继承管理过程的政策和程序文件。
					指定 IT 继承管理过程的负责人。
				必要条件	为进行 IT 继承提供足够的资源。
					参与 IT 继承管理的控制部门成员有足够的知识和能力。
					对 IT 投资信息库的充分利用。
				活动	由控制部门制定需替代的 IT 投资的识别标准。
					定期评估和识别需要替代的 IT 投资。
					分析 IT 投资组合中各投资之间的相互依赖性。
					对于每个被替代投资候选项目,投资控制部门要决定是否实行替代。
	6	P_{12}(优化 VPC)	完善 IT 投资 VPC,取得可度量的改善效果,赶上或超过先进政府机构。	组织要求	有通过对照比较不断完善 VPC 的政策和程序文件。
					指定对照比较活动的负责人。
				必要条件	为对照比较活动提供足够的资源。
					负责对照比较活动的管理者和员工,应接受相关技术培训或有相关经验。
				活动	为现有 VPC 收集比较基准数据。
					识别外部先进的 VPC 并与之对照比较。
					完善 VPC。
		P_{13}(IT 驱动战略性业务转变)	通过战略性地运用 IT 投资,推动业务价值的极大改善。	组织要求	有通过 IT 驱动战略性业务转变活动的政策和程序文件。
					指定该关键控制过程活动的负责人。
				必要条件	为实现 IT 驱动的战略性业务转变提供足够的资源。
					建立和维护一个有关 IT 产品和技术的知识库。
				活动	识别和评估可能驱动战略性业务变化的信息技术。
					以 IT 识别能力为基础,计划和实施业务流程的战略性转变。

附录 2:IT 投资价值的灰色评价权矩阵

评估指标代码			灰色评价权矩阵									
			项目 D_{11}					项目 D_{12}				
V_1	V_{11}	V_{111}	0.128	0.118	0.175	0.170	0.408	0.179	0.152	0.128	0.156	0.384
		V_{112}	0.123	0.149	0.150	0.190	0.387	0.153	0.166	0.148	0.176	0.357
	V_{12}	V_{121}	0.127	0.169	0.137	0.132	0.435	0.194	0.179	0.194	0.118	0.315
		V_{122}	0.148	0.155	0.107	0.141	0.449	0.103	0.208	0.137	0.086	0.466
		V_{123}	0.133	0.145	0.126	0.137	0.459	0.115	0.146	0.156	0.200	0.383
	V_{13}	V_{131}	0.153	0.134	0.125	0.166	0.423	0.130	0.141	0.216	0.174	0.338
		V_{132}	0.168	0.143	0.117	0.146	0.427	0.114	0.200	0.156	0.225	0.305
		V_{133}	0.133	0.109	0.137	0.142	0.479	0.104	0.102	0.098	0.132	0.564
		V_{134}	0.138	0.138	0.144	0.159	0.422	0.091	0.151	0.166	0.178	0.413
		V_{135}	0.141	0.109	0.142	0.172	0.435	0.108	0.088	0.239	0.235	0.330
V_2	V_{21}	V_{211}	0.161	0.131	0.168	0.139	0.402	0.171	0.221	0.089	0.200	0.319
		V_{212}	0.153	0.118	0.188	0.132	0.409	0.114	0.163	0.175	0.107	0.442
	V_{22}	V_{221}	0.142	0.166	0.128	0.148	0.415	0.202	0.157	0.156	0.174	0.311
		V_{222}	0.134	0.158	0.142	0.178	0.388	0.157	0.202	0.117	0.107	0.416
		V_{223}	0.130	0.134	0.116	0.123	0.498	0.129	0.113	0.183	0.215	0.361
	V_{23}	V_{231}	0.124	0.146	0.137	0.160	0.433	0.173	0.163	0.197	0.207	0.259
		V_{232}	0.109	0.132	0.164	0.176	0.419	0.113	0.137	0.154	0.156	0.440
		V_{233}	0.142	0.114	0.141	0.191	0.413	0.104	0.113	0.210	0.183	0.389
		V_{234}	0.118	0.120	0.149	0.205	0.408	0.129	0.092	0.188	0.170	0.420

评估指标代码			灰色评价权矩阵									
V_3	V_{31}	V_{311}	0.148	0.147	0.186	0.196	0.322	0.162	0.196	0.190	0.172	0.281
		V_{312}	0.162	0.136	0.171	0.175	0.356	0.105	0.214	0.091	0.175	0.415
		V_{313}	0.170	0.118	0.175	0.156	0.381	0.114	0.155	0.101	0.232	0.398
	V_{32}	V_{321}	0.107	0.123	0.130	0.127	0.513	0.205	0.146	0.169	0.113	0.367
		V_{322}	0.108	0.101	0.144	0.132	0.515	0.170	0.123	0.237	0.088	0.382
		V_{323}	0.102	0.095	0.108	0.148	0.547	0.125	0.076	0.192	0.217	0.390
			项目 D_{13}					项目 D_{21}				
V_1	V_{11}	V_{111}	0.123	0.150	0.158	0.246	0.324	0.146	0.087	0.267	0.187	0.313
		V_{112}	0.048	0.084	0.094	0.304	0.470	0.101	0.119	0.195	0.153	0.432
	V_{12}	V_{121}	0.141	0.126	0.197	0.259	0.278	0.156	0.124	0.196	0.108	0.416
		V_{122}	0.203	0.078	0.098	0.149	0.472	0.169	0.196	0.171	0.088	0.377
		V_{123}	0.103	0.107	0.137	0.283	0.370	0.097	0.086	0.211	0.151	0.455
	V_{13}	V_{131}	0.112	0.085	0.203	0.186	0.414	0.108	0.124	0.289	0.138	0.341
		V_{132}	0.065	0.109	0.215	0.235	0.376	0.131	0.174	0.169	0.175	0.350
		V_{133}	0.101	0.072	0.167	0.219	0.441	0.073	0.201	0.205	0.123	0.398
		V_{134}	0.043	0.093	0.194	0.303	0.367	0.130	0.098	0.198	0.154	0.420
		V_{135}	0.038	0.055	0.179	0.342	0.386	0.068	0.134	0.211	0.142	0.445
V_2	V_{21}	V_{211}	0.117	0.113	0.165	0.237	0.368	0.198	0.103	0.239	0.159	0.301
		V_{212}	0.065	0.148	0.098	0.317	0.372	0.131	0.138	0.179	0.189	0.364
	V_{22}	V_{221}	0.106	0.078	0.171	0.207	0.438	0.097	0.186	0.227	0.170	0.320
		V_{222}	0.085	0.128	0.215	0.274	0.298	0.110	0.147	0.313	0.128	0.302
		V_{223}	0.068	0.089	0.185	0.196	0.462	0.137	0.157	0.205	0.116	0.385
	V_{23}	V_{231}	0.079	0.121	0.168	0.301	0.331	0.124	0.146	0.277	0.117	0.337
		V_{232}	0.143	0.078	0.113	0.226	0.440	0.162	0.102	0.313	0.124	0.300
		V_{233}	0.177	0.101	0.155	0.293	0.274	0.102	0.178	0.218	0.094	0.408
		V_{234}	0.105	0.061	0.181	0.218	0.435	0.141	0.101	0.266	0.126	0.366

续表

评估指标代码			灰色评价权矩阵									
V_3	V_{31}	V_{311}	0.097	0.126	0.148	0.278	0.351	0.122	0.148	0.207	0.097	0.426
		V_{312}	0.105	0.090	0.213	0.190	0.401	0.118	0.105	0.248	0.140	0.389
		V_{313}	0.056	0.138	0.173	0.223	0.410	0.085	0.162	0.260	0.133	0.359
	V_{32}	V_{321}	0.150	0.088	0.113	0.313	0.336	0.176	0.093	0.229	0.139	0.363
		V_{322}	0.084	0.109	0.176	0.245	0.386	0.101	0.104	0.175	0.180	0.440
		V_{323}	0.125	0.046	0.104	0.297	0.427	0.158	0.123	0.166	0.152	0.401
			项目 D_{22}					项目 D_{31}				
V_1	V_{11}	V_{111}	0.197	0.183	0.118	0.174	0.327	0.076	0.135	0.039	0.046	0.703
		V_{112}	0.137	0.230	0.084	0.141	0.408	0.017	0.096	0.013	0.086	0.787
	V_{12}	V_{121}	0.159	0.143	0.189	0.208	0.301	0.100	0.102	0.027	0.088	0.682
		V_{122}	0.110	0.123	0.201	0.156	0.410	0.076	0.087	0.003	0.121	0.713
		V_{123}	0.105	0.206	0.169	0.195	0.326	0.059	0.095	0.012	0.103	0.732
	V_{13}	V_{131}	0.184	0.163	0.104	0.300	0.249	0.123	0.053	0.007	0.098	0.719
		V_{132}	0.127	0.216	0.123	0.162	0.371	0.142	0.078	0.003	0.086	0.691
		V_{133}	0.155	0.187	0.190	0.154	0.314	0.108	0.098	0.002	0.110	0.682
		V_{134}	0.102	0.143	0.109	0.214	0.431	0.116	0.108	0.008	0.037	0.731
		V_{135}	0.146	0.170	0.113	0.188	0.383	0.098	0.046	0.005	0.070	0.781
V_2	V_{21}	V_{211}	0.151	0.184	0.119	0.256	0.290	0.119	0.079	0.009	0.076	0.717
		V_{212}	0.115	0.211	0.083	0.154	0.436	0.086	0.116	0.003	0.031	0.764
	V_{22}	V_{221}	0.149	0.166	0.189	0.156	0.342	0.023	0.133	0.032	0.081	0.731
		V_{222}	0.111	0.179	0.130	0.208	0.372	0.086	0.072	0.015	0.121	0.706
		V_{223}	0.205	0.126	0.146	0.196	0.327	0.043	0.116	0.008	0.108	0.725
	V_{23}	V_{231}	0.209	0.189	0.164	0.127	0.311	0.065	0.102	0.021	0.076	0.736
		V_{232}	0.187	0.138	0.185	0.203	0.287	0.123	0.096	0.015	0.105	0.662
		V_{233}	0.148	0.213	0.110	0.167	0.362	0.076	0.067	0.003	0.091	0.763
		V_{234}	0.191	0.156	0.106	0.114	0.432	0.084	0.083	0.002	0.060	0.771

评估指标代码			灰色评价权矩阵									
V_3	V_{31}	V_{311}	0.153	0.207	0.157	0.147	0.336	0.083	0.095	0.032	0.124	0.666
		V_{312}	0.182	0.183	0.165	0.116	0.354	0.059	0.113	0.002	0.072	0.754
		V_{313}	0.101	0.156	0.113	0.205	0.425	0.072	0.109	0.011	0.103	0.705
	V_{32}	V_{321}	0.215	0.167	0.110	0.257	0.251	0.126	0.057	0.006	0.036	0.775
		V_{322}	0.152	0.127	0.083	0.203	0.435	0.072	0.103	0.009	0.072	0.744
		V_{323}	0.203	0.179	0.117	0.181	0.320	0.083	0.096	0.010	0.049	0.762
			项目 D_{32}					项目 D_{41}				
V_1	V_{11}	V_{111}	0.113	0.034	0.006	0.101	0.747	0.218	0.109	0.162	0.129	0.382
		V_{112}	0.071	0.079	0.009	0.144	0.697	0.152	0.156	0.237	0.102	0.353
	V_{12}	V_{121}	0.056	0.106	0.010	0.122	0.707	0.161	0.203	0.157	0.143	0.336
		V_{122}	0.102	0.048	0.002	0.075	0.774	0.109	0.157	0.173	0.116	0.445
		V_{123}	0.046	0.076	0.016	0.104	0.758	0.133	0.197	0.113	0.190	0.367
	V_{13}	V_{131}	0.078	0.072	0.010	0.034	0.806	0.162	0.213	0.148	0.180	0.297
		V_{132}	0.034	0.098	0.011	0.077	0.779	0.141	0.157	0.203	0.151	0.348
		V_{133}	0.056	0.047	0.038	0.089	0.769	0.180	0.116	0.170	0.214	0.321
		V_{134}	0.032	0.107	0.015	0.103	0.744	0.206	0.107	0.198	0.186	0.303
		V_{135}	0.062	0.093	0.023	0.115	0.707	0.125	0.179	0.157	0.163	0.377
V_2	V_{21}	V_{211}	0.123	0.074	0.018	0.053	0.732	0.164	0.135	0.213	0.181	0.306
		V_{212}	0.073	0.033	0.008	0.139	0.747	0.101	0.173	0.180	0.165	0.381
	V_{22}	V_{221}	0.105	0.037	0.007	0.086	0.765	0.218	0.158	0.178	0.126	0.321
		V_{222}	0.059	0.086	0.017	0.102	0.737	0.171	0.185	0.138	0.211	0.295
		V_{223}	0.076	0.056	0.013	0.113	0.743	0.195	0.205	0.107	0.161	0.333
	V_{23}	V_{231}	0.064	0.102	0.004	0.123	0.707	0.167	0.119	0.150	0.113	0.451
		V_{232}	0.078	0.086	0.019	0.098	0.719	0.183	0.108	0.145	0.198	0.366
		V_{233}	0.054	0.113	0.011	0.111	0.711	0.142	0.098	0.186	0.097	0.477
		V_{234}	0.048	0.076	0.007	0.077	0.792	0.130	0.137	0.192	0.136	0.405

续表

评估指标代码			灰色评价权矩阵									
V_3	V_{31}	V_{311}	0.125	0.045	0.007	0.145	0.677	0.186	0.102	0.194	0.190	0.328
		V_{312}	0.080	0.068	0.000	0.102	0.749	0.135	0.168	0.163	0.149	0.385
		V_{313}	0.097	0.035	0.010	0.112	0.745	0.117	0.114	0.205	0.201	0.363
	V_{32}	V_{321}	0.050	0.098	0.023	0.072	0.757	0.177	0.154	0.143	0.144	0.382
		V_{322}	0.037	0.087	0.015	0.107	0.753	0.154	0.182	0.102	0.106	0.456
		V_{323}	0.068	0.096	0.010	0.067	0.759	0.216	0.194	0.189	0.129	0.272
			项目 D_{42}					项目 D_{51}				
V_1	V_{11}	V_{111}	0.125	0.121	0.120	0.104	0.530	0.003	0.112	0.121	0.079	0.685
		V_{112}	0.078	0.176	0.089	0.145	0.511	0.009	0.088	0.069	0.117	0.716
	V_{12}	V_{121}	0.116	0.068	0.104	0.091	0.621	0.009	0.063	0.123	0.136	0.669
		V_{122}	0.095	0.122	0.148	0.123	0.512	0.005	0.034	0.115	0.163	0.683
		V_{123}	0.133	0.112	0.182	0.165	0.408	0.013	0.053	0.097	0.112	0.725
	V_{13}	V_{131}	0.136	0.117	0.143	0.167	0.437	0.020	0.076	0.097	0.124	0.683
		V_{132}	0.102	0.085	0.102	0.136	0.575	0.017	0.057	0.086	0.120	0.720
		V_{133}	0.083	0.126	0.137	0.157	0.497	0.021	0.063	0.115	0.153	0.648
		V_{134}	0.138	0.153	0.108	0.133	0.468	0.013	0.102	0.063	0.107	0.715
		V_{135}	0.167	0.146	0.106	0.103	0.478	0.023	0.113	0.076	0.099	0.689
V_2	V_{21}	V_{211}	0.069	0.169	0.120	0.175	0.467	0.009	0.098	0.109	0.121	0.663
		V_{212}	0.117	0.120	0.086	0.136	0.542	0.002	0.040	0.138	0.084	0.736
	V_{22}	V_{221}	0.086	0.129	0.127	0.158	0.500	0.009	0.063	0.102	0.152	0.674
		V_{222}	0.133	0.114	0.190	0.120	0.443	0.011	0.041	0.126	0.113	0.709
		V_{223}	0.103	0.079	0.151	0.149	0.518	0.019	0.067	0.108	0.128	0.678
	V_{23}	V_{231}	0.099	0.145	0.165	0.103	0.488	0.001	0.085	0.067	0.119	0.729
		V_{232}	0.148	0.100	0.107	0.127	0.518	0.009	0.118	0.089	0.147	0.637
		V_{233}	0.167	0.123	0.120	0.114	0.476	0.013	0.072	0.101	0.167	0.647
		V_{234}	0.129	0.087	0.116	0.109	0.559	0.010	0.091	0.085	0.128	0.687

续表

评估指标代码			灰色评价权矩阵									
V_3	V_{31}	V_{311}	0.086	0.173	0.122	0.163	0.456	0.009	0.114	0.085	0.114	0.678
		V_{312}	0.093	0.131	0.103	0.151	0.522	0.013	0.086	0.076	0.153	0.672
		V_{313}	0.113	0.106	0.116	0.126	0.539	0.008	0.068	0.102	0.137	0.685
	V_{32}	V_{321}	0.122	0.095	0.169	0.125	0.489	0.028	0.040	0.122	0.118	0.692
		V_{322}	0.146	0.112	0.123	0.083	0.536	0.012	0.067	0.142	0.101	0.678
		V_{323}	0.101	0.105	0.155	0.116	0.523	0.035	0.058	0.105	0.093	0.709
			项目 D_{52}					项目 D_{61}				
V_1	V_{11}	V_{111}	0.011	0.044	0.097	0.104	0.744	0.651	0.318	0.011	0.001	0.019
		V_{112}	0.003	0.008	0.209	0.172	0.608	0.263	0.657	0.067	0.008	0.005
	V_{12}	V_{121}	0.008	0.032	0.102	0.167	0.691	0.488	0.329	0.120	0.015	0.048
		V_{122}	0.025	0.008	0.075	0.204	0.688	0.321	0.628	0.032	0.003	0.016
		V_{123}	0.012	0.013	0.190	0.076	0.709	0.429	0.447	0.075	0.009	0.040
	V_{13}	V_{131}	0.001	0.016	0.121	0.055	0.807	0.346	0.572	0.008	0.009	0.065
		V_{132}	0.004	0.012	0.143	0.014	0.827	0.287	0.498	0.175	0.013	0.028
		V_{133}	0.012	0.002	0.206	0.085	0.695	0.469	0.407	0.052	0.023	0.050
		V_{134}	0.009	0.005	0.040	0.235	0.711	0.582	0.300	0.038	0.007	0.073
		V_{135}	0.005	0.009	0.064	0.146	0.776	0.453	0.267	0.186	0.010	0.085
V_2	V_{21}	V_{211}	0.002	0.038	0.072	0.231	0.657	0.300	0.635	0.055	0.001	0.008
		V_{212}	0.011	0.007	0.155	0.076	0.751	0.558	0.266	0.142	0.009	0.024
	V_{22}	V_{221}	0.019	0.006	0.200	0.085	0.690	0.267	0.601	0.076	0.013	0.043
		V_{222}	0.012	0.015	0.102	0.211	0.660	0.396	0.470	0.053	0.009	0.073
		V_{223}	0.006	0.024	0.076	0.102	0.793	0.586	0.359	0.021	0.002	0.032
	V_{23}	V_{231}	0.002	0.017	0.185	0.034	0.762	0.423	0.383	0.101	0.015	0.078
		V_{232}	0.006	0.012	0.231	0.063	0.688	0.398	0.502	0.084	0.006	0.010
		V_{233}	0.005	0.006	0.131	0.213	0.645	0.569	0.333	0.055	0.008	0.035
		V_{234}	0.011	0.013	0.097	0.164	0.715	0.488	0.427	0.024	0.009	0.053

续表

评估指标代码			灰色评价权矩阵									
V_3	V_{31}	V_{311}	0.009	0.025	0.168	0.097	0.701	0.556	0.363	0.027	0.007	0.047
		V_{312}	0.006	0.009	0.101	0.172	0.711	0.412	0.433	0.151	0.001	0.003
		V_{313}	0.001	0.043	0.066	0.202	0.689	0.415	0.476	0.098	0.002	0.009
	V_{32}	V_{321}	0.002	0.020	0.124	0.139	0.715	0.510	0.384	0.012	0.015	0.079
		V_{322}	0.009	0.011	0.200	0.072	0.708	0.402	0.459	0.079	0.003	0.057
		V_{323}	0.016	0.005	0.153	0.107	0.719	0.312	0.571	0.035	0.009	0.073
			项目 D_{62}					项目 D_{63}				
V_1	V_{11}	V_{111}	0.503	0.396	0.008	0.031	0.062	0.475	0.362	0.157	0.002	0.005
		V_{112}	0.309	0.539	0.021	0.009	0.122	0.316	0.570	0.067	0.015	0.032
	V_{12}	V_{121}	0.256	0.609	0.037	0.008	0.090	0.515	0.337	0.126	0.013	0.010
		V_{122}	0.430	0.469	0.025	0.003	0.073	0.369	0.427	0.190	0.009	0.005
		V_{123}	0.353	0.548	0.019	0.004	0.076	0.413	0.488	0.094	0.003	0.002
	V_{13}	V_{131}	0.321	0.618	0.044	0.005	0.013	0.453	0.416	0.125	0.001	0.005
		V_{132}	0.395	0.495	0.049	0.025	0.036	0.549	0.389	0.035	0.009	0.018
		V_{133}	0.437	0.479	0.038	0.019	0.027	0.374	0.497	0.121	0.002	0.006
		V_{134}	0.481	0.446	0.015	0.003	0.055	0.547	0.379	0.048	0.008	0.017
		V_{135}	0.532	0.384	0.079	0.002	0.003	0.564	0.312	0.098	0.003	0.023
V_2	V_{21}	V_{211}	0.389	0.583	0.007	0.006	0.014	0.335	0.544	0.102	0.005	0.014
		V_{212}	0.546	0.426	0.025	0.001	0.003	0.466	0.368	0.162	0.001	0.003
	V_{22}	V_{221}	0.466	0.406	0.017	0.023	0.088	0.353	0.513	0.113	0.009	0.012
		V_{222}	0.257	0.619	0.041	0.012	0.071	0.475	0.325	0.188	0.006	0.006
		V_{223}	0.370	0.519	0.029	0.005	0.077	0.495	0.435	0.067	0.001	0.003
	V_{23}	V_{231}	0.264	0.567	0.032	0.014	0.123	0.406	0.529	0.019	0.021	0.024
		V_{232}	0.385	0.422	0.087	0.012	0.094	0.559	0.276	0.151	0.005	0.009
		V_{233}	0.485	0.365	0.063	0.007	0.080	0.464	0.374	0.137	0.009	0.016
		V_{234}	0.353	0.503	0.056	0.003	0.085	0.493	0.415	0.046	0.018	0.028

评估指标代码			灰色评价权矩阵									
V_3	V_{31}	V_{311}	0.537	0.361	0.022	0.010	0.070	0.530	0.288	0.178	0.001	0.003
		V_{312}	0.438	0.481	0.012	0.007	0.062	0.480	0.387	0.121	0.003	0.008
		V_{313}	0.321	0.593	0.013	0.004	0.069	0.364	0.463	0.151	0.009	0.013
	V_{32}	V_{321}	0.437	0.439	0.077	0.008	0.039	0.346	0.565	0.026	0.023	0.040
		V_{322}	0.274	0.603	0.042	0.013	0.068	0.415	0.497	0.066	0.009	0.014
		V_{323}	0.369	0.523	0.021	0.026	0.061	0.497	0.402	0.098	0.002	0.002
			项目 D_{64}					项目 D_{65}				
V_1	V_{11}	V_{111}	0.456	0.503	0.027	0.007	0.007	0.378	0.530	0.086	0.002	0.005
		V_{112}	0.279	0.593	0.093	0.023	0.012	0.429	0.517	0.018	0.020	0.016
	V_{12}	V_{121}	0.276	0.591	0.104	0.011	0.019	0.466	0.447	0.023	0.012	0.052
		V_{122}	0.437	0.476	0.066	0.014	0.007	0.385	0.426	0.111	0.029	0.049
		V_{123}	0.350	0.563	0.033	0.026	0.028	0.336	0.546	0.083	0.012	0.023
	V_{13}	V_{131}	0.387	0.468	0.102	0.011	0.032	0.283	0.587	0.034	0.010	0.086
		V_{132}	0.336	0.634	0.011	0.008	0.011	0.343	0.562	0.056	0.005	0.034
		V_{133}	0.343	0.456	0.113	0.022	0.066	0.432	0.539	0.008	0.001	0.020
		V_{134}	0.448	0.508	0.023	0.013	0.008	0.362	0.477	0.086	0.020	0.055
		V_{135}	0.365	0.587	0.027	0.015	0.006	0.382	0.426	0.069	0.033	0.090
V_2	V_{21}	V_{211}	0.315	0.594	0.074	0.009	0.008	0.407	0.457	0.091	0.006	0.039
		V_{212}	0.421	0.512	0.031	0.017	0.019	0.302	0.603	0.032	0.012	0.051
	V_{22}	V_{221}	0.349	0.599	0.039	0.006	0.008	0.477	0.462	0.044	0.012	0.005
		V_{222}	0.410	0.472	0.094	0.012	0.012	0.405	0.543	0.034	0.009	0.009
		V_{223}	0.371	0.546	0.047	0.018	0.018	0.376	0.512	0.073	0.021	0.017
	V_{23}	V_{231}	0.294	0.654	0.033	0.003	0.016	0.344	0.572	0.016	0.013	0.055
		V_{232}	0.384	0.562	0.026	0.015	0.012	0.400	0.503	0.043	0.006	0.048
		V_{233}	0.387	0.518	0.087	0.003	0.005	0.395	0.463	0.065	0.027	0.050
		V_{234}	0.380	0.513	0.067	0.010	0.030	0.452	0.428	0.097	0.016	0.007

续表

评估指标代码			灰色评价权矩阵									
V_3	V_{31}	V_{311}	0.443	0.440	0.090	0.017	0.011	0.446	0.469	0.032	0.016	0.036
		V_{312}	0.362	0.577	0.040	0.012	0.009	0.389	0.516	0.067	0.008	0.020
		V_{313}	0.279	0.657	0.050	0.005	0.009	0.339	0.555	0.098	0.007	0.002
	V_{32}	V_{321}	0.298	0.620	0.038	0.016	0.028	0.313	0.462	0.098	0.033	0.095
		V_{322}	0.393	0.533	0.045	0.010	0.019	0.363	0.509	0.069	0.009	0.050
		V_{323}	0.428	0.487	0.076	0.005	0.004	0.443	0.527	0.013	0.005	0.012
			项目 D_{71}					项目 D_{72}				
V_1	V_{11}	V_{111}	0.606	0.332	0.008	0.015	0.039	0.712	0.278	0.004	0.003	0.003
		V_{112}	0.497	0.438	0.012	0.005	0.048	0.823	0.174	0.001	0.001	0.001
	V_{12}	V_{121}	0.482	0.457	0.009	0.023	0.029	0.808	0.166	0.002	0.006	0.017
		V_{122}	0.598	0.368	0.003	0.009	0.022	0.664	0.331	0.000	0.000	0.005
		V_{123}	0.539	0.303	0.018	0.013	0.127	0.713	0.285	0.000	0.000	0.002
	V_{13}	V_{131}	0.629	0.350	0.008	0.005	0.008	0.790	0.198	0.000	0.003	0.009
		V_{132}	0.543	0.356	0.012	0.013	0.076	0.769	0.226	0.000	0.000	0.005
		V_{133}	0.587	0.297	0.028	0.016	0.072	0.715	0.270	0.002	0.002	0.011
		V_{134}	0.506	0.367	0.006	0.021	0.100	0.623	0.357	0.005	0.001	0.014
		V_{135}	0.579	0.326	0.012	0.014	0.069	0.665	0.335	0.000	0.000	0.000
V_2	V_{21}	V_{211}	0.610	0.310	0.017	0.024	0.039	0.714	0.261	0.006	0.005	0.015
		V_{212}	0.528	0.408	0.007	0.010	0.047	0.772	0.223	0.000	0.000	0.005
	V_{22}	V_{221}	0.588	0.287	0.016	0.021	0.088	0.686	0.292	0.005	0.005	0.012
		V_{222}	0.544	0.394	0.009	0.013	0.040	0.778	0.222	0.000	0.000	0.000
		V_{223}	0.656	0.325	0.003	0.006	0.010	0.826	0.173	0.000	0.000	0.001
	V_{23}	V_{231}	0.523	0.405	0.006	0.005	0.061	0.773	0.210	0.004	0.004	0.008
		V_{232}	0.508	0.379	0.005	0.012	0.096	0.657	0.343	0.000	0.000	0.000
		V_{233}	0.590	0.342	0.009	0.007	0.052	0.754	0.246	0.000	0.000	0.000
		V_{234}	0.466	0.401	0.012	0.015	0.106	0.687	0.306	0.000	0.000	0.007

评估指标代码			灰色评价权矩阵									
V_3	V_{31}	V_{311}	0.487	0.452	0.007	0.006	0.048	0.714	0.286	0.000	0.000	0.000
		V_{312}	0.535	0.368	0.012	0.011	0.074	0.736	0.244	0.008	0.003	0.009
		V_{313}	0.595	0.307	0.021	0.013	0.064	0.788	0.198	0.002	0.003	0.009
	V_{32}	V_{321}	0.651	0.289	0.005	0.004	0.051	0.796	0.204	0.000	0.000	0.000
		V_{322}	0.579	0.329	0.010	0.015	0.067	0.671	0.306	0.006	0.008	0.009
		V_{323}	0.521	0.387	0.018	0.011	0.063	0.729	0.268	0.000	0.000	0.003
			项目 D_{73}					项目 D_{74}				
V_1	V_{11}	V_{111}	0.617	0.198	0.184	0.001	0.000	0.725	0.207	0.048	0.018	0.002
		V_{112}	0.736	0.146	0.109	0.003	0.006	0.660	0.297	0.012	0.028	0.003
	V_{12}	V_{121}	0.667	0.210	0.116	0.007	0.000	0.654	0.256	0.037	0.007	0.046
		V_{122}	0.660	0.167	0.146	0.026	0.000	0.697	0.225	0.011	0.009	0.058
		V_{123}	0.612	0.109	0.200	0.045	0.034	0.752	0.175	0.008	0.018	0.047
	V_{13}	V_{131}	0.613	0.147	0.225	0.000	0.015	0.617	0.288	0.012	0.002	0.081
		V_{132}	0.705	0.106	0.142	0.003	0.044	0.648	0.267	0.003	0.003	0.079
		V_{133}	0.653	0.176	0.108	0.005	0.058	0.657	0.207	0.012	0.010	0.114
		V_{134}	0.596	0.145	0.162	0.024	0.073	0.689	0.202	0.041	0.000	0.068
		V_{135}	0.532	0.203	0.174	0.012	0.079	0.703	0.189	0.036	0.000	0.072
V_2	V_{21}	V_{211}	0.603	0.198	0.122	0.004	0.074	0.642	0.239	0.011	0.029	0.079
		V_{212}	0.662	0.135	0.198	0.000	0.006	0.677	0.198	0.025	0.012	0.088
	V_{22}	V_{221}	0.711	0.108	0.174	0.000	0.007	0.653	0.306	0.022	0.008	0.011
		V_{222}	0.661	0.165	0.134	0.034	0.006	0.731	0.225	0.031	0.012	0.002
		V_{223}	0.612	0.207	0.156	0.012	0.013	0.694	0.271	0.011	0.018	0.006
	V_{23}	V_{231}	0.625	0.215	0.115	0.020	0.025	0.726	0.223	0.008	0.011	0.032
		V_{232}	0.586	0.132	0.191	0.042	0.049	0.706	0.203	0.035	0.008	0.048
		V_{233}	0.642	0.173	0.151	0.008	0.026	0.654	0.259	0.021	0.028	0.038
		V_{234}	0.704	0.169	0.102	0.003	0.022	0.732	0.245	0.016	0.000	0.007

续表

评估指标代码			灰色评价权矩阵									
V_3	V_{31}	V_{311}	0.665	0.131	0.196	0.002	0.006	0.735	0.209	0.011	0.013	0.032
		V_{312}	0.697	0.159	0.108	0.010	0.026	0.679	0.254	0.034	0.005	0.028
		V_{313}	0.614	0.197	0.151	0.016	0.022	0.639	0.302	0.022	0.008	0.029
	V_{32}	V_{321}	0.681	0.123	0.156	0.002	0.038	0.658	0.247	0.012	0.021	0.062
		V_{322}	0.648	0.164	0.144	0.010	0.034	0.739	0.215	0.007	0.006	0.033
		V_{323}	0.597	0.219	0.135	0.015	0.034	0.703	0.185	0.023	0.013	0.076
			项目 D_{81}					项目 D_{82}				
V_1	V_{11}	V_{111}	0.008	0.203	0.130	0.007	0.652	0.007	0.075	0.092	0.207	0.619
		V_{112}	0.024	0.130	0.157	0.015	0.674	0.016	0.021	0.132	0.164	0.667
	V_{12}	V_{121}	0.021	0.136	0.132	0.017	0.694	0.012	0.025	0.108	0.197	0.658
		V_{122}	0.009	0.151	0.116	0.032	0.692	0.014	0.056	0.135	0.138	0.657
		V_{123}	0.005	0.170	0.087	0.011	0.727	0.009	0.073	0.076	0.170	0.672
	V_{13}	V_{131}	0.014	0.178	0.115	0.001	0.692	0.007	0.078	0.141	0.136	0.638
		V_{132}	0.025	0.133	0.126	0.015	0.701	0.006	0.062	0.115	0.155	0.662
		V_{133}	0.008	0.147	0.145	0.006	0.694	0.013	0.063	0.107	0.176	0.641
		V_{134}	0.006	0.159	0.092	0.021	0.722	0.011	0.051	0.088	0.197	0.653
		V_{135}	0.000	0.206	0.087	0.010	0.697	0.022	0.045	0.057	0.225	0.651
V_2	V_{21}	V_{211}	0.010	0.184	0.119	0.008	0.679	0.019	0.087	0.086	0.156	0.652
		V_{212}	0.019	0.153	0.141	0.017	0.670	0.007	0.025	0.127	0.221	0.620
	V_{22}	V_{221}	0.013	0.163	0.106	0.010	0.708	0.010	0.051	0.100	0.170	0.669
		V_{222}	0.023	0.183	0.085	0.007	0.702	0.007	0.081	0.081	0.198	0.633
		V_{223}	0.009	0.116	0.146	0.016	0.713	0.018	0.025	0.124	0.145	0.688
	V_{23}	V_{231}	0.009	0.208	0.103	0.005	0.675	0.012	0.057	0.126	0.132	0.673
		V_{232}	0.010	0.168	0.115	0.008	0.699	0.007	0.075	0.086	0.196	0.636
		V_{233}	0.013	0.145	0.128	0.012	0.702	0.005	0.045	0.146	0.207	0.597
		V_{234}	0.024	0.129	0.133	0.018	0.696	0.021	0.032	0.111	0.157	0.679

评估指标代码			灰色评价权矩阵									
V_3	V_{31}	V_{311}	0.009	0.184	0.127	0.008	0.672	0.014	0.029	0.136	0.165	0.656
		V_{312}	0.017	0.165	0.103	0.020	0.695	0.012	0.048	0.119	0.205	0.616
		V_{313}	0.029	0.137	0.134	0.010	0.690	0.006	0.086	0.095	0.132	0.681
	V_{32}	V_{321}	0.012	0.181	0.087	0.007	0.713	0.005	0.021	0.147	0.180	0.647
		V_{322}	0.015	0.158	0.113	0.009	0.705	0.008	0.073	0.103	0.158	0.658
		V_{323}	0.023	0.141	0.138	0.017	0.681	0.015	0.052	0.068	0.201	0.664